中青年经济与管理学者文库

国家社科基金重大项目"普惠金融发展视角下精准扶贫、精准脱贫的理论与政策研究"(项目批准号:15ZDC027)

中国普惠金融发展的减贫效应研究

孙 琼 著

中国财经出版传媒集团
中国财政经济出版社

图书在版编目（CIP）数据

中国普惠金融发展的减贫效应研究／孙琼著． -- 北京：中国财政经济出版社，2022.6
（中青年经济与管理学者文库）
ISBN 978 - 7 - 5223 - 1431 - 0

Ⅰ.①中… Ⅱ.①孙… Ⅲ.①金融事业－经济发展－作用－扶贫－研究－中国 Ⅳ.①F832②F127

中国版本图书馆 CIP 数据核字（2022）第 077585 号

责任编辑：马 真	责任印制：党 辉
封面设计：智点创意	责任校对：张 凡

中国普惠金融发展的减贫效应研究
ZHONGGUO PUHUI JINRONG FAZHAN DE
JIANPIN XIAOYING YANJIU

中国财政经济出版社 出版

URL：http：//www.cfeph.cn
E - mail：cfeph@ cfeph.cn
（版权所有 翻印必究）

社址：北京市海淀区阜成路甲 28 号 邮政编码：100142
营销中心电话：010 - 88191522
天猫网店：中国财政经济出版社旗舰店
网址：https：//zgczjjcbs.tmall.com
北京财经印刷厂印刷 各地新华书店经销
成品尺寸：148mm×210mm 32 开 9.125 印张 234 000 字
2022 年 6 月第 1 版 2022 年 6 月北京第 1 次印刷
定价：42.00 元
ISBN 978 - 7 - 5223 - 1431 - 0
（图书出现印装问题，本社负责调换，电话：010 - 88190548）
本社质量投诉电话：010 - 88190744
打击盗版举报热线：010 - 88191661 QQ：2242791300

策划人语

题记：一个人的精神成长史，取决于他的阅读史。只有阅读能最有效地培养精神生活习惯，而好的习惯又培养性格，性格决定人生。

——我们自豪，因为我们就是创造这精神产品的人。

选择了飞翔，总能看到蓝天；选择了远航，总能感受大海。人生不仅要作出选择，也要坚持住自己的选择。学会计、当编辑是我的意外选择。人说编辑是为人作嫁，可是这一选择我坚持了30年，苦在其中，乐在其中，也算是有声有色。每当我把一本本好书呈献给人们的时候，我觉得我是"富贵"的人：富，不是你身上的钱财，而是你心里的满足；贵，不是你地位的显赫，而是你被人需要的程度。

书海探寻，情怀永恒

我要说，做编辑我幸运，因为我不仅是第一个读者，可以对作品"品头论足"，也可以对作品"生杀予夺"；更重要的是，这是一个有很高层次的平台，在多年与名家的交往和名著的"对话"中，深深地为他们的人格和才学所感动，被作品的精彩所吸引，这不仅使我"下笔如有神"，更使我的思想和灵魂也受到一次次洗礼和震撼，得到一次次升华。对于我的作者我的书，如数家珍，作者中不乏才学和为人同样过人的多位泰斗和"颜值高责任大"的众多才子佳人；策划的作品不仅立足专业还兼顾人文，也是情怀所在，专业加人文路才会更宽更远。

多年的体会是，作为一名编辑，起码要"三心二意"，即"责任心、细心、耐心"和"服务意识、创新意识"。要多策划一些拳头产品，用一个选题推动一个系统工程，用一个系统工程培养一个出版社品牌。给新入职编辑讲座时我做过一个比喻：编辑两项基本功，审稿——甚至要比博导审批学生论文还要全面、细致；选题策划——要像电影导演一样做"星探"，善于发现优秀作者和挖掘好的原创作品。记不清30年来我策划和编辑了多少书，组织和策划了大批教材、业务培训用书、通俗读物、理论专著等，有的获得过国家、省部级各类奖项，有的以其填补空白、社会热点、风格新颖、开拓尝试等特点受到读者的欢迎。正是：

一入书门情似海，

探寻经典职责在。

苦辣酸甜何其乐，

编辑人生也精彩。

想是问题，做是答案

众所周知，目前的图书出版业在行业竞争和纸质图书受到严重冲击的情况下，出版人无不感到莫大的危机。在这种背景下，我们还要积极应对，完善纸质图书的固有特质，拓宽纸媒的功能，挖掘出版内容和形式都精彩的原创作品，适应新形势下读者的更高需求。2017年至今，在新的时代环境下不断出新，我又策划了多套系列丛书和单本图书，不乏名家著作、教材、学术专著和实务丛书等，继续为扶持学术研究和总结实践最新成果，在高端研究与专业知识普及和应用之间搭建一座座有益的桥梁。

每一个时代的经济环境不同，理论研究和实务探索所需要解决的问题也有所差别。当前我国处于新的历史时期，市场环境和组织模式不断演变发展、推陈出新，经济、管理、财税等领域的新理论、新思想、新方法、新工具也层出不穷。乱花渐欲迷人眼，击水三千浪几何？这些领域的研究人员被时代赋予了更艰巨的责任，也面临着更高、更多元的要求，我们不仅要具备更广阔的学术视野，而且要有更严谨的学术思维。

输在犹豫，赢在行动

《中青年经济与管理学者文库》的作者，都是我国经济与管理领域的中坚力量，也是未来的大家。他们中有些人潜心从事理论研究，有些人则深耕在实务一线，但无论现实身份如何，视野全都没有被拘泥在"象牙塔"内。他们从不同视角对市场经济的不同要素进行细致审视，然后汇聚于"财经版"这面旗帜之下，相互碰撞、彼此激荡，力求在市场经济转型升级的关键时期留下最新鲜的"中国印记"。

这些经济与管理领域的中青年学者，就是我国市场经济发展的潜力与优势，他们的研究成果，不仅将引领市场经济的各个组成环节向更科学、更先进的方向发展，而且将成为我国政府和企业在未来经济世界扮演更重要角色的支点与动力。祝愿这些中青年学者能攀上更高的学术之山，走向更远的研究之路，也期待宏观、中观、微观各个层面的市场参与者都能从这套文库中得到切实的启发与指引，在全面深化改革、增强发展活力的关键时期，发挥正能量和积极作用，为经济社会发展增添新的动力！——这也是我策划此套丛书的初衷。

作始也简，毕也必巨

2021年，是一个非凡之年，纵观世界风云，抗击疫情"风景这边独好"，"十四五"规划开局，我们喜迎建党百年。"其作始也简，其将毕也必巨。"从"开天辟地""改天换地"到"翻天覆地""惊天动地"，我们党经历了四个历史时期——救国大业、兴国大业、富国大业、强国大业，四件大事铸就了中国共产党百年辉煌。我们不禁感叹——风雨百年创辉煌，"天地"之间"有杆秤"。

2021年，还是一个纪念之年，出版社成立65周年和我从事编辑工作30周年。65年来，财经出版社始终坚持正确的舆论导向和鲜明的出版特色，努力为经济建设和财政工作服务，致力于为读者奉献经典作品，在中国财经出版传媒集团旗下发挥着更大的作用，取得更大的成就。作为一个有着20多年党龄的党员，我是生在新中国长在红旗下的幸运的一代，怀着对党无限的热爱和感恩，浓情做事、淡泊做人，用30年的情怀和坚守见证了出版业的转型，践行了编辑的天职，向党递交一份努力的答卷。

2017年策划出版《中青年经济与管理学者文库》至今已五年，得到了众多中青年学者的热烈响应与大力支持，文库诞生至今已囊括专著60余种，为中青年学者们提供了展示学术研究成果的平台，作者队伍不断壮大，作品陆续出版。如果您认可，如果您有意愿，欢迎您和您的朋友加盟我们的作者队伍！在中国财经出版传媒集团的"旗舰"下，中国财政经济出版社这"老字号"，一定励精图治，谱写新的篇章。敬请关注"龙媒玉制新书坊"微信公众号，我们用"龙的精神，玉的品质"来助力您实现梦想！

 策划人：樊清玉

邮箱：qingyuf@ sina. com

2021年12月31日

如何有效地减少贫困是目前世界各国面临的紧迫和复杂的挑战。金融排斥被认为是导致贫困的重要原因之一。发展普惠金融，突破金融排斥，实现包容性增长已成为国际社会所认可的金融发展战略。普惠金融旨在以可负担的成本向社会所有群体尤其是被正规金融体系排斥的弱势群体、低收入群体等提供便捷、及时有效的金融服务，被广泛认为是一个能促进经济稳定增长、降低收入不平等和减少贫困的有效工具。我国非常重视普惠金融的发展，并将其上升到国家战略的高度。如今普惠金融逐渐融入金融主流，从普惠金融视角研究贫困问题逐渐受到各国政府、民间组织、金融机构等政策制定者和学术界的重视。在此背景下，立足于现有普惠金融的实践，对中国普惠金融的发展及其减贫机制、减贫效应等问题进行深入系统的研究，具有重要意义。

国内外针对普惠金融的研究尚处于起步阶段，从普惠金融视角探讨普惠金融减贫的理论、机制及效应的研究成果较少。现有研究多从信贷约束、借贷行为、小额信贷、微型金融及传统金融发展的角度研究金融对贫困的影响，且已积累了丰富的理论和实证研究成果，这对本书的研究具有重要的借鉴和启示意义。鉴于此，本书将从普惠金融视角对普惠金融减贫的理论、作用机制和效应展开研究，以期丰富普惠金融与贫困减缓相关研究。

为深入研究普惠金融与贫困之间的关系，本书遵循"普惠金融如何实现减贫—普惠金融实现贫困减缓的效果如何—如何促进普惠金融减贫"的逻辑思路，将全书分为理论梳理、作用机制阐述、现状分析、实证检验四个研究层次。

首先，系统考察普惠金融减贫须基于一定的理论基础和相应的理论框架。本书对普惠金融和贫困的相关理论加以梳理，厘清其理论脉络和结构体系，为后文研究中国普惠金融发展对贫困的影响提供理论基础和研究依据。

其次，基于金融发展理论、农村金融发展理论、贫困理论及其他相关理论，本书进一步阐述了普惠金融减缓贫困的作用机制及其渠道。普惠金融主要通过资本积累渠道和技术进步渠道促进经济增长、影响金融服务的资源配置、降低收入不平等程度、向社会所有阶层提供多元化的金融服务等途径减少贫困。

再次，基于 Kernel 密度估计及空间 Markov 链探究我国普惠金融发展的分布动态及空间趋同演进规律，并进一步通过构建农村普惠金融与农村经济发展的系统耦合关系模型反映农村普惠金融与农村经济发展之间的动态关联关系，以深入了解我国普惠金融发展与农村贫困的现状。

最后，基于普惠金融减贫的作用机理分析，本书从宏观层面构建普惠金融指数，微观层面测算家庭普惠金融水平，对普惠金融减贫效率展开多角度多层次的实证检验研究，明晰普惠金融的直接减贫效率和间接减贫效率，并进一步探析普惠金融的微观影响因素。

以上研究主题层层递进、环环相扣，且从多角度充分论证了中国普惠金融发展的减贫效应问题。本书研究不仅有助于推动我国普惠金融发展，创新普惠性金融产品和服务，增强金融普惠性，而且有助于为普惠金融支持脱贫攻坚和乡村振兴实践提供参考。

第 1 章　绪论 …………………………………………（ 1 ）
　1.1　研究背景和意义 ……………………………………（ 1 ）
　1.2　国内外文献综述 ……………………………………（ 10 ）
　1.3　研究思路、内容及方法 ……………………………（ 36 ）
　1.4　主要创新与不足 ……………………………………（ 40 ）

第 2 章　相关理论基础 ………………………………（ 43 ）
　2.1　普惠金融的理论基础 ………………………………（ 43 ）
　2.2　贫困的理论基础 ……………………………………（ 52 ）
　本章小结 …………………………………………………（ 67 ）

第 3 章　普惠金融对贫困减缓的作用机制 …………（ 69 ）
　3.1　普惠金融对贫困的间接影响机制 …………………（ 70 ）
　3.2　普惠金融对贫困的直接影响机制 …………………（ 77 ）
　本章小结 …………………………………………………（ 93 ）

第4章　中国普惠金融与贫困的现状分析 （95）
4.1　中国普惠金融发展现状与特征考察 （95）
4.2　中国贫困发展现状与特征考察 （124）
4.3　中国农村普惠金融与农村经济的耦合关系分析 （134）
本章小结 （151）

第5章　中国普惠金融减贫效应的宏观实证 （152）
5.1　普惠金融直接减贫效应分析 （152）
5.2　普惠金融间接减贫效应分析 （161）
本章小结 （174）

第6章　中国普惠金融减贫效应的微观实证 （175）
6.1　微观视角下普惠金融的减贫效应研究 （176）
6.2　普惠金融的微观影响因素分析 （206）
本章小结 （237）

第7章　结论与政策建议 （239）
7.1　主要结论 （239）
7.2　政策建议 （244）
7.3　研究展望 （251）

参考文献 （253）

绪　论

1.1　研究背景和意义

1.1.1　研究背景

自人类进入文明社会以来，贫困一直是世界各国面临的共同难题，减贫和消除贫困是全球共同关注和研究的重要主题，是实现世界包容性发展和可持续发展的首要目标。20世纪90年代以来，世界大多数国家在全球化背景下实现了经济的快速增长，全球极度贫困（日均生活费低于1.25美元）人数显著减少了2/3，但是，贫困、收入分配、社会排斥等问题依然面临紧迫和复杂的挑战。根据世界银行2013年的《世界发展指标》，世界极度贫困人口仍有10亿之多，且主要集中农村、偏远地区和城市的边缘郊区。印度、中国、尼日利亚、孟加拉国和刚果的极度贫困人口居世界前五位，极度贫困人口总数约为7.60亿，涵盖了近63.3%的极贫人口；在高收入国家中，上层10%最富人口的平均收入约为底层10%最穷人口的9.5倍，且与1990年相比，收入差距呈逐渐扩大趋势。在发展中国家中，底层40%人口在教育、健康和环境卫生方面非常落后，其家庭中儿童营养不良的概率约是上层60%人口的两倍。据世界银行最新预测，2015年全世界仍将有7.02亿人生活在每天生活费低于1.25美元的极度贫困线以下，极度贫困人口占全球总人口的9.6%，其中撒哈拉以南非洲占全球贫困人口的一半，东亚占12%。

面对贫困这一人类共同的"超级难题"，世界各国和相关国际组织纷纷研究和采取反贫困对策，积极加入反贫困斗争。世界银行、国际货币基金组织（IMF）、联合国国际农业发展基金（IFAD）、联合国教科文组织（UNESCO）等国际组织对第三世界贫困人口进行援助行动，如联合国国际农业发展基金通过IFAD项目支持2010—2015年世界范围内减少8000万贫困人口；2017年2月，世界银行提供给中国陕西省贫困农村地区发展项目1亿美元贷款，以扶持农民合作社发展减少贫困。世界银行通过发表一系列《世界发展报告》研究全球防止贫困尤其是发展中国家的贫困问题，2013年世界银行将"一个没有贫困的世界"作为其首要使命，并设立了两个目标：一是到2030年将极度贫困率降低到3%以下；二是促进发展中国家共享繁荣和更加公平。1992年第47届联合国大会将每年的10月17日确定为"国际消除贫困日"；2000年联合国千年首脑会议就消除贫困、饥饿、疾病、文盲、环境恶化和对妇女的歧视制定了千年发展目标（Millennium Development Goals, MDGs），旨在到2015年实现全球极度贫困人口减半；2015年联合国发展峰会通过了包含17个可持续发展目标的发展议程，其中目标之一就是"在全世界消除一切形式的贫穷"。中国、印度、巴西、墨西哥等发展中国家先后开展了大规模的反贫困行动。

经济增长的"涓滴效应"有利于贫困减少，但收入差距的扩大会抑制经济增长从而不利于贫困减少（Yao等，2004；Ravallion和Chen，2007），贫困的变化同时受到经济增长和收入不平等两种因素的影响（罗楚亮，2012）。金融发展对经济增长、收入不平等及贫困具有重要影响（Schumpeter，1912；Beck和Levine，2000；McKinnon和Shaw，1973），纵观已有研究成果，是否产生积极作用主要取决于穷人或低收入群体的金融抑制程度和金融服务的可获得性。降低贫困人群的金融排斥程度和增加信贷可获得性，有利于提高收入水平、降低收入不平等和减少贫困（Mckinnon，1973；张彤进和任碧云，2016）。然而，目前仍有大量的穷人与低收入人口未能获得基本的金融服务，小微企业与中小企业融资难题长期得不到解决，存在明显的金融排斥。据世界银行 2014 年的《全球金融包容性指数》，2011—2014 年全世界新增了 7 亿成年人在银行开户，但全球仍有 20 亿成年人没有银行账户，中国 2014 年也仍有 21% 的成年人没有银行账户。另据世界银行最新报告《2016 年世界发展报告：数字红利》，即使互联网、手机和其他数字技术在发展中国家快速普及，但仍有 60% 的世界人口被排斥在不断扩大的数字经济之外。当金融市场发展不完善时，受金融服务高门槛的信贷约束和"价值最大化目标"约束，贫困人群难以进入金融市场获取信贷、储蓄、支付和保险等金融服务，资金越发流向富裕阶层，形成马太效应，从而导致贫困和收入不平等陷阱，进而阻碍经济增长（Galor 和 Zeira，1993；Beck 等，2007）。尤其是发展中国家，信息不对称和交易成本问题更加严重，穷人几乎不可能从正规金融部门获得所需的金融服务。鉴于此，各国政府基本将经济发展和收入分配作为反贫困最主要的途径，而且主要依靠财政资金或者国际援助等扶贫手段来减少贫困。

尽管选择财政资金或者国际援助等传统方式也能在一定程度上减少贫困，但它们的作用非常有限，是一种"输血式"扶贫，只能解决穷人的暂时性收入贫困，对穷人的能力贫困和权力贫困等长期持续性贫困影响甚微。因此，这些扶贫方式并不足以解决挑战。普惠金融作为一种重要的补充手段，旨在以可负担的成本向社会所有群体尤其是被正规金融体系排斥的弱势群体、低收入群体等提供便捷、及时有效的金融服务，在国际社会上被广泛认为是一个能促进经济稳定增长、降低收入不平等和减少贫困的有效工具。普惠金融之于扶贫，不同于财政资金或国际援助扶贫，有其独特效果，是一种"造血式"扶贫。常言道,"授人以鱼,不如授人以渔",普惠金融不仅向社会所有阶层尤其是被排斥在正规金融体系之外的家庭、个人和中小微企业提供可负担和及时有效的银行账户、储蓄产品、信贷(小额信贷、及时信贷、抵押贷款、创业信贷等)、汇款、支付、保险、医疗保健、理财咨询服务和风险管理等金融服务和产品,以满足人们特别是穷人的多元化金融需求,还向其提供相应的教育、技术、产品销售渠道、咨询等综合培训服务,提高他们的自我发展能力和生存能力,从而促进收入贫困、能力贫困和权力贫困的减少。此外,普惠金融还在推动金融知识普及和金融消费者权益保护中发挥重要作用。

从国际实践来看,围绕通过金融措施解决低收入群体脱贫问题,进行过较长时间的探索。在这一探索过程中,从最初的政策性贷款的失败,到局部地区公益性小额贷款的成功,再到全球微型金融机构(MFIs)的商业化发展,最终产生了构建普惠金融体系的设想。20世纪70年代,孟加拉国的穆罕默德·尤努斯建立了以贫困妇女为主要客户的格莱珉银行,该银行通过向穷人提供小额信贷(Microcredit)在反贫困方面取得了很大成功,引起了全世界的关注,穆罕默德·尤努斯也因此获得了2006年的诺贝尔和平奖。20世纪80—90年代,实践者发现,贫困和低收入人口在信贷之外还需要其他金融服务,如存款、保险和汇款。随后,一些小额信贷机构开始提供此类服务,并发展成微型金融机构(Microfinance Institutions,MFIs)。微型金融在世界范围内得到快速发展,世界各国在反贫困实践中形成了不同的发展模式,目前比较成功的微型金融反贫困模式主要有孟加拉国乡村银行模式、玻利维亚阳光银行模式、印度尼西亚人民银行乡村信贷部模式、印度的自助小组—银行联结模式、国际社区资助资金会—村庄银行(FINCA - VB)模式等(陈银娥等,2016)。2002年3月,世界各国首脑在墨西哥达成"蒙特雷共识",提出"消除贫困,实现经济持续增长,促进可持续发展，迈进一个全面的包容而公平的全球经济体系"，这就要求各国政府制定旨在将所有贫困和低收入家庭纳入发展，并建立普惠金融部门的政策。2005年，联合国正式提出普惠金融体系概念，旨在将被排除在现有金融体系之外的贫困和低收入群体纳入服务范围，并向其提供有效的产品和服务，同时实现千年发展目标。发展普惠金融，突破金融排斥实现包容性增长在国际上已形成公认的战略框架也是国际金融发展的重要内容（王兆旭，2015）。2009年12月，二十国集团成立普惠金融专家组，积极推动构建全球层面的普惠金融指标。同时，普惠金融联盟（AFI）、普惠金融专家组（FIEG）、全球普惠金融合作伙伴组织（GPFI）等专门性国际组织相继成立。对143个主权国家的最新调查表明，67%的银行监管当局在强力推进普惠金融。截至2014年，全球已有47个国家做出了发展普惠金融的承诺，72%的普惠金融联盟成员国制定了独立的普惠金融发展战略或将其纳入国家金融战略。中国于2011年9月加入普惠金融联盟，并在2016年将普惠金融上升到国家战略的高度。如今普惠金融逐渐融入金融主流，普惠金融及从普惠金融的角度来研究贫困问题逐渐受到各国政府、民间组织、金融机构等政策制定者和学术界的重视。

中国是世界第二大经济体，也是世界极度贫困人口的第二大来源国。改革开放以来，我国成功走出了一条中国特色扶贫开发道路，按我国现行标准，农村居民贫困发生率从1978年的97.5%下降到2015年的5.7%，累计减少7.15亿农村贫困人口。按世界银行的1.25美元/天·人标准衡量，我国农村居民贫困发生率从1981年的95.59%下降至2013年的3.38%，累计减少6.37亿人。1990年以前中国贫困程度显著高于全球和发展中国家平均水平，到2013年，中国的贫困程度显著低于世界平均水平，略低于亚太发展中国家平均水平。30多年来我国致力于扶贫减贫，对世界减贫的贡献率超过70%，成为世界上减贫人口最多的国家，也是全球最早实现联合国千年发展目标的发展中国家。然而，我国扶贫工作仍然面临着严峻形势：一是中国贫困人口规模仍然较大，且主要集中在经济欠发达的中西部地区，贫困程度较深，扶贫难度加大。2015年我国仍有5575万贫困人口，有8个省区农村贫困人口超过了300万，有8个省区贫困发生率超过10%，832个贫困县中的农村贫困人口有3490万，占全国贫困人口的62.6%，贫困发生率高达13.3%。二是贫困地区贫困人口的发展能力和内生动力依然较弱。贫困人口普遍存在受教育程度低、健康水平低的"两低"情况，贫困人口自身潜在能力低下，即能力贫困。建档立卡贫困村70.8%没有集体经济，内生发展动力严重不足。2015年，中央围绕实现"确保到2020年现行标准下农村贫困人口全部脱贫"战略目标，确定将精准扶贫、精准脱贫作为我国脱贫攻坚基本方略，我国迎来了与贫困作战的新一轮浪潮。精准扶贫的重要思想就是要做到"六个精准"、实施"五个一批"、解决"四个问题"。精准扶贫的理念不仅在于提高贫困人口收入，还注重培养个人能力、增加人力资本投资、提高"造血"能力，从而从根本上彻底解决我国的贫困问题。普惠金融理念与精准扶贫理念高度契合。为了实现"精准扶贫、精准脱贫"的战略目标，2016年3月印发的《关于金融助推脱贫攻坚的实施意见》指出，金融扶贫要以发展普惠金融为根基，以普惠金融发展助推精准扶贫、精准脱贫。

由于全球贫困人口主要集中在农村地区，即使高的经济增长率也很难将经济发展的成果惠及农村贫困人群，达到减贫效果，尤其是发展中国家，通过发展农业生产促进贫困减少尤为重要。农村、农业和农民是普惠金融的重点，因此，推动农村尤其欠发达地区的金融发展，建设农村普惠金融体系是发展普惠金融的重点。发展农村普惠金融，提高农村金融服务的覆盖率、可得性、便利性和满意度，满足农村地区日益多元化的金融需求，特别是向贫困农户、农村企业等群体提供可负担且便捷的金融服务，对促进农村经济、农村经济与农村金融的协调发展具有重要作用。当前我国农村农业发展环境正在发生重大变化，农村金融服务的市场基础也相应发生了重要变化。随着新型城镇化和农业现代化加快推进，农业专业大户、龙头企业、家庭农场、农民合作社等新型农业经营主体的发展壮大，农业科技的进步，互联网、手机和其他数字技术在农村的快速普及，我国农业生产集约化程度不断提高，农业转型升级加快，农村经济呈现了新的发展活力，迫切需要农村金融服务体系的支持。为了践行普惠金融，全力打通农村金融服务群众的"最后一公里"，改善农村支付服务环境，各金融机构不断加快渠道建设，积极延伸金融服务半径，逐步将金融服务便民网点（或农村金融综合服务站）、自助网点以及 ATM 机和 POS 机等自助设备下沉至行政村。截至 2015 年底，我国共有农村商业银行 859 家，农村合作银行 71 家，农村信用社 1373 家，村镇银行 1311 家，贷款公司 14 家以及农村资金互助社 48 家，基础金融服务已覆盖 56 万个行政村，覆盖率 95%。贫困地区已设立县级银行业金融机构 5185 个，服务网点 43598 个，证券分支机构 167 家，保险分支机构 5315 家；贫困地区共布放 ATM 机、POS 机具等自助设备 120.3 万台，基础金融服务已覆盖 56 万个行政村，覆盖率 95%。此外，手机银行、移动支付、网上支付、众筹等数字普惠金融为农村普惠金融发展提供了更大的空间。

那么，当下中国普惠金融和贫困的发展现状如何？普惠金融的发展是否在一定程度上缓解了贫困人群的金融排斥问题？普惠金融能否成为减缓贫困的有效手段？普惠金融减缓贫困的作用机制是什么，如何对贫困产生影响？普惠金融对贫困会产生什么样的影响，会给贫困人群带来哪些福利效应？普惠金融的减贫效应如何？什么因素又将影响家庭普惠金融水平？这些都是亟待研究的课题。因此，立足于现有普惠金融的实践，对中国普惠金融的发展及其减贫机制、减贫效应等问题进行深入系统的研究，具有非常重要的理论意义和现实意义。

1.1.2 研究意义

为了回答上述所提的问题,本书在国内外有关研究成果的基础上,从普惠金融的视角来研究反贫困的问题,将普惠金融扶贫的研究纳入规范的经济学分析框架中,梳理普惠金融和贫困的相关理论基础,厘清普惠金融减贫的作用机制,明晰我国普惠金融发展与农村贫困的现状,实证检验普惠金融减贫效应,探析普惠金融的微观影响因素,以促进我国普惠金融精准扶贫、精准脱贫。本书对我国普惠金融减贫的理论探讨、经验研究和政策制定等方面的研究对于丰富和完善普惠金融减贫的相关理论,促进普惠金融助推精准扶贫、精准脱贫具有重要的理论意义和现实意义。具体体现在:

(1) 理论意义

①丰富和发展普惠金融发展与贫困问题的理论研究。对普惠金融减贫的系统考察须基于一定的理论基础和相应的理论框架。普惠金融能否减少贫困,如何减少贫困,以及减贫效应如何,即普惠金融反贫困的绩效研究已成为当前普惠金融领域重要的理论热点。从现有文献看,有关普惠金融减贫的研究主要从小额信贷、微型金融以及传统金融视角展开,从普惠金融视角研究其减贫效应的文献较少,且缺乏一套较完整的研究普惠金融及其减贫的理论体系。总体而言,普惠金融和贫困均属于发展经济学和福利经济学的研究范畴。本书从普惠金融发展视角,对普惠金融和贫困的相关理论加以梳理,厘清其理论脉络和结构体系,为研究中国普惠金融发展对贫困的影响提供理论基础和研究依据。

②深入研究普惠金融对贫困的影响机制,可以进一步丰富和完善金融发展理论和贫困理论的研究成果。现有文献没有系统梳理普惠金融减贫的作用机制和渠道,本书在金融发展理论、贫困理论以及本书所梳理的普惠金融理论的基础上,分别从经济增长、农村经

济增长、收入不平等间接渠道，金融分支机构扩张和储蓄、信贷、汇款、保险和微型金融等金融服务提供的直接渠道，探究普惠金融的间接减贫作用机制和直接减贫作用机制，从而补充和完善普惠金融减贫的相关理论，并为实证研究奠定理论基础。

（2）现实意义

①有助于明晰中国普惠金融和贫困发展的状况。首先，构建普惠金融指数，测算我国普惠金融发展水平，探究历年区域普惠金融发展的分布动态与趋同演变规律，对提高区域普惠金融的发展水平及协调区域普惠金融的发展具有重要的决策参考价值。此外，客观衡量各地区普惠金融指数，是从宏观视角深入探讨普惠金融减贫效应的基础。通过对农村普惠金融发展现状和贫困现状的系统梳理，可明晰我国农村金融和贫困的发展现状。通过研究农村普惠金融与农村经济发展两系统相互依赖、协调与促进的动态关联关系，可以真实反映当前我国农村普惠金融系统和农村经济系统共生依赖的事实。

②有助于全面准确地评估中国普惠金融减贫的效应。目前，我国正在积极提高金融服务尤其是农村金融服务的覆盖率、可得性、便利性和满意度，以大力推进普惠金融发展，促进贫困减少。实践过程中，普惠金融到底能否促进贫困减少？效果如何？因此，基于普惠金融减贫的作用机制，从宏观层面构建普惠金融指数，微观层面测算家庭普惠金融水平对普惠金融减贫效率展开多角度多层次的实证检验研究，有助于明晰我国普惠金融发展对贫困减缓的效果以及作用机制，为我国普惠金融反贫困实践提供可靠的经验证据和参考。

③有助于促进普惠金融精准扶贫、精准脱贫。在精准扶贫、精准脱贫战略背景下，从普惠金融视角全面系统地研究中国普惠金融发展及其对贫困的影响，厘清普惠金融的微观影响因素，并提出相应的政策建议，可为政府和金融部门等推动精准扶贫、精准脱贫，构建普惠金融体系提供有益的参考依据。

1.2 国内外文献综述

长期以来，金融对贫困的影响得到了学术界的广泛关注。不同学者采用不同的研究方法，运用大量数据对该主题进行了多角度分析，积累了十分丰富的文献资料。但具体到普惠金融，多数学者主要探讨了普惠金融与经济增长及收入不平等之间的关系，鲜有学者从普惠金融角度分析普惠金融对贫困的影响。在普惠金融对贫困影响的研究中，既有文献大多将研究视角聚焦于小额信贷、微型金融等狭义概念上的普惠金融，较少有学者从广义概念上展开普惠金融对贫困影响的深入探讨。由此可见，国内外有关普惠金融对贫困影响的研究亟待进一步加强与完善，有必要对国内外普惠金融减贫的相关研究进行系统的回顾、梳理和评价，以为后续研究奠定基础。基于此，本书的文献综述首先厘清普惠金融的概念与内涵，总结有关普惠金融的维度及测算的相关文献，其次系统梳理了普惠金融对贫困影响的相关研究，再次总结有关普惠金融影响因素的相关研究，最后对相关文献进行了分析和总结。

1.2.1 普惠金融的概念和内涵

当前的"普惠"思想来自西方，其本意是包容性（Inclusion）（王颖和曾康霖，2016）。在研究早期，国外很多机构和学者在没有明确其内涵的前提下，将金融包容（Financial Inclusion）理解为金融排斥（Financial Exclusion）的对立概念或者为金融排斥的消减。金融排斥，简而言之就是经济主体无法接近或使用主流金融产品和服务。这个概念最早始于 Leyshon 和 Thrift（1995），他们将金融排斥定义为"阻碍穷人及弱势群体获得进入正规金融体系渠道的过程"。Rogaly 和 Fisher（1999）、Simpson 等（2009）认为金融排斥是指金融服务需求者无法从主流银行获得能提高自身福利的储蓄、支付、信贷、保险等金融服务。Kempson 和 Whyley（1999）认为金融排斥的对象有失业者、单亲家庭、少数民族、老年人和残疾人等，并提出了金融排斥的"六维度"评价标准——地理排斥、评估排斥、条件排斥、价格排斥、营销排斥和自我排斥。此外，金融排斥包括自愿排斥和非自愿排斥两种类型，根据世界银行（2014）的定义，自愿排斥是指部分人或者企业因无需求或者由于文化或宗教的原因选择不使用金融服务，非自愿排斥则是指由于收入不足、高风险、歧视、市场失灵或信息不对称等原因使得有金融需求的人被排斥在正规金融服务体系外。Regan 和 Paxton（2003）则认为金融包容不仅是金融排斥的对立，不止包括需求的宽度，还在于参与的深度，前者指能适当接触到一系列产品和服务，即金融的可获得性，后者指有能力及机会可以使用这些金融产品和服务，即金融服务的可负担性。除此之外，人们还需要有金融素养（Financial Literacy），能够充分了解信息并做出正确的金融决策，普惠金融是金融排斥理念的拓展与深化（田霖，2013）。2005 年，联合国为了实现"千年发展目标"中的"消除极度贫困与饥饿"的目标，在推广"国际小额信贷年"时首次提出"普惠金融体系"（Inclusive Financial System）的概念，并将其定义为：能有效、全方位地为社会所有阶层和群体（尤其是贫困及低收入人群）提供服务的金融体系。相应地，世界银行扶贫协商小组（Consultative Group to Assist the Poor）强调普惠金融体系应让所有人特别是低收入人群和弱势群体享有平等的金融权力，核心思想就是让普惠金融普惠所有阶层。印度储蓄银行（The Reserve Bank of India，RBI）（2007）将普惠金融定义为：普惠金融就是以可负担的成本及时有效地向被排斥在正规金融体系外的绝大多数弱势群体和低收入群体提供诸如储蓄、可负担的信贷、支付/汇款和保险等银行服务。自 2006 年普惠金融理念被引入中国后，政府及相关部门逐步重视并积极推动普惠金融的发展，党的十八届三中全会明确提出发展普惠金融，2016年国务院印发的《推进普惠金融发展规划（2016—2020年）》将普惠金融上升到国家战略的高度，并将其定义为：立足机会平等要求和商业可持续原则，以可负担的成本为有金融服务需求的社会各阶层和群体提供适当、有效的金融服务。同时界定城镇等低收入群体、残疾人和老年人等弱势群体、农民与贫困人群、小微企业等为普惠金融的重点服务对象。

  此后，陆续有学者对于普惠金融概念提出了自己的观点。Mohan（2006）将普惠金融定义为向社会所有阶层和群体尤其是贫困人群提供适当、低成本和有效的正规金融产品和服务的过程，并认同普惠金融是金融排斥的对立概念。Leeladhar（2005）、Thorat（2006）认为普惠金融就是以可负担的成本确保让穷人和被剥削阶级获取信贷、存款、转账、支付和保险等正规金融服务。Rangarajan（2008）、Khan（2011）都将普惠金融定义为保证低收入者、贫困人群等弱势群体可以享受到低成本和适时有效的金融服务的过程。Leyshon（1995）、Carbo 等（2005）将普惠金融定义为：将被正规金融体系排斥在外的一些社会人群纳入正规金融体系的过程。其中被正规金融体系排斥的人群主要包括：农村和城镇地区被剥夺基本权利的人群，比如边缘性农民、无地劳动者、小商贩或小摊贩等；失业者或者自由职业者；未加入工会的人群；城市贫民窟的居民；女人、孩子和老年人；残疾人等。Sarma（2008，2016）将普惠金融定义为确保能有效为社会所有阶层和群体提供正规金融服务的过程，其中有效的金融服务包括渗透性、有效性和使用性三个维度。同 Sarma 一样，Chakravarty 和 Pal（2013）从广义上对普惠金融下定义，金融服务的对象不再特指社会弱势群体，而是经济中的每一个人都有权利享受合理成本的金融服务供给。Hannig 和 Jansen（2010）认为普惠金融是指将非银行用户纳入正规金融体系并让其有机会享受储蓄、信贷、支付和保险等方面的金融服务。Demirguc-

Kunt 和 Klapper（2012）认为普惠金融不仅指从正规金融机构获得信贷服务，还应享受到存款、保险、手机支付等金融服务。Kulkarni 和 Warke（2015）认为普惠金融就是指正规金融体系通过公平和透明的方式以可负担的成本确保让弱势群体和低收入群体获得正规金融服务和产品的过程。综上，普惠金融目的在于提供给每一个人公平的机会从正规金融渠道获取服务和产品，以获得更好的生活和更高的收入。它的关键在于通过创新及供给金融服务和产品以提高金融服务的获得性，并提供及时、充足的信用贷款来破解金融排斥问题。普惠金融的本质是能够确保为每一个人特别是弱势群体和低收入群体等需要金融服务的人以可负担的费用提供如信贷、储蓄、支付、汇款、保险等一系列的金融产品和服务，同时还包括普及金融知识以促进金融素养提升方面的服务。近年来国际组织开始着眼于"宽内涵""多维度"的普惠金融（焦瑾璞等，2015），普惠金融涵盖的内容日益丰富起来，研究视角也越来越广泛，从最初银行信贷，逐渐拓展到存款、支付、贷款和汇款等银行业务，并进一步将保险业、互联网金融和证券市场等纳入范畴，积极发展手机银行、小额信贷、小额保险、微型金融等业务，推动数字化金融创新，实现金融服务主体多元化，同时加强金融消费者保护和金融消费者教育等以全面促进金融包容性发展。

由此梳理，普惠金融有狭义普惠金融和广义普惠金融之分：狭义普惠金融在服务对象上主要指被排斥在正规金融体系之外的弱势群体、低收入群体、老弱病残等人群，服务主体主要以银行机构为主，服务形式主要是提供小额信贷；广义的普惠金融在服务对象上则是社会所有人群，但需重点关注狭义普惠金融所服务的受金融排斥的人群，服务主体和服务形式实现了多元化，服务主体涉及银行机构、保险机构和证券市场等，服务产品包含市场上所有能提供的金融产品以及待开发和创新的金融产品。普惠金融包括四个层次的内容：一是服务对象全民化，机会均等，各有侧重。服务对象不仅包括过去被排斥在金融体系之外的贫困和弱势群体、低收入人群、小微企业、老年人和残疾人、少数民族、贫困地区或边远地区，还包括社会上其他所有的群体，但普惠金融强调要更多地向薄弱领域倾斜，对以往被排斥的群体是以增加服务供给和促进服务需求形成为主，对社会其他群体的服务则体现在金融深度和广度的进一步深化。二是服务的渗透性、可接触性和便捷性。通过健全多元化广覆盖的机构体系、创新金融产品和服务手段、加快推进金融基础设施建设等，以提升人均持有银行账户数量、银行网点密度、人均存贷款数量、人均保险额度等基础金融服务水平，不断提高金融服务的渗透性、可接触性和便捷性。三是在可持续发展的前提下提供合理价格的服务和产品。金融产品和服务的价格制定不仅要考虑自身可持续发展，还要考虑消费者的可承受能力，只有制定合理的价格或低成本的价格才能让金融服务不存在价格上的壁垒，使以往低收入人群、贫困人群、农民、小微企业等享受更多的金融服务和产品。四是促进金融能力的提升，强调消费者保护和教育。通过加强金融知识普及教育、强化普惠金融宣传、加大金融消费者权益保护力度等提高消费者的金融素养，从而通过金融能力的提升有效使用金融服务和做出正确的金融决策。

1.2.2 普惠金融的维度与测算

国际通用的做法是用普惠金融指数来衡量普惠金融发展水平，普惠金融指数是开展普惠金融研究的重要工具，普惠金融指数基于普惠金融指标测算得来。普惠金融指标体系具有监测、度量、评估等功能（孙天琦等，2016），对普惠金融的发展状况做出定量的测度和评价是理解普惠金融和识别消除可能阻止人们使用金融服务的阻碍的机会的关键。由上述对普惠金融的概念研究可知，普惠金融是一个复合概念，并不是单一概念，它的内涵具有多维性（包括服务的便利性、成本、范围及质量等），因此，如何根据普惠金融的内涵来科学构建评价指标体系并测算出普惠金融指数非常关键。目前国内外关于普惠金融发展水平测算方面的研究主要聚焦在维度选择、计算方法、权重确定和指数测算等方面（王修华，2014）。

(1) 普惠金融的维度及指标构建

从普惠金融的概念和内涵可以推知，测算普惠金融发展水平主要包括金融服务的渗透性、金融服务的可获得性、金融服务的使用性、金融服务的可负担性和金融服务的质量等多个维度的内容。国际上对普惠金融的维度和指标构建的研究尚处于起步阶段。除了相关学者进行了一些有益的探索研究，一些国际组织诸如普惠金融联盟（AFI）、经济合作与发展组织（OECD）、世界银行（WB）、国际货币基金组织（IMF）、普惠金融全球合作伙伴（GPFI）也在积极研究和设计全球层面的普惠金融指标体系。现有研究主要综合国家和地区宏观层面及家庭微观层面两个角度来构建普惠金融的评价维度和评价指标，且尚未形成统一的维度框架和评价指标体系。总结已有研究可以发现，普惠金融的核心维度包括金融服务的渗透性（Penetration）、金融服务的可获得性（Access）、金融服务的使用情况（Usage）和金融服务的服务质量（Quality）四个维度。国际主流普惠金融评估的核心指标体系均围绕这四个维度进行相应的指标设置，区别体现在具体指标的设置上。

①主要国际组织构建的普惠金融指标体系。第一，普惠金融联盟（AFI）的普惠金融指标体系。2011年，普惠金融联盟（AFI）基于金融消费者需求的角度，从正规金融服务的可获得性选取每万人拥有的网点数、至少拥有1个金融网点的行政区比例和至少拥有1个金融网点的行政区人口比例3个指标，使用情况选取拥有存款账户的成年人比例和拥有贷款账户的成年人比例2个指标共5个指标来构建普惠金融评价指标体系。普惠金融联盟（AFI）希望未来能将指标进行进一步丰富和拓展，考虑将保险、存款和投资账户的可获得性及中小企业的融资可获得性等纳入指标体系。

第二,世界银行(WB)的普惠金融指标体系。世界银行(WB)于2011年在世界范围内首次开展了全球普惠金融调查,并完成了全球普惠金融数据库(The Global Findex Database)的编制,该数据库的上线使得从全球范围内以系统性和可比性的方式测算成年人的普惠金融水平成为可能,数据每3年更新一次。全球普惠金融数据库主要基于需求方的角度从银行账户使用情况、储蓄、借款、支付和保险等业务为普惠金融研究提供有价值的信息,同时便于评估和检测各国普惠金融的实践情况。它的第一个版本,主要通过使用可以实现储蓄和支付等功能的银行账户来衡量普惠金融水平,该版本提供了60多个指标以反映148个经济体中成年人使用储蓄、借款、支付和风险管理的基本情况,删除"保险"方面的指标是因为保险数据严重失真。2014年,第二个版本在2011年第一个版本的基础上对指标进行了改进,通过调查143个经济体150000个15岁以上的成年人,收集了100多个指标数据,新增了与手机支付、家庭支付相关的微观数据。这套数据是世界上衡量个体普惠金融水平最全面的数据,有利于国家政策制定者、学者、商人及其他各类人士了解金融产品使用的变化情况。其核心指标情况具体参见表1-1。

表1-1　　　　世界银行普惠金融核心指标体系

维度	指标
银行账户使用情况	在正规机构拥有账户的成年人比例
	开立账户的目的(个人或企业)
	交易频率(存款或取款)
	服务获取途径(如ATM、银行分支机构等)
储蓄	最近12个月内在正规金融机构存款的成年人比例
	最近12个月内在非正规存款组织存款的成年人比例
	最近12个月内以其他方式存款的成年人比例

续表

维度	指标
借款	最近12个月内从正规金融机构借款的成年人比例
	最近12个月内从非正规渠道（如家人和朋友）借款的成年人比例
	为购房而借款的成年人比例
支付	最近12个月内使用正规账户接收工资或政府付款的成年人比例
	最近12个月内使用手机支付或收款的成年人比例
	最近12个月内使用正规账户异地汇款或者接收汇款的成年人比例
保险	个人购买健康保险的成年人比例
	从事农业，为庄稼、牲畜购买保险的成年人比例

资料来源：http://siteresources.worldbank.org/Financialsector/Resources/GlobalFindex_Brochure.pdf。

第三，国际货币基金组织（IMF）的普惠金融指标体系。国际货币基金组织（IMF）从1995年就开始通过中央银行、监管部门、统计部门等相关机构开展了金融服务可获得性调查（Financial Access Survey，FAS），目前调查范围覆盖了全球189个国家和地区。IMF从供给端按金融服务可获得性和使用情况设计了FAS指标体系，该指标体系共有242个指标，其中金融服务可获得性方面主要包括金融机构分支机构数和ATM数，金融服务使用情况方面主要包括个人、家庭和小微企业的储蓄、贷款、保险和手机支付等的账户数及余额。

第四，普惠金融全球合作伙伴（GPFI）的普惠金融指标体系。普惠金融全球合作伙伴（GPFI）于2012年正式发布了G20普惠金融指标体系，该指标体系从金融服务的可获得性（14项指标）、使用情况（6项指标）和服务质量（9项指标）三个维度构建了普惠金融评价指标体系，其核心指标内容涵盖了享有正规银行服务的成年人、在正规金融机构发生信贷业务的成年人、享有正规金融服务的企业、在正规金融机构有贷款余额或授信额度的企业以及服务网点，同时还纳入金融知识以及消费者保护等金融服务质量指标。后面两个指标体系偏重于微观层面个人使用金融服务的便捷性，数据多基于国家层面的统计。G20普惠金融指标体系既有需求端的金融数据，又有供给端的金融数据，较为全面地反映了普惠金融的整体情况。

②相关学者构建的普惠金融指标体系。Beck等（2007）首次尝试从金融服务的可获得性和使用效用性两个维度构建一国普惠金融评价指标，具体指标涉及金融机构网点数、存款账户数、贷款账户数、ATM数，ATM取款总额、存款总额占GDP比重、贷款总额占GDP比重，但Beck等没有将指标综合起来计算，而是进行单项指标的度量。Sarma（2008）认为Beck等（2007）的指标测算存在一定的缺陷，单个指标只能反映普惠金融的部分信息，于是在他们的研究基础上从地理渗透性、金融服务可获得性和产品使用效用性三个维度首创性地构建了一个多维综合性的普惠金融指数（Index of Financial Inclusion，IFI）。在Beck和Sarma的研究基础上，Honohan（2008）、Gupte等（2012）、Bold等（2012）、Arora（2014）、Chakravarty和Pal（2013）、Demirguc Kunt和Klapper（2012）等从宏观和微观视角等不同的维度构建多维指标体系对普惠金融发展水平进行评价，其中Gupte和Arora在Sarma（2008）的基础上增加了便利性和使用成本两个指标维度。Sarma（2016）通过对以往的研究总结发现，使用最多的指标有每千成年人持有银行账户数、每百万成年人拥有的银行网点数、每十万成年人拥有的ATM数、存款余额和贷款余额，考虑在评价普惠金融时要尽可能地涵盖普惠金融的各个方面并且能在不同的国家和时间范围内进行比较，于是Sarma从渗透性（BP）方面选取每千成年人的存款账户数，可获得性（BS）方面选取每十万成年人拥有银行网点数、每十万成年人拥有ATM机数和使用移动支付的成年人比例，使用性（BU）方面选取存款总额占GDP比重、贷款总额占GDP比重

和移动支付交易额占 GDP 比重构建普惠金融评价指标体系。

国内学者（焦瑾璞等，2015；王修华等，2016；蔡洋萍，2015；陈三毛和钱晓萍，2014；张国俊，2014；李春霄等，2012）则基于国外的研究成果，结合中国实情，从宏观层面省级尺度构建评价国内普惠金融发展的指标体系，使用最多的指标有金融机构网点数和金融机构服务人员数（渗透度）、人均存款余额和人均贷款余额（可获得性）、银行存款总额占 GDP 比重和银行贷款总额占 GDP 比重（使用效用性）。

（2）普惠金融的测度

在普惠金融测度的相关研究中，大多数学者基于已有的普惠金融指标研究成果，通过搜集国际上各个国家和本国各个地区的指标数据，从宏观层面进行普惠金融指数的测算并进行相应的对比研究。近年来，随着微观层面家庭金融数据的逐渐增多，部分学者开始从需求视角通过家庭金融产品的使用情况来衡量家庭普惠金融水平。

①宏观层面的普惠金融测度。第一，普惠金融的评价方法。迄今为止，国内外普惠金融发展水平的综合评价方法主要是借鉴联合国开发计划署（UNDP）编制人类发展指数（Human Development Index，HDI）的方法对普惠金融进行综合评价（Sarma，2016；陈三毛和钱晓萍，2014；焦瑾璞等，2015；王婧和胡国晖，2013），即基于欧氏距离的普惠金融发展指数法（IFI 法）。多属性（指标）决策和综合评价研究的评价方法有很多，如熵值法、层次分析法、TOPSIS 法、灰色关联法、神经网络（NN）等（李娜，2013），普惠金融发展水平综合评价也属于多指标综合评价范畴，因此也可尝试使用这些方法。在综合评价研究中，评价指标权重的确定非常关键，现有赋权方法可以分为主观赋权法、客观赋权法和组合赋权法三类（李刚等，2014）。现有的普惠金融评价工作中指标权重的确定方法主要有平均法、主观赋权法的层次分析法（AHP）、客观赋

权法的熵值法等。

第二，普惠金融的综合评价。自从国际组织公布了上述数据之后，有关普惠金融发展水平测度的文献逐渐增多。Sarma（2010）对世界 49 个国家的普惠金融指数进行了测算，研究得出 11 个国家的普惠金融指数（IFI）介于 0.5 和 1 之间，普惠金融发展水平较高，29 个国家的普惠金融指数（IFI）低于 0.3，普惠金融发展水平较差，Sarma 认为大多数国家目前还处于低度金融包容阶段，普惠金融水平有待进一步提高。Chakravarty 和 Pal（2010）采用同一套数据，利用公理化的普惠金融测度方法，对 49 个国家的普惠金融水平进行了评价对比研究，得出普惠金融水平与人均收入水平高度相关，高收入水平的国家其普惠金融水平普遍较高，低收入水平的国家其普惠金融水平也较低。Sarma（2016）利用 2004—2014 年 FAS 指标数据对世界各个国家[①]的普惠金融指数进行了评价，得出与 Chakravarty 和 Pal 较为一致的研究结论，Sarma 的测算结果表明普惠金融水平最低的国家是南苏丹，IFI 值为 0.021，普惠金融水平最高的国家是瑞士，IFI 值为 0.944，2012—2014 年中国大陆普惠金融指数（IFI）均值为 0.229，低于所有国家的平均值 0.438，普惠金融水平较高（$0.6 < IFI \leq 1$）的国家主要集聚在高收入水平的 OECD 国家，普惠金融水平一般（$0.3 < IFI \leq 0.6$）的国家主要有印度、印度尼西亚、阿根廷等中等收入水平的国家，普惠金融水平较差（$0 \leq IFI \leq 0.3$）的国家主要有中国、尼日利亚、巴基斯坦等中等收入和低收入水平国家。Beck 等（2007）对包括印度在内的 21 个国家的普惠金融指数进行了评价，他们的研究认为银行服

---

① Sarma（2016）考虑到各维度数据的全面性，在测算普惠金融指数时，2004 年只选取 57 个国家，2005 年选取 71 个国家，2006 年选取 77 个国家，2007 年选取 87 个国家，2008 年选取 98 个国家，2009 年选取 105 个国家，2010 年选取 117 个国家，2011 年选取 124 个国家，2012 年选取 128 个国家，2013 年选取 128 个国家，2014 年选取 110 个国家。

务是影响普惠金融水平的关键因素，1991—2001 年大多数国家处于低水平普惠金融阶段，2001—2007 年印度的普惠金融水平得到了显著的提高。Gupte 等（2012）通过对印度的普惠金融进行测算得出，2008—2009 年印度的普惠金融水平得到了很大的提升。Piñeyro（2013）对墨西哥 32 个地区的普惠金融水平进行了评价，研究发现 36% 的地区已处于金融包容状态，但还有 29% 的地区仍处于金融排斥阶段。Sethy（2016）基于金融服务的渗透性、可获得性和使用性等需求维度指标测算出印度 2010—2012 年普惠金融指数值较大，普惠金融水平较高，同时基于储蓄、保险和银行风险等供给维度指标测算出印度 1987—1988 年和 1989—2009 年的普惠金融指数值较小，普惠金融水平很低。国内学者则主要借鉴国外已有的评价指标和评价方法进行相应的评价研究。基于国际数据，伍旭川和肖翔（2014）利用世界银行全球普惠金融数据库和 IMF 的 FAS 数据库的相关指标数据，采用改进型指数功效函数模型，编制了 133 个国家的普惠金融指数，研究发现高收入组国家的普惠金融水平远高于 133 个样本经济体的平均水平，中国的普惠金融指数值仅领先于印度，但落后于其他金砖国家，总体来看，全球普惠金融发展水平呈现明显的收入特征和地区特征，发展极不均衡。马彧菲和杜朝运（2016）利用 FAS 数据库考察了 37 个国家 2008—2013 年的普惠金融发展水平，研究得出中国 2009—2013 年普惠金融指数排名均为第 3 名，但在银行网点密度和 ATM 机人均数上还有待进一步提升。基于国内数据，主要从金融服务的渗透性、可获得性和使用性三个维度构建指标，对中国省级层面的普惠金融水平进行了综合评价，并基于评价结果进行省域差异和区域差异的分析（张国俊等，2014；陈三毛和钱晓萍，2014；焦瑾璞等，2015；郭田勇和丁潇，2015；陈银娥和孙琼，2015；于晓虹等，2016；李建军和卢盼盼，2016），研究结果均表明中国普惠金融发展呈现非均衡特征，存在明显的多极分化格局和"俱乐部收敛"现象（陈银娥和孙琼，2015），东、中、西部地区普惠金融水平差异明显，东部地区整体水平较高，西部地区整体水平较低。王修华和关键（2014）、蔡洋萍（2015）、王修华等（2016）等将研究视角深入到农村地区，借鉴已有的评价指标体系框架，构建农村普惠金融评价指标体系并进行相应的综合评价，王修华等（2016）的研究结果表明，农村地区的普惠金融与地区经济发展水平高度相关，表现为东部地区农村普惠金融水平较高，中西部地区较低的非均衡特征。

②微观层面的普惠金融测算。Harrison（1994）认为居民持有金融产品会呈现出从活期存款、贷款等初级产品到股票、基金、金融衍生品等其他更复杂的金融产品的层级结构特征。是否拥有金融账户和拥有金融产品的数量都将从需求角度反映出个人和家庭使用金融服务和产品的情况，从而体现出家庭普惠金融水平（Aizcorbe等，2003；Kempson等，2007）。李涛等（2010）根据居民是否有存款、贷款、保险和基金账户分别来衡量家庭的存款排斥状况、贷款排斥状况、保险排斥状况和基金排斥状况。粟勤和肖晶（2015）利用"是否拥有金融账户"哑变量形式度量金融包容，根据家庭使用储蓄、贷款和理财三种正规金融服务的情况来衡量家庭普惠金融水平，若家庭未使用其中任何一种，则认为该家庭处于金融排斥状态，家庭普惠金融水平取值为0，如家庭使用了其中任何一种，则认为该家庭处于金融包容状态，家庭普惠金融水平取值为1。张号栋和尹志超（2016）将家庭普惠金融分为家庭投资类普惠金融和家庭融资类普惠金融两类，并以"家庭是否具有正规金融账户"哑变量对家庭普惠金融进行度量。

1.2.3 普惠金融对贫困的影响

由于普惠金融是对小额信贷、微型金融概念的延伸和发展（焦瑾璞等，2015），根据上述对普惠金融狭义和广义概念的总结，小额信贷和微型金融属于狭义概念上的普惠金融。因此，本书将从小额信贷、微型金融狭义概念上的普惠金融和广义概念上的普惠金融两个角度梳理其对贫困影响的相关研究。

（1）狭义普惠金融对贫困的影响

①小额信贷对贫困的影响。小额信贷是国际社会上重要的扶贫工具，主要向穷人小额贷款以缓解穷人融资难问题（李莹星，2015）。当前围绕小额信贷对贫困影响的研究，学者们的观点主要分为两类：一是小额信贷对减少贫困具有积极作用；二是小额信贷的减贫效应不显著，甚至可能会加重贫困家庭的债务负担，从而使其陷入更加贫困的境地。小额信贷对贫困的积极影响主要表现在贫困家庭的收入增加（Rahman 等，2015；冯海红，2016）、贫困减少（Morduch 等，2002；Field 等，2013）、妇女赋权的增加（Aslanbeigui 等，2010；Dineen 和 Le，2015）、穷人的营养和健康状况的改善（Islam 和 Maitra，2012）以及儿童入学率的提升（You 和 Annim，2014）等方面。

Imai 和 Azam（2012）通过对孟加拉小额信贷的研究发现，生产性小额信贷对家庭人均收入具有显著的正向影响作用。胡宗义等（2014）、张立军和湛泳（2006）通过实证研究验证了小额信贷能显著增加农民收入。小额信贷还可以通过推动农民创业间接提高农户收入水平（Lensink 和 Pham，2012；Crepon，2012）。Imai 等（2012）采用人均小额信贷指标衡量了 48 个国家的小额信贷发展水平，并通过实证分析从宏观层面得出小额信贷能显著降低贫困的研究结论。Pitt 和 Khandker（1998）基于玻利维亚的小额信贷项目数据研究了小额信贷减贫效应，研究结果表明，小额信贷每年能使 5% 的借款者福利水平增加，并摆脱贫困状态，尤其对女性的减贫效应更显著。小额信贷能够通过提高女性家庭决策权利、社会参与、资源配置能力和政治与法律意识来增加妇女赋权（Hashemi 等，1996；Garikipati，2012），向妇女提供小额贷款已成为发展中国家的扶贫策略，被赋权的妇女会将从小额信贷获得的贷款用于企业投资和生产经营，进一步用获得的收入来提高家人的营养健康水平和孩子的教育水平（Ackerly，1995；Swain 和 Wallentin，2009）。成人尤其是儿童的营养不良和健康水平较差会造成较低的人力资本水平，容易形成"营养/健康—贫困"陷阱（Dasgupta 和 Ray，1986），小额信贷可以提高贫困人口的健康水平（Doan 等，2011）及儿童的健康和营养水平（Deloach 和 Lamanna，2011；尤婧等，2014）。Rahman 等（2015）通过对中国陕西小额信贷的研究发现，小额信贷能对项目参与者产生积极的影响，使其收入增加 4.07%，平均消费支出增加 6.45%，储蓄增加 3.31%。此外，最高收入组的参与者获利最大，妇女的经济决策能力得到了提升。

然而，小额信贷和贫困之间的关系存在着争论，一些学者从贫困陷阱理论、行为决策理论、一般均衡理论和信贷市场竞争理论视角分析小额信贷很难对贫困人群产生积极的正向影响，反而可能造成一定的消极影响（Banerjee 等，2015）。大量的经验研究表明，小额信贷在促进小微企业发展和消除贫困方面收效甚微（Karlan 和 Zinman，2011；Kaboski 和 Townsend，2011）。Field 等（2013）给出的解释是过于追求迅速偿还贷款，迅速偿还义务是经典的小额信贷合约模式，但它会使借款者面临巨大的还贷风险，会抑制能够盈利的经营项目的发展，从而阻碍贫困减少，Field 等认为延长小额信贷贷款期会提高小额信贷的减贫效果。Li 等（2011）基于中国的小额信贷项目数据，通过实证研究发现小额信贷能显著增加收入和消费，却对贫困减少没有显著作用，主要原因在于小额信贷获得者并非贫困人口。Luan 和 Bauer（2016）基于 2012 年越南 1338 户家庭微观调查数据，运用倾向得分匹配法（PSM）进行实证检验，结果显示家庭信贷配给能显著增加非农收入，对农业收入影响不显著。Takahashi 等（2010）基于印度尼西亚 2007—2008 年小额信贷项目数据，运用双重差分倾向得分匹配法（PSM - DID）严格评估了小额信贷的减贫效应,研究结果发现,抵押物对信贷参与并不重要,因为最终获得小额信贷的多是相对富裕的家庭,小额信贷对非贫困家庭的非农经营收入和贫困家庭的教育支出均未产生显著的积极影响,这说明短期内小额信贷的减贫效应并不显著。

②微型金融对贫困的影响。微型金融被普遍认为是一个有效可靠的反贫困工具,它能够提高被正规金融体系排斥的人群的金融服务尤其是信贷的获得性。微型金融是小额信贷的拓展,除了向穷人提供小额贷款之外,还增加了储蓄和保险等基本金融服务,此外,微型金融还会提供咨询和教育等综合培训服务。微型金融能对贫困家庭的福利、教育和健康、创业活动和自我雇用及女性赋权产生影响。从正向影响来看,其能够帮助穷人承担意外支出和平滑消费(Karlan 和 Zinman,2010),促进小微企业的成立和发展从而带动家庭收入的增加(Banerjee 等,2015),促进投资生产来减少贫困和提高贫困人口的生活水平(Obisesan 和 Akinlade,2013),增加女性赋权来减少女性贫困和提高女性社会参与(Zhao 和 Wry,2016)。微型金融在国际社会上被视为重要的反贫困战略,从而引起了很多学者的研究兴趣,产生了大量有关微型金融影响贫困的理论研究成果和实证研究成果。由于分析视角、实证方法以及具体案例等多方面的差异(陈银娥等,2016),关于微型金融能否减少贫困以及减贫效应如何目前尚存在争论。现有研究主要有三种观点:一是微型金融有利于经济和社会的发展,能对贫困减少产生积极影响(Otero 和 Rhyne,1994;Hashemi 等,1996;Ishfaq 等,2015);二是微型金融会对收入和贫困等福利指标产生消极影响(Montgomery,1996;Buckley,1997);三是持一种中立观点,认为微型金融能产生有益的影响,但并不能帮助到最贫穷的那部分人群(Mosley 和 Hulme,1998)。

Morduch(1998)基于孟加拉国 1991—1992 年的横截面数据,研究了小额贷款对 1800 个微型金融贷款客户和没有贷款的家庭的影响，研究发现小额贷款能轻微增加消费水平和降低贫困脆弱性。Khandker（2005）对孟加拉国微型金融与贫困之间的关系进行了研究，认为妇女获得小额贷款的概率增加了20%，该项研究进一步强调，微型金融对中度贫困减少的贡献率为40%，其对极端贫困的影响作用要大于对中度贫困的影响。Coleman（2002）对泰国东北地区的微型金融项目受益人进行了具体分析，研究发现参与微型金融项目的主要是富人，而且这些富人通过项目参与变得更加富裕。Edgcomb 和 Garber（1998）的研究证实，洪都拉斯微型金融项目能显著提高小额信贷参与人的收益，与没有参加微型金融项目的人相比，小额信贷参与人的收益要高出75%。MkNelly 和 Lippold（1998）分析了马里微型金融对小额信贷参与人的影响，研究结论显示，参与微型金融项目的次数越多，收入效应越显著。Khalily（2004）支持微型金融机构可以实现贫困减少的目标的观点，他基于巴基斯坦的微型金融项目研究证实，微型金融可以通过增加收入、促进就业、增加必需品的消费、增加资产配置和提高储蓄来降低贫困。Karlan（2001）对微型金融的影响效果进行了评估，认为项目参与者的创业技能可以显著促进及时还款和提高商业利润。Ayuub（2013）指出，微型金融对贫困减少、收入增加、生活水平提高和充分赋权的正向促进作用较大，此外，对经济复苏的作用效果也非常显著。Kashif 等（2011）的研究得出了一致的结论，他还进一步指出，微型金融有助于提高项目受益人的经营能力。Shane（2004）得出了有趣的结论，微型金融通过提高儿童入学率和医疗保健支出提高了借款者的主观幸福感。Setboonsarng 和 Parpiev（2008）运用倾向得分匹配 PSM 对巴基斯坦千年发展目标的微型金融影响效果进行了实证检验，研究证实微型金融对生产能力、消费、资产和收入产生了显著的积极影响。上述研究证实了微型金融对贫困减少的积极效应。持反对观点的学者则认为微型金融可能会造成更重的债务负担（Buss，1999），在贷款数量和还款期限上的受限可能会阻碍借款者获得更高的回报（Simanowitz 和 Walter，2002），诱导贫困家庭让儿童参与工作导致儿童失学（Grasmuck 和 Espinal，2000），增加家庭暴力和男性信贷服务实际控制权对妇女造成潜在的伤害（Rahman，1999），从而对减少收入贫困、能力贫困和权利贫困等不利。也有学者认为研究方法本身的缺陷是造成评估结果不一的主要原因（Hermes 和 Lensink，2011），为了解决以往研究过程中存在的选择性偏差和内生性问题，目前国内外主流的做法是利用准自然实验、田野实验和随机实验，通过双重差分法（Difference-in-Differences, DID）、倾向得分匹配法（Propensity Score Matching, PSM）及断点回归模型（Regression Discontinuity, RD）展开实证研究（Field 等，2013；Angelucci 等，2015；You 和 Annim，2014）。

由于缺乏微观金融宏观层面的数据，现有的研究主要从微观视角研究微型金融对减少贫困的影响，宏观层面的研究非常受限。最近也有一些学者开始探索微型金融与经济增长、收入不平等等宏观经济变量之间的关系，如 Imai 等（2012）基于微型金融机构（MFIs）的微型金融信息交流数据（MIX）和世界银行贫困指数数据等跨国面板数据，从宏观层面对微型金融促进贫困减少的假设进行了验证，研究结果发现，微型金融机构贷款总额与 FGT 贫困指数呈显著的负向相关关系，表明贷款总额不仅对贫困发生率有显著的降低作用，还有利于降低贫困发生距和贫困平方发生距，这也意味着最贫穷的群体或极端贫困者也能从微型金融中收益。Ahlin 等（2011）将 373 个 MFIs 有关数据与国家层面的经济和制度数据进行合并，对微型金融与经济增长及国家制度环境之间的关系进行了研究。Hisako 和 Shigeyuki（2009）基于 61 个发展中国家的面板数据对微型金融与收入不平等之间的关系进行了实证探究，发现微型金融能显著降低收入不平等程度，认为较为贫穷的国家更应关注微型金融的均衡效应。

国内学者关于微型金融问题的研究起步较晚，加之中国微型金融项目实践的时间不长，宏观、微观方面的数据积累有限，关于微型金融反贫困的研究成果相对较少，有待进一步丰富和完善。陈银娥和王毓槐（2012）基于河南民权县500户家庭的微观调研数据，实证检验了微型金融对贫困农户收入的影响效果，研究结果表明，微型金融对贫困农户收入的直接影响效果不显著，但通过提高贫困农户社会资本这种间接途径增加其收入水平。陈军和曹远征（2008）认为微型金融加强了农户之间的信息交流，提高了贫困农户的社会资本。

（2）广义普惠金融对贫困的影响

普惠金融是对小额信贷和微型金融的延伸和发展，由上述可知，关于小额信贷、微型金融对贫困的影响已取得了丰富的理论和实证研究成果。学术界对普惠金融的研究处于起步阶段，现有文献多数从金融发展深度的视角展开对金融发展与经济增长、收入不平等和贫困的研究，而少有研究将金融发展深度和金融发展广度相结合从普惠金融的视角来研究其对经济增长、收入不平等和贫困的影响。然而，普惠金融对贫困等的影响主要落脚在金融中介的发展广度上面（Demirguc - Kunth 和 Levine，2008；李涛，2016）。尽管普惠金融的重要性已被广泛关注，但相较于主流的金融研究领域，研究成果相对较少。

①普惠金融的直接减贫效应研究。普惠金融对贫困减少的直接影响主要体现在增加贫困家庭的收入和降低贫困水平上。近年来一些学者（Honohan，2004；Beck 等，2007；Demirguc - kunt 等，2008）从国家层面上展开了对金融服务的可获得性与贫困减少之间的关系研究，研究结果都表明二者之间呈现显著的正向相关关系。Bruhn 和 Love（2014）认为这些研究没有处理好金融发展与经济增长之间因果关系的识别问题，因此，Bruhn 利用2002年墨西哥阿兹台克银行首次成立并组建800多家分支机构这一独特的

"自然实验"①，通过双重差分法（DID）评估了金融服务可获得性的提高所带来的影响效应，研究结果发现，阿兹台克银行的建立促使人均收入增长了7%，失业率下降了1.4%，此外，它还使得非正规企业的比例增加了7.6%，但对正规企业的影响不显著。Burgess和Pande（2005）的研究认为印度农村金融机构扩张通过增加农村地区的储蓄和信贷，显著提高了农村居民的收入水平，基于平均样本的估计结果，得出农村银行分支机构的增加使印度贫困发生率下降了17%，也就是说每十万人增加一个金融服务网点，贫困率会下降4.1%。Swamy（2010）的研究认为农村部门重点行业贷款可以显著提高包容性经济增长水平，研究结论与Kraay（2004）和Beck等（2007）的保持一致，他还进一步指出农村部门重点行业的储蓄、贷款和雇佣工人，地区存款占GDP比值、贷款占GDP比值和人均收入均能显著降低印度农村贫困水平。针对政府主导的银行分支机构扩张是否能有效减少农村贫困这一争议话题，Burgess和Pande（2005）基于印度中央储备银行（Reserve Bank of India，RBI）的数据设计了实验组和控制组，通过准自然实验研究得出印度农村地区银行分支机构扩张能够解释14%—17%的贫困发生率的下降，主要影响机制为：一是农村地区银行分支机构扩张能有效增加农村地区的储蓄和贷款，通过促进投资生产尤其是农村小规模企业的投资生产，增加就业和非农部门的收入；二是分支机构数的增加能显著提高有利于贫困人群收入增加的部门经济增长；三是农村地区的资本回报率较高。Ajide（2015）基于ARDL模型，研究得出1996—2013年尼日利亚普惠金融发展长期和短期都能显著降低农村贫困程度。Park和Mercado（2015）基于37个亚洲发

---

① 阿兹台克银行（Banco Azteca）是墨西哥覆盖范围最大的银行，在电器零售商Grupo Elektra的基础上建立，专门从事小额贷款和存款服务。2013年阿兹台克银行拥有超过680万的储蓄账户，454.41亿比索存款，以及9000万美元信贷账户，信贷组合为253.57亿比索。

展中国家的面板数据，通过编制普惠金融指数研究发现，普惠金融能显著减少贫困和降低收入不平等程度。Brown（2015）通过研究ProCredit 银行 2006—2010 年在欧洲东南部的分支机构扩张网络发现，开设分支机构能有效促进家庭增收，尤其对那些低收入家庭、老年家庭和依靠转移支付为生的家庭增收效果更显著。罗斯丹等（2016）通过编制普惠金融指数运用门槛面板模型实证检验了普惠金融发展的减贫效应，研究发现普惠金融与贫困之间呈非线性关系，存在显著的门槛特征，短期内普惠金融可以降低贫困水平，长期内效果并不显著。黄潇（2014）基于"中国家庭收入调查"（CHIP2002），运用倾向得分匹配法（PSM）分析了金融包容对农户收入的影响，研究发现，证券包容、储蓄包容和贷款包容对农户收入均有显著的促进作用，其中证券包容的影响作用最大。苏静等（2014）基于面板平滑转换模型，利用 30 省市 1999—2011 年的数据对农村金融的多维减贫效应进行了分析，研究发现，农村金融发展对农村医疗贫困、收入贫困和教育贫困均存在显著的非线性影响关系，呈现鲜明的门槛特征。

近年来，随着微观数据可得性的增加，国内外学者开始将研究视角转向微观层面。研究方法多采用双重差分 DID、倾向值匹配法 PSM、DID + PSM、Probit 模型、Logit 模型等。Obisesan 和 Akinlade（2013）基于尼日利亚西南部 300 户农村家庭数据，将受到信贷约束的农户（占比 69%）设为实验组，无信贷约束的农户设为对照组，通过对比研究得出，增加信贷配给使两个组别的贫困发生率分别下降 71% 和 45%，这说明，改善农村地区的信贷配给状况对贫困减少具有积极的正向影响作用。李金亚和李秉龙（2013）采用 Probit 模型，从需求和供给两个方面考察互助资金的借贷行为，探讨互助资金是否瞄准贫困户。杨龙和张伟宾（2015）结合双重差分法和倾向得分匹配法（DID + PSM），利用大样本农户两期面板数据分析发现，互助资金显著增加了贫困户的收入，但对非贫困户的收入增加没有显著影响，互助资金对农户消费增加没有显著影响。

②普惠金融的间接减贫效应。普惠金融对贫困减少的间接影响主要体现在促进经济增长、降低收入不平等程度等方面。

普惠金融与经济增长方面。众所周知，金融发展是影响经济增长的一个重要因素（Levine，2005）。基于金融深度视角探究金融发展对经济增长影响的理论研究成果和实证研究成果已非常丰富。但基于金融广度或普惠金融视角的研究成果较少。Khan（2011）通过研究得出，商业银行分支机构总数能显著提高国家收入水平，此外，高收入水平国家的每十万成年人拥有银行网点数和每千成年人的存款账户数均高于中低收入水平国家。Mbutor 和 Uba（2013）基于尼日利亚 1980—2012 年的数据，构建一个简单模型阐述了普惠金融对货币政策的影响，研究结果表明，普惠金融的增加能提高货币政策的有效性，从而对经济增长产生有利影响。Hariharan 和 Marktanner（2012）发现普惠金融指数与全要素生产率（TFP）之间存在显著的正向相关关系，这意味着普惠金融有提高经济增长和发展的潜力，研究进一步指出，普惠金融对能促进经济增长的储蓄投资、中介效率和创业活动也存在潜在的促进作用。Babajide 等（2015）认为普惠金融作为金融发展的主要特征，主要是促进金融服务产品数量、质量和有效性的提高，他们基于索罗模型分析了普惠金融影响经济增长的作用机制，并通过实证检验发现，普惠金融和人均资本是影响全要素生产率的重要因素，并最终影响经济总产出水平。Bruhn 和 Love（2014）的研究还发现，金融可得性的提高能够促进可获得较高资本回报率的非正规企业的发展，增加就业，进一步加强金融可得性对经济活力的影响作用，从而对人均 GDP 增长率产生了积极的正向促进作用。Khan（2011）通过研究农村家庭金融可得性得出，家庭金融可得性的提高可刺激经济活力，创造就业机会，从而促进包容性经济增长。杜强和潘怡（2016）基于 2006—2013 年我国 31 个省份的面板数据，在构建普惠金融评价指标体系测算普惠金融指数的基础上，采用固定效应模型对普惠金融与经济增长之间的关系进行实证研究，结果发现，普惠金融对地区经济发展存在非线性影响，二者之间的关系呈现倒"U"形特征，此外，普惠金融对经济发展程度较低的中西部地区的促进作用更为显著。李涛等（2016）基于跨国截面数据，使用个人账户或储蓄卡的成年人比率、成年人贷款率、电子支付使用率和借记卡拥有率等个人普惠金融指标，企业账户率和企业贷款率等企业普惠金融指标及银行分支数指标探究了普惠金融对经济增长的影响效果，研究结果发现，普惠金融的各项指标对经济增长均没有显著且稳健的影响，这种研究结论的出现可能是受到截面数据的影响，长时期内的影响因受到数据可得性的限制无法得到考证。

普惠金融与收入不平等方面。国外学者对二者关系的研究主要以多国作为研究对象。Beck 等（2007）认为放松银行分支机构管制能显著降低收入不平等。Mookerjee 和 Kalipioni（2010）基于 65 个国家的数据研究发现，金融服务可获得性的提高可显著降低国家层面的收入不平等程度。Honohan（2007）基于 160 个国家的数据证明了普惠金融与收入不平等之间呈现负向相关关系，之后，García 和 Martínez（2015）得出了类似的研究结论。Salazar 等（2015）基于墨西哥数据研究发现，普惠金融与收入不平等呈"倒 U"形特征，当普惠金融发展水平较低时，普惠金融与收入不平等呈正向相关关系，即普惠金融水平增加，收入不平等程度也随之增加，当普惠金融发展水平超过门槛值后，普惠金融的发展能有效促进收入不平等降低。Kim（2016）认为转移支付对收入不平等程度影响甚微，普惠金融能缩减收入差距，并将收入不平等与经济增长的负向关系转变成正向关系，在低收入国家表现更显著。国内学者也对二者之间的关系进行了探讨。徐敏和张小林（2014）运用 VAR 模型分析了普惠金融对城乡收入差距的影响，发现普惠金融指数的增加能有效降低城乡收入不平等程度。李建伟等（2015）通过建立 VEC 模型及脉冲响应函数，得出了与徐敏和张小林（2014）一致的研究结论。吕勇斌和李仪（2016）利用空间面板模型研究发现，普惠金融和收入不平等均存在空间集聚特征，长期来看，普惠金融对收入不平等的影响呈"倒 U"形特征，我国目前大部分地区尚处于"倒 U"形的左侧。

1.2.4 普惠金融的影响因素

研究普惠金融发展影响因素的文献较少，鉴于微观数据的缺乏，国内外目前关于普惠金融影响因素的研究更多是从宏观层面展开，结果发现经济发展水平、收入差距、基础设施水平、城市化率、人力资本水平、收入分配、制度环境（Sarma 和 Pais，2011；郭田勇和丁潇，2015；王修华等，2016）等社会、经济、文化和政治方面的因素是影响普惠金融的重要原因。少有学者从金融需求视角研究微观层面个体、家庭和社区特征等方面的因素对金融服务获取的影响，如性别、年龄、受教育程度等个体特征，家庭规模、家庭资产状况、住房拥有状况、家庭社会网络等家庭特征，所在区域、地理便利性、劳动力比例等社区特征。Beck 等（2007）通过对 7 国的微观数据研究发现，个体层面的年龄、性别、婚姻状况、受教育水平及家庭层面的家庭人口规模、家庭是否拥有房产等对普惠金融有显著的影响。Wentzel（2016）基于 Logistic 回归模型研究发现，教育水平、主要的收入来源、年龄、家庭语言和家庭规模是影响普惠金融水平的关键因素，性别、社会网络和房屋所有权对普惠金融的影响并不显著。吴雨等（2016）、张号栋和尹志超（2016）侧重从个体金融知识水平视角来探究金融知识对农户正规信贷获得及信贷渠道偏好、家庭普惠金融的影响作用。

推进家庭普惠金融的发展，破解家庭金融排斥问题，对于家庭贫困问题的解决、家庭福利的增进以及收入分配的改善至关重要。

因此，基于家庭层面同时结合宏观数据厘清影响家庭普惠金融发展水平的宏微观关键因素，并有效促进家庭普惠金融水平的提高，对我国家庭贫困减少及收入增加具有非常重要的作用。

1.2.5 简要评述

由于普惠金融、普惠金融减贫等主题既是重大的理论问题，又是重大的现实问题，因此得到了国内外学者的广泛关注，并取得了丰硕的研究成果。虽然目前尚未有哪个学者能够得出令学术界普遍信服的结论和证据，但这些文献为这一领域今后的研究工作提供了丰富的思想源泉和理论基础。相关研究也为本书提供了理论、方法借鉴和逻辑起点，对本书具有重要启示作用。但是，受分析视角和数据支持等因素的限制，有些问题还有待进一步研究，具体表现在以下几点：

首先，关于普惠金融维度和测算的相关研究。供给视角的普惠金融维度和测算方面，具体指标有地区层面的指标，也有家庭层面和个体层面的指标，相关指标涉及的数据包括宏观数据和微观数据。虽然目前的指标体系构建还不够全面，但已能较为全面地反映出普惠金融的内涵。然而，在普惠金融指数的具体测算过程中，则很难将宏观、微观指标相结合。受微观数据获取的限制，微观数据只统计到国家层面，只适用于测算国家层面普惠金融指数。因此，在地区层面普惠金融指数测算中，学者们主要选取宏观层面的指标如单位金融网点密度、存贷款余额及其与 GDP 比值来反映普惠金融的渗透性、可获得性及使用情况。国外学者主要结合宏观、微观指标从国家层面进行普惠金融指数测算，国内学者则主要基于宏观指标从地区层面进行普惠金融测算。纵观国内现有研究存在如下问题：一是评价标准不一，缺乏科学全面的评价指标体系；二是指标权重的确定不科学，部分研究采用平均权重进行计算，导致评价结果反映不出客观现实；三是进行区域比较时因搜集指标数据较为困难而只选择了某一年进行比较研究，鲜有学者将空间和时间两个维度结合起来运用面板数据来探究区域普惠金融发展的动态分布与趋势演进规律。鉴于此，本书在已有的研究基础上，尝试构建能较为全面反映出普惠金融内涵的综合评价体系，利用客观的熵值法计算出各指标的权重，测算 2004—2014 年中国 30 个省份的普惠金融指数，然后采用非参数估计方法中的 Kernel 密度估计及空间 Markov 链探究中国普惠金融发展的区域差异，并刻画出中国普惠金融整体和局部的增长分布动态及俱乐部趋同演进规律，旨在一方面为后文的实证研究提供数据基础，另一方面为中国普惠金融的区域协调发展提供必要的参考依据。微观需求视角的普惠金融维度和测算方面，由于现有微观调研数据的局限性，目前研究暂以存款、贷款、股票、基金等金融服务和产品使用的种类数作为家庭普惠金融水平的代理指标，有待随着微观数据的获取性加强而进一步改进并完善。

其次，普惠金融对贫困影响方面的研究。关于小额信贷、微型金融对贫困的影响已取得了丰富的理论和实证研究成果。但普惠金融是对小额信贷和微型金融的延伸和发展，内涵更为广泛，因此，要想全面探究普惠金融对贫困的影响，则需将研究视角提升到普惠金融视角。相较于主流的金融研究领域，从普惠金融视角研究其对贫困的影响的研究成果相对较少。从已有的少数文献来看，也只是侧重实证方面的研究，对普惠金融减贫的理论基础和作用机制缺乏系统全面的分析。具体来看，宏观层面，多数学者主要以银行分支机构数和金融服务可得性作为普惠金融的代理指标，对其与经济增长、收入不平等及贫困之间的关系进行实证检验，鲜有研究在构建普惠金融指数、客观衡量普惠金融水平的基础上检验普惠金融的实际减贫效应；微观层面的极少，主要从信贷配给角度展开研究，鲜有研究在测算家庭普惠金融水平的基础上，探究普惠金融的微观减贫效应。鉴于此，本书拟从以下三个方面进行拓展：第一，从普惠金融和贫困两个角度全面梳理普惠金融减贫的相关理论，为厘清普惠金融减贫的作用机制奠定理论基础；第二，全面探析普惠金融减贫的作用机制和渠道，为普惠金融减贫效应实证研究提供理论逻辑框架；第三，首先基于地区层面数据，构建普惠金融指数，从宏观视角对普惠金融减贫的作用机制进行实证检验研究，然后基于家庭层面数据，测算家庭普惠金融水平，从微观视角对普惠金融减贫的作用机制进行实证检验研究。

最后，关于普惠金融的影响因素研究，在测算普惠金融指数的基础上，基于金融供给视角探析宏观影响因素的研究成果较为丰富，但基于金融需求视角探析影响家庭普惠金融水平的因素的研究较少，目前已有研究大多是基于信贷视角。由此可知，目前的研究要么基于宏观层面展开对影响因素的探究，要么微观视角方面主要侧重于对农户正规信贷行为的研究，很少有将宏观、微观数据结合起来，探究影响家庭普惠金融发展水平的关键因素。因此，本书将结合宏观、微观两个视角展开对家庭普惠金融影响因素的探讨，厘清引起家庭金融排斥的深层次原因，从而丰富及补充现有研究成果。

1.3　研究思路、内容及方法

1.3.1　研究思路

为深入研究普惠金融与贫困之间的关系，本书遵循"普惠金融如何实现减贫—普惠金融实现贫困减缓的效果如何—如何促进普惠金融扶贫及精准扶贫、精准脱贫"的逻辑思路，将全书分为理论梳理及作用机制阐述、现状分析、实证检验研究与政策设计四个研究层次。第一个层次，对国内外研究现状及相关理论进行梳理，探析普惠金融减缓贫困的作用机制和渠道，从而了解普惠金融是如何对贫困人群产生影响，实现减贫的。第二个层次，深入了解我国普惠金融发展与农村贫困的现状，并进一步探究农村普惠金融与农村经济发展之间的耦合互动关系。第三个层次，基于宏观数据和微观调研数据从宏观和微观两个层面对普惠金融减贫的作用机制展开实证检验研究，明晰普惠金融的直接减贫效率和间接减贫效率，并进一步探析普惠金融的微观影响因素。第四个层次，基于以上研究，立足"精准扶贫、精准脱贫"的现实，优化普惠金融减贫的路径选择。

具体思路框架如图 1-1 所示。

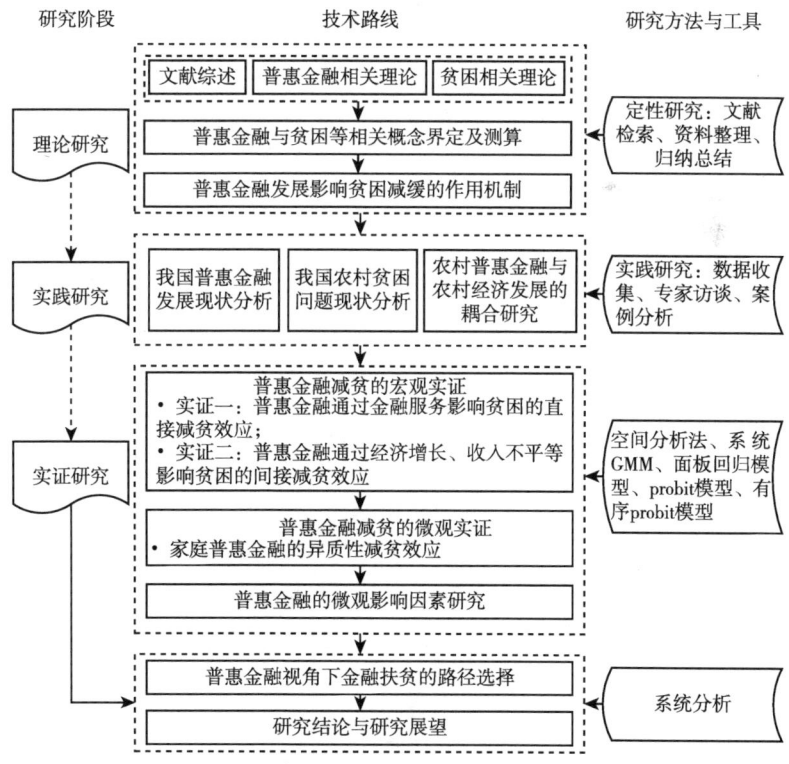

图 1-1 研究思路框架图

1.3.2 研究内容

本书拟以文献梳理为先导,以经济学、空间地理学、金融学、人口学及社会学的理论为依据,基于宏观数据和微观数据,灵活运用计量经济模型、数理统计分析方法及空间分析法等方法展开实证及对比研究。全文共分为七个部分,在逻辑安排上属于理论归纳—作用机制阐述—统计分析与实证检验的架构。全书除绪论以外共分为6章。

第1章绪论部分除了论述本研究问题提出的研究背景和研究意义外,还对国内外研究现状进行了梳理,结果表明:对于本书的研究主题,现有理论解释力不足,需要从理论层面上开展深入研究;在实证研究方面,试图从宏观、微观角度分别展开实证检验。

第2章为"相关理论基础"。首先,从金融发展理论和农村金融发展理论两个角度梳理普惠金融的基础理论;其次,对有关穷人和贫困问题的研究进行系统的梳理和总结。

第3章为"普惠金融对贫困减缓的作用机制"。分析普惠金融影响贫困减缓的作用机制是后面实证分析的基础。通过本章的研究,可以明晰普惠金融是通过什么渠道和方式对贫困产生影响。普惠金融反贫困的作用机理主要表现在:一是普惠金融的发展通过促进经济增长进而实现贫困减少;二是普惠金融通过影响金融服务的资源分配降低收入不平等进而实现贫困减少;三是普惠金融通过向社会所有阶层尤其是穷人、妇女提供多元化的金融服务,实现贫困减少。

第4章为"中国普惠金融与贫困的现状分析"。本章首先对普惠金融发展历程进行了梳理;其次通过测算普惠金融指数,客观衡量我国普惠金融发展水平,并基于Kernel密度估计及空间Markov链探究我国普惠金融发展的分布动态及空间趋同演进规律;再次对农村普惠金融发展现状和农村贫困现状进行了全面深入的分析;最后通过构建农村普惠金融与农村经济发展的系统耦合关系模型,以研究两系统相互依赖、协调与促进的动态关联关系，从而真实反映当前我国农村普惠金融系统和农村经济系统共生依赖的事实。

第5章为"中国普惠金融减贫效应的宏观实证"。本章通过构建普惠金融指数来检验普惠金融宏观层面的直接减贫效应和间接减贫效应，以考察普惠金融与贫困之间的关系以及普惠金融与经济增长、收入分配和贫困之间的相互作用关系。直接减贫效应研究方面，主要基于动态面板回归模型探究普惠金融与贫困之间的关系。间接减贫效应研究方面，引入收入不平等这个间接变量，通过三个层次的分析以检验普惠金融对收入不平等、经济增长的作用效果：一是检验收入不平等与经济增长的关系；二是研究普惠金融对收入不平等的影响；三是估计普惠金融与收入不平等的交互作用对经济增长的影响。

第6章为"中国普惠金融减贫效应的微观实证"。本章首先通过2010年和2014年CFPS数据来检验普惠金融的微观减贫效应和收入效应等福利效应，并进一步对普惠金融福利效应的异质性及相关影响机制进行探讨，以期全面了解家庭普惠金融的异质性福利效应以及相关影响机制。其次，基于2013年CHFS数据对家庭普惠金融的影响因素展开探讨，分析家庭普惠金融的发展状况，厘清微观层面影响家庭普惠金融水平提升的关键影响因子。

第7章为"结论与政策建议"。本章对全书研究工作的主要观点及结论进行归纳和总结，提出相关建议，并指出对普惠金融与贫困进行深入研究的可能性方向。

1.3.3 研究方法

本书根据金融理论和贫困理论，对普惠金融与贫困减缓之间的关系进行研究，探讨普惠金融对贫困减缓的作用机制及影响效应，在进行研究的过程中主要使用的方法如下：

首先，文献研究法。本书在阅读大量国内外以往及最新前沿文献的基础上，对普惠金融影响贫困的理论与实证研究进行了回顾，总结现有研究的不足，确定本书研究的方向与内容。

其次，定性分析与定量分析相结合的方法。本书的理论梳理和作用机制分析主要采用的是定性分析的方法。普惠金融测算、农村普惠金融与农村经济发展耦合关系研究和宏微观实证检验研究则采用定性与定量分析相结合的方法，其中指标的论证与筛选、指标数据的描述使用的是定性分析的方法，通过构建模型开展指数测算及计量实证检验研究时，则主要运用定量分析的方法。

最后，规范分析和实证分析相结合的方法。规范分析方面，本书运用经济学、金融学、金融地理学、系统论等学科的理论与方法，深入探究普惠金融减贫的发展规律和理论依据，研究普惠金融减贫的作用机理，通过理论分析和实践总结，以更好地探索问题的本质，为实证研究奠定理论和逻辑基础。实证分析方面，本书所采用的实证分析方法主要包括数量测度、空间分析法、模型构建与计量分析。数量测度，这种方法主要用来测算本书相应部分的普惠金融指数、贫困发生率、家庭普惠金融水平和农村普惠金融—农村经济发展的耦合度，一方面便于了解它们的发展现状，另一方面为计量实证检验提供数据基础。空间分析法，主要基于 Kernel 密度估计、空间 Markov 链和空间相关性分析，对普惠金融与贫困的发展状况进行可视化呈现及深入探讨。模型构建与计量分析，主要通过系统 GMM、Probit 模型和有序 Probit 模型等计量方法对普惠金融减贫的作用机制进行实证检验，同时探究普惠金融的微观影响因素。

1.4 主要创新与不足

1.4.1 主要创新

虽然学术界对金融反贫困问题的研究由来已久，但关于普惠金融与贫困问题的研究尚处于起步阶段。因此，这给本研究带来了一定的难度。尽管如此，本书力求在以下方面进行探索性研究：

研究视角的创新。本书基于普惠金融视角，从宏观层面构建普惠金融指数，微观层面测算家庭普惠金融水平来检验普惠金融的减贫效应。目前国内外同类研究更多是从信贷约束、借贷行为、小额信贷、微型金融及传统金融发展的角度来研究贫困，或者单纯研究普惠金融的概念及测算，极少数研究探析了普惠金融与经济增长、收入不平等的关系。而本书则基于普惠金融视角来研究反贫困问题，并对其效果进行实证研究，在研究视角上具有创新性。

研究内容的创新。首先，学术界对普惠金融减贫的理论研究还非常片面化和碎片化，尚未形成一个完整的理论体系。本书尝试在金融发展理论、农村金融发展理论及包容性增长理论的基础上构建较为完整的普惠金融基础理论框架，为普惠金融减贫实践提供参照和指引。其次，已有研究大多认为普惠金融通过提高金融服务可得性促进经济增长、降低收入不平等和缓解贫困，但并未对其中的作用机制进行系统阐述。本书从经济增长、农村经济增长、收入不平等、金融服务供给4个渠道对普惠金融减贫的作用机制进行了深入的阐述。再次，鉴于已有文献尚未从普惠金融视角研究普惠金融的减贫效应，本书从宏观层面构建普惠金融指数、微观层面测算家庭普惠金融水平，对普惠金融减贫效率的作用机制展开多角度多层次的实证检验研究。最后，基于理论和实证分析结果，立足"精准扶贫、精准脱贫"的现实，优化普惠金融减贫的路径选择。

研究方法的创新。首先，运用ArcGIS、Kernel密度估计及空间Markov链，对普惠金融与贫困的发展状况进行可视化呈现及深入探讨。其次，在宏观层面的研究上，分别运用面板数据模型和动态面板数据模型考察了普惠金融对贫困减缓的直接效应和间接效应。最后，在微观层面的研究上，一方面，运用Probit模型以拥有金融产品的种类数为代理变量探讨家庭普惠金融对收入和贫困的影响；另一方面，采用有序 Probit 模型对家庭普惠金融的影响因素展开研究。

1.4.2 不足之处

本研究的不足之处主要体现在三个方面：其一，限于数据的获取，在宏观层面构建的普惠金融评价指标体系还不够完善，不能全面反映出普惠金融的内涵，若微观数据的获取性得到加强，指标体系需进一步改进并完善。其二，用本书构建的普惠金融评价指标体系测算出来的普惠指数进行实证检验时，会产生一定的偏误。因为它是一个间接的综合指数，而非直接的指标数据。间接综合数据导致的误差主要来源于两个方面：一是指标体系构建的科学性、全面性和有效性；二是不同的测量方法以及权重确定方法会对测量结果产生一定的影响。其三，由于现有微观调研数据的局限性，调研指标包含的信息不全面，缺乏能较为全面反映普惠金融内涵的多维指标及数据。因此，基于微观层面的计量检验，只能以存款、贷款、股票、基金等金融服务和产品使用的种类数作为家庭普惠金融水平的代理指标，这样会低估家庭普惠金融对贫困减缓的作用大小。

第2章

相关理论基础

对普惠金融减贫的系统考察须基于一定的理论基础和相应的理论框架。总体而言，普惠金融和贫困均属于发展经济学和福利经济学的研究范畴。从理论层面来看，发展经济学和福利经济学关于普惠金融和贫困的研究已取得了哪些研究成果？已有普惠金融和贫困的理论体系是什么？本章拟对普惠金融和贫困的相关理论加以梳理，厘清其理论脉络和结构体系，为后文研究中国普惠金融发展对贫困的影响提供理论基础和研究依据。

2.1 普惠金融的理论基础

2.1.1 金融发展理论

金融发展理论主要研究的是如何促进金融发展来推动经济增长，即如何建立有效的金融体系和金融政策组合以最大限度地促进经济增长。在传统经济学分析框架中，经济学家普遍关注的是实物资本对经济增长的作用，几乎很少注意到货币金融因素在经济增长中所起的作用，金融在经济发展中处于从属地位。自詹姆斯·托宾（James Tobin）将货币金融因素引入增长模型建立货币经济增长模型后,学术界越来越重视金融的作用,金融逐渐被作为经济发展的重点和核心。相应的理论研究成果也越来越丰富,具有代表性的有雷蒙德·戈德史密斯(Raymond W. Goldsmith)的金融结构理论,罗纳德·麦金农(Ronald I. McKinnon)和爱德华·肖(E. S. Show)的金融抑制理论和金融深化理论,约瑟夫·斯蒂格利茨(Joseph Stiglitz)的金融约束理论以及金融功能理论。

(1)金融结构论

20世纪50—60年代,G. 格利(John G. Gurley)和E. S. 肖所做的开创性研究集中体现在1955年发表的《经济发展的金融方面》、1956年发表的《金融和储蓄机构与储蓄—投资》两篇论文上,在这两篇代表作中他们阐述了金融对经济发展的作用以及各种金融中介在储蓄投资中的重要作用,并在1960年合作出版的《金融理论中的货币》一书中构建了广义货币金融理论,强调了金融资产和金融机构多样化以及金融制度的作用。1966年,休·T. 帕特里克(Hugh T. Patrick)在《欠发达国家的金融发展和经济增长》一文中改进了格利和肖的研究方法,提出了"需求追随"和"供给领先"两种模式,以研究金融和经济的关系。其中,在经济发展初期,金融需求有限,往往呈现"供给领先"现象。随着经济的增长,经济单位的金融服务需求日益增多,"需求追随"慢慢处于主导地位。在格利、肖和帕特里克等的理论研究基础上,戈德史密斯在其1969年发表的著作《金融结构与发展》中提出金融发展就是金融结构的变化,认为金融的规模与结构的差异是影响金融与经济的关键因素。史密斯将金融结构定义为一个国家的金融工具和金融机构的形式、性质及相对规模等,并选用8个指标来衡量一国金融结构和金融发展水平,其中最重要的一个指标是金融相关比率(Financial Interrelations Ratio,FIR),即金融资产与国民生产总值的比值。金融结构理论初步揭示了金融发展对经济增长的促进作用,并建立了度量金融规模和结构的指标,其中金融相关比率这一指标至今还被沿用。金融结构理论奠定了金融发展理论的基础，但其还存在不足之处，主要表现在忽略了价格（即利率）的影响和缺少对金融发展促进经济增长的作用机制的分析。

(2) 金融抑制论和金融深化论

第二次世界大战后，许多发展中国家对利率实行严格的管制，在通货膨胀的影响下实际利率往往为负，导致这些国家在追求经济增长的过程中受到储蓄不足和资金短缺的制约。受第二次世界大战后兴起的发展经济学影响，麦金农和肖也开始关注发展中国家的经济发展问题，研究对象都是金融受到抑制的发展中经济，并于1973年分别出版了《经济发展中的货币与资本》和《经济发展中的金融深化》两部著作，提出了著名的"金融抑制理论"和"金融深化理论"，该理论被认为是发展经济学和货币金融的重大突破。他们认为发展中国家为了刺激投资，对利率设定上限、实行信贷配给制、设定高额存款准备金率等金融管制措施会导致储蓄率的减少和资源配置效率的降低，从而限制资本形成，抑制金融发展和经济增长。此外，这种金融管制措施往往只能满足重点发展部门、国有企业和富人，中小企业和穷人将会被排斥在金融体系之外，从而加剧金融和经济的二元化倾向。麦金农和肖都认为，要破除"金融抑制"需要通过"金融深化"，实行金融自由化政策，只有通过放松利率管制和减少政府干预，才能促进形成均衡市场利率，恢复金融体系对资金的聚集能力，从而提高储蓄率和投资率，带来积极的储蓄效应、投资效应、就业效应和收入效应，促进经济发展和降低收入不平等。麦金农和肖的金融发展理论主要贡献在于将利率变量引入金融发展理论，提倡取消利率管制的金融自由化政策。但是，该理论也存在一些不足之处，比如要求资金市场是完全竞争的这一理论假设过于苛刻，现实中难以实现。

(3) 金融约束论

自20世纪70年代中期以来，存在金融抑制的东亚经济得到飞速发展以及亚洲金融危机都极大地否定了金融抑制论和金融深化论。学术界开始对金融市场失灵问题展开探索研究，其中以托马斯·赫尔曼（Thomas Hellmann）、凯文·穆尔多克（Kevin Murdock）和斯蒂格利茨提出的"金融约束论"最具代表。1997年，Stiglitz等（1997）以凯恩斯理论为基础，在《金融约束：一个新的分析框架》一文中概括了金融市场失灵的原因，并提出了金融约束的理论分析框架。他们认为信息不对称导致的逆向选择和道德风险及利率变化会导致信贷配给效率低下和经济增长受到抑制等问题，政府应通过控制存贷款利率、限制市场准入甚至直接管制竞争等金融政策，以形成的存贷利差为金融和企业部门创造租金机会，调动金融部门、企业部门和居民等各个经济单位的储蓄、生产和投资的积极性，从而缓解信息不对称产生的消极影响，促进金融深化，推动经济增长。金融约束面临最大的危险就是容易导致金融抑制，金融约束想要达到理想的效果，其隐含的前提是稳定的宏观经济环境（如较低的通货膨胀率）以及政府可以有效解决市场失灵问题。

（4）金融功能论

前面所述的三种金融发展理论均为第一代金融发展理论。在第一代金融发展理论和内生增长理论的基础上形成了第二代金融发展理论，研究重点主要是金融体系及其两个组成部分——金融中介体和金融市场。20世纪90年代，一些经济学家开始意识到金融抑制模型的诸多缺陷（如对总量生产函数形式的限定和效用函数的缺失等），于是，他们开始汲取"内生增长理论"的研究成果，摒弃了第一代金融发展理论将金融中介体和金融市场视为外生给定的观点[①]，将金融（即金融中介体或金融市场）内生化并将其纳入内生

---

① 第一代金融发展理论认为金融市场的发展由政府管制和政策法规等外生因素决定。

经济增长模型之中，目的在于解释金融是如何内生的形成并推动经济增长。内生金融发展理论从效用函数入手，引入诸如不对称信息（逆向选择和道德风险）、不确定性（偏好冲击、流动性冲击）、监督成本和完全竞争相悖等因素，构建各种具有微观基础的模型，以对金融与经济的相互作用做出更加规范及更贴近现实的解释。金融中介和金融市场可以降低交易双方由信息不对称和不确定性产生的交易成本和流动性风险，同时还缓解了消费者的流动性约束，满足了消费者对金融服务的需求，提高了资本配置效率及投资生产率（Bencivenga 和 Smith，1991；Dutta 和 Kapur，1998）。博迪和默顿（Bodie 和 Merton）于 1993 年提出了"金融功能观"，认为金融体系具有支付清算、资源配置、资源转移、风险分散、信息和激励提供六大基本功能。该理论建立在两个假定的基础上：一是金融功能比金融机构更加稳定；二是金融功能优于组织机构。根据金融功能论，一个兼具稳定和效率的金融体系，应该具有创造丰富多样的金融工具及充分利用各种手段动员社会储蓄，提高资源配置效率和投资效率，促进经济增长和社会福利增加。

随着环境、贫富差距扩大、虚拟经济过度发展等问题日益突出，金融发展理论向相关学科不断扩展。许多学者开始将法律因素（Porta 等，1998）、政治因素（Rajan 和 Zingales，2003）、社会因素（Garretsen 等，2004）等引入解释金融发展和经济增长的具体研究中，并将金融发展与国家贸易、收入分配、贫困、企业家精神等联系起来。随着金融在各领域作用的不断强化，金融发展理论的研究逐渐趋向于如何通过金融发展促进可持续发展、包容性增长等，使金融发展更好地促进人类社会的发展。

2.1.2 农村金融发展理论

金融发展理论为农村金融发展理论提供了理论基础和理论指导。经过多年的发展，农村金融理论主要有农业信贷补贴理论、农村金融市场理论和不完全竞争市场理论三种代表性理论。

(1) 农业信贷补贴理论

由于发展中国家农业经济一直存在分散化小农生产、劳动生产率低下、生产周期长且风险较大、收益不确定等特点,逐利的商业性金融机构缺乏进入农村金融市场的动力,同时,较少的收入来源及较低的收入水平导致农民尤其是农村贫困阶层储蓄能力低下,因而储蓄转化投资的总量较少,资金供给不足。这时主张政府积极干预农村金融市场,进行必要的利率管制,设立政府主导的政策性金融机构积极向农村注入政策性资金,以扶持农村经济发展,增加生产,缓解贫困。同时,运用低利率贷款、开设农村金融分支机构及强硬的取缔措施严格限制非正规金融的发展。该理论虽在某种程度上促进了农村经济短暂的恢复性增长,但负面效果也非常明显,这种管制政策一方面难以从根本上满足农村地区的资金需求,另一方面由于缺乏对农村储蓄的动员机制,使得农村地区资金供给能力仍然有限(王曙光,2015)。

(2) 农村金融市场理论

农业信贷补贴理论的假设前提本身是值得商榷的,因为农村居民即使是贫困农户都会有储蓄需求,且具备一定的储蓄能力。随着主张放松管制的新自由主义思潮的出现和各国对市场经济的普遍接受,农业信贷补贴论逐渐被农村金融市场论所取代。农村金融市场论继承麦金农-肖的金融抑制论和金融深化论的基本观点,认为低利率政策会极大地影响发展中国家的储蓄动员能力,主张政府最好不要干预农村金融市场,应当放开利率管制,由市场决定利率,在资金方面,应从农村内部筹集资金,同时运用市场性手段提高资金回收率。此外,该理论还认为农村非正规金融是市场竞争的结果,具有存在合理性,应予以规范发展。

(3) 不完全竞争市场理论

20世纪末,拉丁美洲、亚洲等发展中国家和新兴市场国家在经济市场化过程中爆发了一系列的经济动荡和金融危机等，使人们认识到"看不见的手"的局限性。学者们开始意识到政府的适度干预对金融市场稳定有效的发展非常重要。不完全竞争市场理论主要代表人物也是斯蒂格利茨，其基本理论倾向和政策主张与金融约束论相同。斯蒂格利茨认为农村金融市场也是一个典型的不完全竞争市场，相较于一般的金融市场，存在更为严重的不完全市场、不完全信息和外部性等问题，导致道德风险和逆向选择的大量存在。该理论认为政府一定程度的干预有助于弥补市场失灵，应逐步放松利率管制，鼓励农村金融市场的竞争，支持非正规金融机构的发展。

2.1.3 普惠金融的理论框架

普惠金融目前尚未形成一个基本的理论框架，星焱（2016）在发展经济学与金融发展理论的基础上，首次构建了"普惠金融论"的理论框架。星焱以金融发展和金融福祉分配为视角，将普惠金融论界定为："普惠金融论是一门研究金融发展与金融福祉的经济理论"。

（1）普惠金融论的理论定位与理论渊源

普惠金融就是破除金融排斥，最终实现金融包容乃至金融公平。普惠金融论的研究涉及多个学科，比如，普惠金融的理念是共享和公平，这属于"人本主义"经济学范畴，即发展经济学与现代福利经济学的交集。普惠金融要实现原有金融体系无法达到的广度和深度，需要进行技术、制度和组织等多方面的创新，这又是新制度经济学研究的范畴。星焱认为普惠金融论可归为发展经济学中的金融发展理论，其在发展经济学中的定位如图2-1所示。

金融发展理论、农村金融发展理论为普惠金融论提供了理论基础与理论依据。金融发展理论方面，首先，根据金融结构论，金融工具和金融机构的种类和数量会影响金融发展水平，落后的金融结

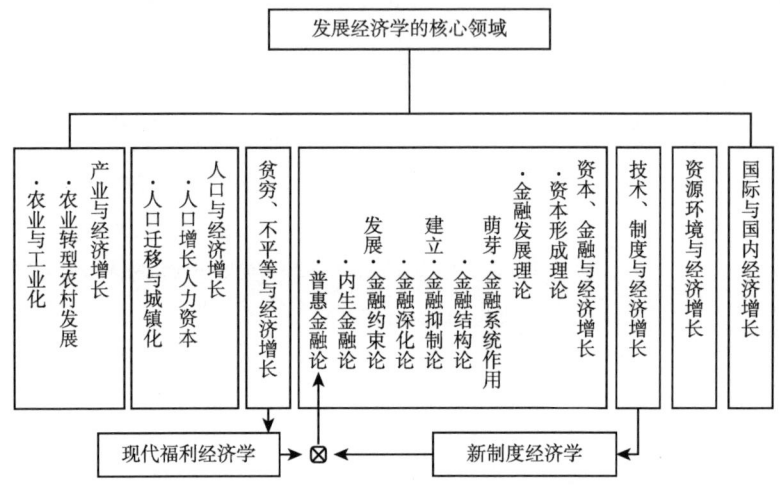

图2-1 普惠金融论在发展经济学中的定位

资料来源：星焱（2016）。

构将制约普惠金融的发展；其次，金融抑制/金融深化论认为政府的干预抑制了有效金融需求，会导致金融排斥，因此建议实施金融自由化政策来解除金融抑制；再次，金融约束论限制市场准入和直接管制竞争，可能会将中小银行等服务主体和小微企业等服务客体排斥在金融市场之外，从而不利于普惠金融发展；最后，金融功能论也给普惠金融带来了重要启示，完善金融中介和金融市场，创造丰富多样的金融工具及充分利用各种手段动员社会储蓄，将有利于普惠金融的实现。农村金融发展理论方面，由于农村金融发展是普惠金融发展重点关注的问题，因此，农村金融发展理论可以为普惠金融实践提供相应的参考依据。农业信贷补贴理论认为农民储蓄能力低下造成金融中介难以通过农民储蓄行为自行化解资金供给问题，强调运用低利率贷款、注入政策性资金、开设农村金融分支机构等政府干预手段来扶持农村经济发展。农村金融市场理论则强调市场机制作用，排斥政府干预，强调由市场自行调动农村金融机构以及人们储蓄与投资的积极性,最终促成农村金融与农村经济发展间的良性循环,但利率自由化会增加农户的贷款成本,同时缺乏政府干预会使得金融中介对受贷群体进行筛选(丁志国等,2016),因此,完全摒弃政府干预不具有现实可操作性。不完全竞争市场理论强调由于信息不对称等因素存在,让政府等非市场要素介入可解决金融市场失灵问题,提高资源配置效率。不同于农业信贷补贴理论只强调政府的资金性支持,不完全竞争市场理论则是积极发挥政府和市场的作用,政府干预仅作为辅助手段,只为了让市场更好地发挥资源配置作用,因此该理论更好地契合了当前农村经济发展状况。此外,不完全竞争理论还指出团体贷款和联保贷款等借款人组织化有益于解决农村金融市场中不完全竞争问题。农村金融理论为解决现阶段农村金融问题以及如何发展农村普惠金融提供了宝贵的思路。

(2)普惠金融与包容性增长

星焱(2016)认为普惠金融论研究普惠金融发展与包容性经济增长之间的关系。近年来,世界各国经济发展面临的主要挑战是如何使增长体现包容性。世界银行(2008)认为包容性是一个包含公平、机会平等、保护市场和就业转型的概念,是可持续发展战略的重要组成部分。杜志雄(2010)认为包容性增长包含四个层面的基本要义:经济增长、权利获得、机会平等与福利普惠。孔子云"不患寡而患不均,不患贫而患不安,盖均无贫,和无寡,安无倾",可见,公平和平等是社会稳定的根本前提。包容性增长战略包括的关键要素是有效的减贫战略,普惠金融符合经济和社会可持续发展的要求,能有效实现减贫。因此,普惠金融是实现包容性增长的重要战略。

当金融发展具有普惠性时,会对经济社会产生积极的多重影响,如促进经济增长、减少贫困、降低收入不平等、促进创业和就业、增加妇女金融赋权、提升全社会人力资本、改善经济发展环境等。通过这些积极效应进一步对国民经济的消费、产出、增长动力产生显著的正向影响,从而有利于包容性经济增长。普惠金融与包容性经济增长之间的理论逻辑如图2-2所示。

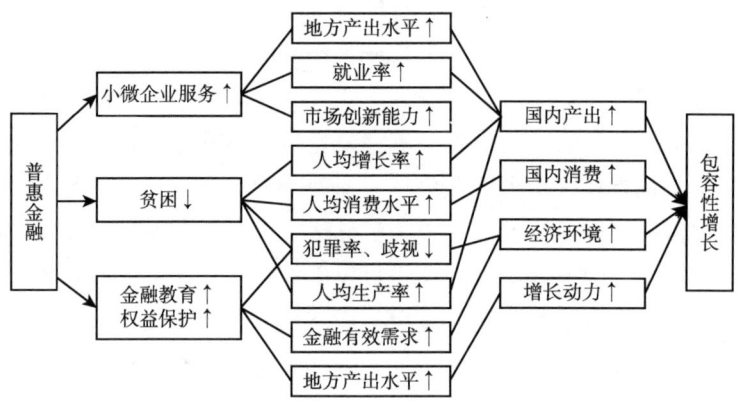

图2-2　从普惠金融到包容性增长的理论逻辑

资料来源:星焱(2016)。

2.2　贫困的理论基础

2.2.1　贫困的概念界定及测量

(1)贫困的概念及分类

①贫困的概念。人类的发展史,也可以说是人类与贫困的奋斗史。贫困问题一直伴随着人类文明社会的发展,是迄今为止各社会形态中一种常见的社会现象。人类社会一直在致力于减少贫困,然而科学合理地理解和界定贫困是反贫困研究的基础,国内外相关机构、组织和研究学者们对此进行了长期的探索研究。作为一个具有历史性、动态性、社会性和地域性特征的概念,理论界对贫困的界

定经历了一个从物质、经济层面向能力、权利、文化、环境、制度等层面扩展的历程,并从单维视角定义转向多维视角定义的发展过程。

第一,以消费水平和福利水平为基础,主要从经济角度来定义贫困。19世纪末,英国学者Rowntree(1901)在他的《贫困:城镇生活的研究》中最早提出了贫困的概念,认为"如果一个家庭的总收入不足以维持家庭成员所需最低数量的生活必需品(包括食品、衣服、住房等)时,这个家庭就基本陷入了贫困之中"。由此,开创了从收入和所拥有的物质资源的角度研究贫困内涵。早期,受生产力水平的限制,从物质角度对内涵进行解读和界定是能够被普遍接受的,并将提高穷人收入水平以满足其基本生存需要作为反贫困的目的(Rowntree,1901;OECD,1976;美国社会保障署,1990)。美国经济学家萨缪尔森在《经济学家》一书中认为,"贫困是一种人们没有足够收入的状况"。随着经济的快速发展和社会的不断进步,人们的收入和生活水平逐渐提高,仅以收入来界定贫困将不能准确且全面地反映贫困,学者们开始从"能力贫困""权力贫困"等多维视角来界定贫困,以弥补单一维度衡量贫困的不足。

第二,从可行能力的角度来定义贫困。Sen(1999)在《以自由看待发展》一书中提出,可行能力的被剥夺会导致人们缺乏创造收入的能力和机会,从而陷入贫困,并认为"贫困必须被视为基本可行能力的被剥夺,而不仅仅是收入低下"。即使是富裕国家的相对贫困人群,其绝对收入按世界标准可能不属于绝对贫困,但也会面临可行能力被剥夺的情况,很难保证以后不陷入贫困。能力贫困表现为营养不良(尤其是儿童的营养缺失)、疾病、大量文盲、性别歧视及失业等。自阿玛蒂亚·森提出能力贫困后,多维贫困开始引起学界关注。

第三,从权力缺乏的角度定义贫困。20世纪90年代末,在社会排斥和脆弱性的基础上，学者们提出了权力贫困的概念，个体在政治、经济、文化和社会等方面权力缺乏会导致陷入贫困恶性循环。权力贫困是对收入贫困内涵的进一步深入和拓展，被社会所广泛接受，如世界银行在《2000/2001世界发展报告：与贫困作斗争》中除了从收入角度定义贫困外，还考虑了脆弱性、无发言权、社会排斥等方面的权力因素。

第四，从经济、社会、文化、政治等多个角度来定义贫困，即广义的多维贫困。随着人们对贫困问题认识的不断深入，人们开始更多地关注生存质量和发展前景，认为贫困不仅意味着物质条件得不到满足，还意味着在经济、社会、文化和政治等多方面的机会及权力缺失。英国的汤森在《英国的贫困》一书中写道，"所有居民中那些缺乏获得各种食物、参加社会活动和最起码的生活和社交条件的资源的个人、家庭和群体就是所谓贫困的"。1999年，亚洲开发银行将贫困划分为三个需求层次：生存层次，收入、营养、饮用水/卫生设施；安全层次，住所、健康和和平；能力层次，教育、参与权、社会心理。世界银行在《2000/2001世界发展报告：与贫困作斗争》中指出，贫困不仅指物质的匮乏，还包括低水平的教育和健康，风险和面临风险时的脆弱性，以及不能表达自身的需求和缺乏影响力。联合国开发计划署（UNDP）分别于1996年和1997年先后提出了反映多维贫困的能力贫困指数和人类贫困指数，并在《2010年人类发展报告》中从健康、教育和生活水平等维度构建了多维贫困指数（Multidimensional Poverty Index，MPI），该指数目前被国内外学者广泛引用和应用。

②贫困的分类。根据以上对贫困概念的梳理，可将贫困分为以下几种类型：

第一，绝对贫困与相对贫困。按照家庭和个人的经济状况来界定的贫困，有绝对贫困和相对贫困两种。绝对贫困又被认为是生存贫困，指人们缺乏维持最低限度生活需要的足够收入，或者处于绝对的物质匮乏，以至其生存受到威胁。绝对贫困的测量方法包括收入贫困线、贫困发生率、基尼系数、泰尔指数、Sen指数和FGT指数等，由于收入数据较易获取且计算较为简便，目前大多数国家主要采用收入贫困测量方法。相对贫困是在"相对排斥"和"相对剥夺"的理论基础上提出的，是将处于不同生活水平的社会成员相比较的贫困，其出发点不是人的生存所需要的最低标准，而是人们之间收入的比较和差距。相对贫困标准会随着社会经济的发展以及个体和地区之间收入差异的变化而变化。相对贫困线是以一个国家国民平均收入的30%—50%为标准，收入在该标准之下的个体即处于相对贫困状态。如世界银行将收入低于平均水平1/3的个体视为相对贫困者。

第二，收入贫困、能力贫困和权力贫困。人们最早对贫困的概念的理解就是收入不足，难以维持基本的物质生活。例如，Rowntree就是从收入贫困的角度来定义贫困的，他还提出了划分贫困家庭的收入标准，即贫困线。收入贫困的观点得到了绝大多数学者的认同，并将收入作为衡量人们生活水平的指标，世界各国也在减贫实践中经常使用收入贫困这个概念。阿玛蒂亚·森开辟一个全新的视角，从"能力""功能""权力"等可行能力视角对贫困问题进行了探讨，他认为不能单纯以收入来判断是否贫困，而应以取得收入、健康、教育、居住、社会地位和其他生活条件的能力来衡量贫困。能力贫困概念的提出使人们认识到要想摆脱贫困需要提高个人能力。基本可行能力的被剥夺，背后的真正成因是权利与机会的丧失，因此，权利不足也会导致贫困。权力贫困主要体现在收入、营养、健康、教育、住所等经济维度的剥夺和脆弱性、无发言权、社会排斥等社会维度的剥夺。收入贫困、能力贫困和权力贫困三者之间相互作用相互影响，收入影响能力，能力影响收入，收入和能力又将对一个人享受的权力产生影响，权力反过来会影响收入和能力。

第三，人类贫困。联合国开发计划署在《1997年人类发展报告》中提出了"人类贫困"的概念，认为贫困不仅仅是缺乏收入问题，它还是一种对人类发展的权利、健康、知识、心理等多方面的剥夺。人类贫困的概念与前几种贫困概念相比具有更广泛的内涵，它从人的生活质量、基本权利和发展机会等多个角度来定义贫困，能更准确而全面地反映贫困群体的生存状态（陈银娥等，2016）。

（2）贫困的测量

通过上述分析可知，贫困具有非常丰富的内涵，因此需要根据不同的定义采用不同的方法对贫困进行测量。目前国内外学者主要从收入贫困角度和多维贫困角度对贫困展开单维贫困测量和多维贫困测量。贫困的测量涉及贫困线的确定及贫困的衡量指标，确定贫困线的方法有很多，主要包括基本需求法、恩格尔系数法、收入比例法（又称国际贫困线标准）、热量支出法、马丁法、线性支出系统模型法、调整基期贫困线法等（Ravallion，1995；帅传敏等，2016；陈银娥等，2016）。

①单维贫困测量。当前国内外最常用的度量指标包括贫困发生率、恩格尔系数、泰尔指数、Sen指数和FGT指数。

第一，恩格尔系数。恩格尔系数是国际上衡量家庭富裕程度的通用指标，直观地反映了家庭的消费效用和收入水平。恩格尔系数分城镇恩格尔系数、农村恩格尔系数和总恩格尔系数，分别用来衡量城镇贫困水平、农村贫困水平和总贫困水平。其中，农村恩格尔系数用农村居民人均食品支出额占人均消费支出总额的比重来度量。

第二，贫困发生率。贫困发生率是指贫困人口占总人口的比重，该指标主要是从贫困人口的角度反映贫困在社会上存在的范围或者发生率。该方法是度量贫困最简单的方法，其计算公式为 $H = q/n$，其中 H 为贫困发生率，q 为贫困人口数，n 为社会总人口数。

H 越大,说明社会中处于贫困线以下的人口越多,社会的贫困程度越高。该指标可以直观反映出全部人口中有多少人处于贫困状态,是被使用最广泛的指标。但它也存在很大的缺陷,不能反映出处于贫困线以下的贫困人口之间的贫富差距。

第三,Sen 指数。Sen(1976)给出了度量贫困的一个新指数,其计算公式为:

$$S = \frac{2}{(q+1)nz} \sum_{i=1}^{q} (z - y_i)(q + 1 - i)$$
$$= H[1 - (1 - I)]\left[1 - G\left(\frac{q}{q+1}\right)\right] \quad (2.1)$$

其中,H 为贫困发生率,I 为贫困距指数,G 为贫困人口基尼系数,z 表示贫困线,q 表示贫困人口数,y_i 表示贫困人口收入水平。当贫困人口 q 较大时,Sen 指数可以简化为:$S' = H[I + (1-I)G]$。森指数的贡献是反映了贫困人口的相对收入差距及绝对收入差距,当贫困者之间的收入差距变大时,基尼系数 G 就会上升,Sen 指数就会变大,贫困程度恶化。

第四,FGT 指数。FGT 指数的计算公式为:

$$FGT = \frac{1}{n} \sum_{i=1}^{q} (z - y_i) \left(\frac{z - y_i}{z}\right)^{\alpha - 1} = \frac{1}{n} \sum_{i=1}^{q} \left(\frac{z - y_i}{z}\right)^{\alpha} \quad (2.2)$$

当 $\alpha = 0$ 时,$P_0 = H$,即贫困发生率;当 $\alpha = 1$ 时,$P_1 = G$,即贫困发生距,反映了贫困深度;当 $\alpha = 2$ 时,$P_2 = PG$,即贫困平方发生距,表示贫困强度,可以反映贫困人群内部收入分配改变时贫困水平的变化情况。FGT 指数的具体计算主要有两种:一是 Villasenor 和 Arnolds(1989)提出的 GQ 模型;二是 Kakwani(1980)提出的 Beta 模型。通过对比二者的拟合优度及参数显著性,选取最佳模型,以求更准确地反映贫困状况。

②多维贫困测量。以上方法均是基于收入水平进行的贫困测量。但收入只能反映贫困的一个方面,无法反映贫困的多维内涵。鉴于收入贫困测量存在的不足,近年来学术界开始尝试从收入、健

康、教育、生活水平等多维视角对贫困状况进行测度，Alkire 和 Foster（2011）基于 FGT 指数提出了 A-F 多维贫困测量方法，A-F 方法不仅可以测量多维贫困指数 MPI，还可以进行地区和维度层面的分解，已得到国际组织、政府部门和学术界的广泛认可及应用。A-F 多维贫困测量的具体步骤如下[①]：

第一，确定贫困的维度和指标。首先是各个维度和指标的取值。假设某一时刻经济社会有 n 个个体或家庭，贫困维度总数为 d，贫困维度共有 j 个贫困指标，定义 $n \times j$ 矩阵 $M^{n,j}$，令 $x \in M^{n,j}$，其中 x_{ij} 代表个人或家庭 i 在 j 项指标上的取值。其次是单一维度贫困识别。贫困线或剥夺临界值 $Z_j(Z_j > 0)$ 为第 j 个指标上的贫困标准，基于样本观测矩阵可获得贫困剥夺矩阵 $G = [g_{ij}]$，其中 g_{ij} 为个人或家庭 i 在 j 指标上的贫困状况：当 $x_{ij} < Z_j$ 时，$g_{ij} = 1$，即处于贫困，否则为 0，不贫困。

第二，多维贫困识别。上述识别过程只针对单个指标，是一种单一维度的识别。现引入多维贫困临界值 k，对加权后的多维贫困状况进行识别。定义一个列向量 $C = (c_1, c_2, \cdots, c_i)^T$，其中 c_i 代表个人或家庭 i 各指标加权的贫困指数，反映个体或家庭被剥夺的广度，$c_i = \sum_{j=1}^{d} \omega_j g_{ij} \in [0,1]$，其中权重 w_j 表示指标 j 所占的权重，A-F 方法一般采用等权法。如果 $c_i \geq k$，表示个体或家庭 i 在维度 d 上的总剥夺得分超过临界值 k，则该个体或家庭被界定为多维贫困，否则为非多维贫困。由于多维贫困的界定涉及指标层面剥夺临界值 Z_j 和维度层面剥夺临界值 k 两个临界值，因此也被称为"双界线"方法。

第三，多维贫困综合指数测算。上述步骤判定了多维贫困个体或家庭，下一步将对多维贫困个体或家庭进行贫困加总。用 M_0 表

[①] 本章只对多维贫困测量方法及步骤做了简单的介绍，详情可参见王小林和 Alkire（2009）的文章。

示 MPI 多维贫困综合指数,其计算公式为:

$$M_0(x_{ij}, Z_j, \omega_j, k) = \frac{1}{n}\sum_{i=1}^{n} I(c_i \geq k) \sum_{j=1}^{d} \omega_j g_{ij}(Z)$$

$$= \frac{q}{n} \times \frac{\sum_{i=1}^{n} I(c_i \geq k) \sum_{j=1}^{d} \omega_j g_{ij}(Z)}{q}$$

$$= H_0 \times A_0 \quad (2.3)$$

其中,H_0 为多维贫困发生率,反映贫困的广度,A_0 为多维贫困平均被剥夺份额,表示所有贫困个体或家庭平均被剥夺(加权)指数与总指数的比值。由式(2.3)可知,M_0 由贫困发生率 H_0 和平均被剥夺程度 A_0 乘积构成,因此,H_0 的变化或者 A_0 的变化都能引起多维贫困指数的变化。

2.2.2 贫困的相关理论

穷人抑或贫困以及相关的反贫困抑或发展问题,是迄今为止人类社会发展以及经济学研究经久不衰的一个主题。从时间上看,20世纪 50 年代以前,西方社会主要是基于马尔萨斯人口学说以及马克思的无产阶级贫困理论。随后,经济学家开始从资本短缺方面解释贫困产生的机理,为日后反贫困研究奠定了基础,也使发展经济学成为反贫困理论研究的主要领域(黄承伟和刘欣,2016)。第二次世界大战以后,贫困研究逐渐从发达国家转至发展中国家,并进一步讨论了经济增长与减贫的关系。20 世纪 60 年代以后,人类对贫困的认知不断深化,贫困不再仅仅是个体经济问题,从根本上也表现为个人能力和社会权利的不平衡。

(1)早期贫困理论

大约从 16 世纪开始,空想社会主义者从政治变革的立场对社会贫困现象进行关注和猛烈抨击,但主要局限在对贫困现象的归纳、描述及道德批判上,缺乏系统的理论研究。真正把贫困作为特定的社会经济现象进行分析并从反贫困视角纳入理论研究领域的，当首推英国经济学家马尔萨斯。

马尔萨斯"抑制人口增长"理论。18世纪末，马尔萨斯在《人口原理》（1798年）一书中提出了著名的"人口陷阱"理论，认为贫困的主要原因在于贫困者本身，而与社会制度、财产的不平等分配和政府的形式没有关系。他指出"抑制人口增长"是消灭贫困的方法。当然，马尔萨斯的研究存在很多片面性和错误的观点。

马克思主义的贫困理论。马克思主义的贫困理论是在空想社会主义理论基础上发展形成的。该理论着重从资本主义私有制和资本积累的一般规律上探讨贫困的根源，指出资本主义私有制是贫困最深层次的根源。但马克思主义的贫困理论主要服务于资本和剩余价值理论，且研究对象是早期资本主义国家的贫困问题，没有涉及后来的非资本主义国家或发展中国家的贫困问题。

（2）经典经济学的贫困理论

边沁关于财富再分配的社会改革观。杰米里·边沁（1748—1832年）认为拥有货币也具有边际递减效应，因此，他指出，在其他因素不变的情况下，如果政府实行改革，通过公平、公正的将富人的钱通过再次分配转移到穷人身上，社会总效用和社会总福利就会增加。19世纪初，让·沙尔·列奥纳尔·西蒙·德·西斯蒙第（1773—1842年）通过对英国的实地考察发现，随着产业革命和"商业财富"的发展，小生产者大批破产，农业人口减少。

西斯蒙第对破产小生产者和贫苦农民的关注。西斯蒙第在其后期著作《政治经济学新原理或论财富同人口的关系》（1819年）一书中站在小资产阶级的立场上表达出了对小生产者的破产和无产阶级及农民的贫困的极大同情，揭露了财富分配的极不平均和无产阶级的贫困，并反对英国古典经济学派特别是李嘉图重视财富而忽视人的看法，强调国家干预的重要性。他认为"从政府的事业来看，人们的物质福利是政治经济学的对象。政治经济学不应该只考察财富，而应该考察财富与人的关系，特别是人及其需要"。此外，由于生产决定消费，而收入决定消费，当收入不足时，生产与消费就会发生矛盾，因此，在资本主义制度下，经济危机是不可避免的，从而否定了萨伊、李嘉图等的无危机论，并进一步指出资本主义不公平的分配制度是导致收入不足的主要原因。

约翰·穆勒的折中主义理论。约翰·斯图亚特·穆勒（1806—1873年）反对了以斯密和李嘉图为代表的资产阶级古典学派以极大的理论推崇资本主义财富的生产和增长，并将功利主义运用到政治经济学中，形成了以分配问题为中心的经济公平思想。穆勒主张在已实现富裕的国家里，应关注财富和机会平等问题。穆勒指出"生产规律具有自然科学所说的真理性质，不依社会制度而改变。分配规律则是人类制度问题，取决于社会和法律的习惯"。穆勒鼓励发展欧文和傅立叶提出的小型合作社，并认为如果合作社的长期实践发展有利于经济和社会的发展，那么"雇主和工人的关系将逐渐被'劳动者与资本家合伙经营'和'劳动者之间合伙经营'的合作关系所取代"。在对国家干预的态度上，一方面他强调经济自由主义，反对国家干预，认为"人们对自己的事物和利益的理解和关系要超出政府做到或被期望做到的"；另一方面，穆勒又不绝对排斥政府干预，并把政府的职能分为"必要职能"和"最优职能"。为了改变穷人的品质、习惯和判断力，穆勒主张："对于他们的智力和贫困……对于劳动阶级的子女，需进行有效的国民教育。与此同时，要采取一系列措施……消除整个一代人的极端贫困状态。"

凡勃伦的"有闲阶级论"。美国制度学派创始人托尔斯坦·凡勃伦（1857—1929年）在《有闲阶级论》中用了大量篇幅详细论述了富人（有闲阶级）是如何通过炫耀性的消费和闲暇使用方式来显示他们的掠夺性才能，并说明了资本主义给工人的物质、精神、感情和艺术生活带来的破坏性影响。凡勃伦认为："有闲阶级的涌现和所有权的开始是同时发生的……凡是值得尊敬的业务,可以归入属于侵占的那一类,不值得尊敬的业务,是那些必要的日常工作,在这类工作中,并不含有值得重视的侵占成分。"

瑞典学派的福利国家政策主张。瑞典学派是以瑞典经济学家为主体,在20世纪20—30年代形成的西方资产阶级经济学的重要流派。瑞典学派比较重视经济学所具有的政治和福利含义,并普遍认为一个理想的社会应该给予社会全体成员以普遍的福利,自由放任的市场经济会使福利国家的活动大大削弱,从而造成收入不平等,个人缺乏社会保障。因此,瑞典经济学派强调收入均等化,大力加强社会福利措施。其中,瑞典学派创始人之一威克赛尔主张,"扩大公共经济成分,由国家执行收入再分配政策,以弥补由于根据生产要素边际生产力进行初次分配时造成的收入不平等"。林达尔认为,税收政策有利于收入不平等的改善。瑞典学派的国家政策主张虽然在某种程度上改善了穷人的福利状况,但他们的根本出发点还是为了更有效地维护资产阶级利益,缓和阶级矛盾。然而,在战后的实践中,暴露了这种收入均等化的福利政策同其他经济目标之间的尖锐矛盾。

新制度经济学派。新制度学派的学者们从制度和结构的角度考察了穷人的权力和收入的均等问题。约翰·肯尼斯·加尔布雷思(1908—2006年)认为由计划体系和市场体系构成的二元体系其权利是不平等的,是导致现代资本主义这样的"丰裕社会"仍然存在贫困、资源配置失调等各种矛盾和社会冲突的根源。加尔布雷思认为经济的增长并不能使穷人享受经济增长的好处,经济增长不能消除贫困,主张增加社会投入,尤其是要加大国家对经济的干预与投资。阿兰·G.格鲁奇基于新二元经济体系对平等与效率问题进行研究。从宏观经济角度看,不平等问题由经济结构差异和税收制度引起,从微观经济角度看,不平等问题与利润、工资、价格和工作条件等有关。主张政府必须采取适当的措施,对国民经济进行指导。

凯恩斯主义学派。该学派对穷人问题的研究主要体现在其收入均等、效率优先的分配原则上,主要代表人物有凯恩斯及其追随者萨缪尔森和琼·罗宾逊等。凯恩斯认为,由于边际消费倾向递减,低收入者随着收入增加会更倾向于消费,因此,收入分配不公会降低消费倾向,他主张用累进所得税、遗产税转让支付的方式缩小收入差距,从而增加消费支出的总体水平,促进生产的发展和就业的增加。琼·罗宾逊同样主张通过税收制度来改进资本主义社会的收入分配制度。

福利经济学派。福利经济学对贫困问题的研究经历了三个发展阶段:一是以增加社会总福利为宗旨的传统福利经济学。约翰·阿·霍布森认为资本家的积累资本、储蓄过度以及利润的再投资会导致生产能力过剩和消费不足,只有使收入相对均等化才能解决该问题,且只有在国家干预的情况下才能实现。阿瑟·C.庇古在其经典著作《福利经济学》(1920年)中分析了穷人的福利问题,按照边际效用递减的规律,若将富人的部分收入转移给穷人,则会增加货币的边际效用,进而促进社会总福利增加,从而主张政府干预收入分配;二是以"帕累托最优状态"为前提的新福利经济学。新福利经济学认为社会总福利只有在社会所有人的福利都增加以及一部分人福利的增加并未减少另一部分人的福利的情况下才会增加。罗宾斯、希克斯、卡尔多和西托夫斯基认为经济效率才是最大福利的影响因素。而伯格森、萨缪尔森和阿罗等新福利经济学中的社会福利函数论派认为卡尔多、希克斯等在研究社会福利问题时把公平和效率问题分开讨论是不行的,因为收入再分配会影响经济效率,并认为确认社会福利唯一最优极大值的关键是确定国民收入的最优(公平)分配;三是以阿马蒂亚·森为代表的后福利经济学。

发展经济学派。发展经济学家在探讨贫困的原因和摆脱贫困的方式等方面创立了一系列著名的理论与模型，其中具有代表性的有：缪尔达尔的"循环累积因果联系"理论、纳克斯的"贫困恶性循环"理论、纳尔逊的"低水平均衡陷阱"理论、莱宾斯坦的"临界最小努力"理论、罗森斯坦·罗丹的"大推进理论"、佩鲁的"增长极"理论、刘易斯的"二元经济"理论、罗斯托的"经济起飞"理论、赫希曼的"不平衡增长"理论等。第二次世界大战之前，贫困理论的研究对象都是西方国家的贫困问题，之后，发展中国家的贫困成为贫困研究的主要对象。缪尔达尔于1957年提出"循环累积因果联系"理论，该理论指出发展中国家的低收入会造成低产出，低产出又造成低收入，低收入又使贫困进一步恶化，这一循环过程中包含着经济、政治和制度等诸多方面的因素，其中最重要的因素是资本形成不足和收入分配不公，从而主张通过权利关系、土地关系、教育体制及政治体制改革使发展中国家从低收入和贫困的循环积累的困境中摆脱出来。纳克斯的"贫困恶性循环"理论从供给角度分析发展中国家低收入水平会导致低储蓄能力，进一步导致资本形成不足，造成生产规模和效率难以扩大提高，最终导致低产出和低收入，从需求角度分析低收入造成低消费能力，进一步导致投资引诱和资本形成不足，造成生产规模和效率难以扩大提高，最终导致低产出和低收入，两方面的循环构成一个死循环。但是纳克斯只考虑了个人储蓄能力，忽视了企业储蓄和政府储蓄的作用。纳尔逊在其1956年发表的《不发达国家的一种低水平均衡陷阱理论》一文中提出了"低水平均衡陷阱"理论，当最低人均收入水平增长到与人口增长率相等的人均收入水平之间，存在一个"低水平均衡陷阱"，发展中国家贫困的主要原因在于人均收入过低和资本稀缺，只有进行大规模的资本投资，使投资和产出增长超过人口增长，才能冲出陷阱实现经济发展。美国经济学家莱宾斯坦的"临界最小努力"理论认为足够高的投资率才能打破低收入与贫困之间的恶性循环，这个投资率水平即"临界最小努力"。此外，在反贫困战略模型研究方面，罗森斯坦·罗丹的"大推进"理论是平衡增长理论的代表，该理论认为必须全面地、大规模地在各工业部门投入资本，共同发展，最终达到增加投资引诱才能打破贫困的恶性循环。但是资本是一个逐渐积累的过程，强行推行平衡增长战略反而是"揠苗助长"。佩鲁的"增长极"理论认为可以通过"增长极"自身的发展或对其他地区和部门产生扩散效应及影响，带动整个经济的发展。刘易斯的"二元经济"理论实际上所描述的是一个以传统农业为主的经济向以现代工业部门为主的经济过渡的整个过程。该理论在后人的补充和完善下已成为分析发展中国家结构变迁、城乡关系、劳动力转移、人口增长和收入分配等一系列问题的理论框架。这几种理论有一个共同点，那就是资本匮乏和投资不足是导致贫困产生的根本原因，他们认为"贫困的根源在于经济增长停滞和人均收入低下，而经济增长停滞和人均收入低下的根源又在于资本匮乏和投资不足"（谭崇台，2010）。

新自由主义经济学派。作为现代货币主义的奠基者和领袖，米尔顿·弗里德曼是自由经济的热情提倡者，他坚信市场是最有效增加社会财富的生产方式，认为在收入分配方面实行效率第一的原则是公平的，而政府强制实施的收入公平政策是不公平的，强调政府的有限作用。弗里德里希·冯.哈耶克强调市场效率，反对利用国民收入的再分配来人为制造平等，认为真正的平等是机会平等，而不是收入或财产的平等，"贫者越贫，富者越富，并不违反自由原则"。

（3）其他贫困理论

随着社会经济的发展以及对贫困了解的不断加深，理论界逐渐提出了一些新的贫困理论，比较有代表性的理论有贫困的代际传递理论、贫困的生命周期理论、贫困的人力资本理论、赋权贫困理论等。

现实生活中存在一个极为重要的现象，即贫困会代代相传。具体来说，就是贫困及致贫的不利因素在家庭内部由父母传递给子女，使子女在成年后继承父母的贫困及致贫的不利因素并将其再传递给下一代，从而形成一种贫困恶性遗传链。理论界对此进行了诸多研究，并提出了贫困的代际传递理论。Lewis（1959）认为，贫困虽然表现为一种经济现象，但同时也是一种自我维持的文化体系。长期生活在贫困之中的穷人会形成一套特定的生活方式、行为规范、习惯及价值观念体系等，而且他们一般很少参与社会活动或者缺少社会资源，这种状态很容易对周围的人尤其是其后代产生影响，使贫困文化代代相传。之后还有一些学者从福利依赖、人力资本、家庭结构、社会分层和社会流动的角度解释贫困的代际传递。贫困的代际传递实际上反映了社会代际垂直流动率及流动机制的问题。

贫困的生命周期理论。由于贫困及贫困文化存在着代际传递，生命周期中的不同阶段又相互关联，因而前一阶段的经历会对其后阶段的经历产生作用和影响。例如，贫困家庭中儿童因前一阶段受教育机会、营养与健康状况等影响，成年后会出现就业难、失业容易或健康等问题，使其中年阶段经常处于贫困或低收入状态，进而导致老年时期陷入生活困境，从而终其一生都处在贫困的泥潭中。

舒尔茨的"人力资本"理论创造性地将资本划分为人力资本和物质资本，认为一个国家或者个人的贫穷主要在于人力资本的匮乏。舒尔茨把人力资本投资视为反贫困的主要路径，认为人力资本投资能有效增加劳动者的技能，提高劳动生产率和经济效率。

赋权贫困理论。赋权是指个人或群体挑战现存权利分配系统，并重新在家庭和社会生活中获得应享有的权利的过程。穆罕默德·尤努斯认为，每个人都有获取金融服务和参与经济发展的权利。随后，学者们逐渐将金融赋权这一概念纳入贫困的研究范畴。所谓金融赋权，就是通过信贷配给、保险覆盖、教育、培训和政策宣传等行为，确保每个人尤其是中低收入者及女性群体都能获得适当的金融服务和产品，从而帮助他们实现经济独立的金融支持策略。金融赋权的本质是在坚守弱势群体的生存逻辑下，通过承认和保护穷人的信贷权，以缓解其流动性约束并提高其可行能力，帮助贫困群体走出生存与发展的困境。

本章小结

金融发展理论、农村金融发展理论为普惠金融提供了理论基础与理论依据。首先，根据金融结构论，金融工具和金融机构的种类和数量会影响金融发展水平。其次，金融抑制/金融深化论认为政府的干预抑制了有效金融需求，会导致金融排斥。再次，金融约束论限制市场准入和直接管制竞争，可能会将中小银行等服务主体和小微企业等服务客体排斥在金融市场之外。最后，金融功能论认为完善金融中介和金融市场，创造丰富多样的金融工具及充分利用各种手段动员社会储蓄，将有利于普惠金融的实现。农村金融发展理论中的农业信贷补贴论、农村金融市场论和不完全竞争市场论的理论思想与主张分别与金融结构论、金融抑制/金融深化论和金融约束论相对应，区别在于前者针对的研究对象是农村金融市场。这些理论为我国普惠金融发展提供了重要的启示，一是积极发挥政府和市场的作用，让政府干预辅助市场发挥资源配置作用；二是完善金融中介和金融市场，丰富金融工具和金融机构的种类和数量，降低交易成本和流动性风险，以满足消费者对金融服务的需求，提高资本配置效率及投资生产率。此外，应将普惠金融纳入发展经济学、现代福利经济学和新制度经济学的研究框架，并重视其对包容性增长的促进作用。

学术界对贫困的界定经历了一个从物质、经济层面向能力、权利、文化、环境、制度等层面扩展的历程,并从单维视角定义转向多维视角定义的发展过程。对贫困的测算也不再局限收入贫困测算,近年来人们开始尝试从收入、健康、教育、生活水平等多维视角对贫困状况进行测度,以期对贫困有更全面的了解。

普惠金融对贫困减缓的作用机制

普惠金融体现了金融服务的深度和广度。金融深度（以提供诸如储蓄、信贷和股票等金融服务的广泛性和多元性来衡量）的作用机制主要是促进诸如创业之类的生产投资，有助于促进经济发展（Claessens，2005；Demirguc-Kunt 和 Klapper，2013）。金融广度（将受正规金融体系排斥的低收入人群、老人和妇女等弱势群体、穷人和小微企业等纳入服务范围）的作用机制主要是通过扩大金融体系的服务范围，提高社会所有阶层尤其是上述被金融体系排斥的人群的金融服务可获得性和使用效应性，减少贫困，降低收入不平等，实现包容性经济增长。人口的福祉主要取决于收入、医疗、教育和住房等。成功获取各种金融服务和产品是实现人类福利社会的基础条件。金融服务和产品具有公共产品属性，破除金融排斥，使社会所有群体能够获得基本的金融服务尤其是银行业务非常关键，也是公共政策的主要目的。普惠金融不仅具有减少收入贫困的单维减贫效应，还具有促进能力贫困、权力贫困减少的多维减贫效应。

综合来看，普惠金融反贫困的作用机理主要表现在：一是普惠金融的发展通过促进经济增长进而实现贫困减少；二是普惠金融通过影响金融服务的资源分配降低收入不平等进而实现贫困减少；三是普惠金融通过向社会所有阶层尤其是穷人、妇女提供多元化的金融服务，实现贫困减少。经济增长的作用机制和收入分配的作用机制属于普惠金融减贫的间接影响机制，通过促进经济增长尤其是农村经济增长、降低收入不平等间接途径减缓贫困。金融服务的作用机制属于普惠金融减贫的直接影响机制，通过信贷、储蓄、支付、保险、理财及教育培训等实现多元化收入渠道，增加储蓄和资产，平滑消费，促进投资和生产，增加就业，激发创业，提高教育和健康水平，增加女性赋权，提升生存能力，从而减少贫困。如图3-1所示。

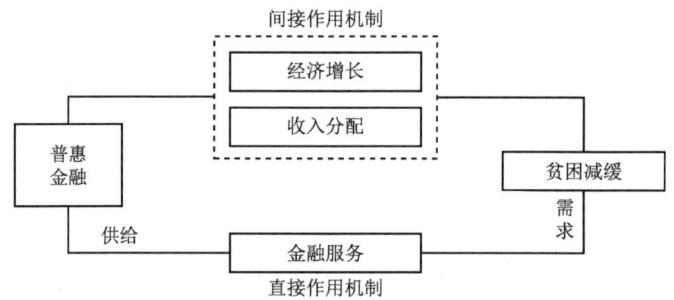

图3-1 普惠金融影响贫困减缓的作用机制

3.1 普惠金融对贫困的间接影响机制

3.1.1 经济增长的作用机制

经济增长的作用机制包括两个作用环节：一是普惠金融对经济增长尤其是农村经济增长产生影响；二是通过经济增长的"涓滴效应"对贫困产生影响。经济增长是金融发展减缓贫困的渠道之一（King 和 Levine，1993；Honohan，2004）。大量学者的研究成果表明金融发展对经济增长具有重要影响，并认为金融系统在促进经济增长和发展的过程中扮演着非常重要的角色（Schumpeter，1912；Beck 和 Levine，2000；McKinnon 和 Shaw，1973）。持续的经济增长是贫困减缓的必要条件（Ravallion 和 Chen，1997），一方面经济增长通过整体财富的增加、提供更多就业或其他经济机会、创造更好的经济环境惠及穷人，提高穷人的收入水平，实现减贫；另一方面普惠金融可以促进农村经济增长，从而使穷人获得更大比例的经济增长，促进贫困减少。

（1）普惠金融对经济增长的影响

金融系统通过金融中介将资金从经济体的盈余部门引导到资金短缺部门，在促进经济增长和发展的过程中扮演着非常重要的角色。大量研究已证实金融发展能够显著促进经济增长、减少贫困和降低收入不平等（Ajakaiye，2012）。银行作为金融系统的组成部门，加强了经济体系内不同部门之间的联系与交流，只有当金融系统处于包容状态时，才能实现真正意义上的包容性增长、社会公平、汇率稳定、国际收支平衡和充分就业状态（Sanusi，2011）。

金融系统的主要功能是融通资金，实现资金供需双方的匹配，在时间和风险两个维度上优化资源配置。总结已有文献，可知金融系统主要通过四种途径推动经济增长：一是最主要的途径是向社会所有群体尤其是低收入群体提供低成本可靠的支付手段；二是金融系统在促进资金盈余部门与资金短缺部门之间的交易总额和提高资源配置效率中起着非常重要的作用，有利于资源分配（Odeniran 和 Udeaja，2010）；三是通过风险管理产生积极的影响，通过减少流行性风险，金融系统能够承担起经济体内生产效率更高的投资和创新项目的融资风险（Greenwood 和 Jovanovic，1990；Bencivenga 和 Smith，1991）；四是金融部门向外界提供可能的投资或融资信息，从而减轻了信息不对称的问题（Ross，2004），此外还降低了交易成本。

从总生产函数的角度来看，上述提到的四种金融影响作用通过资本积累渠道（Hicks，1969）或者技术进步渠道（Schumpeter，1912）显著提高经济系统的资本产出效率。

以资本积累渠道为例，典型的索洛经济增长模型表明人均储蓄率 δ 的增加能够增加稳态时的人均资本存量（k）和人均产出量（y）。人均储蓄率 δ 的变化如图 3-2 所示。δ 从 δ_1 增加到 δ_2，导致稳态时的人均资本存量 k 从 k_1^* 增加到 k_2^*，人均产出量 y 从 y_1^* 增加到 y_2^*。

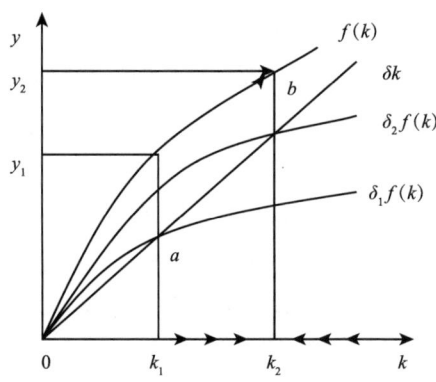

图 3-2　储蓄对资本积累的影响（Odeniran 和 Udeaja，2010）

这意味着金融抑制的消除以及金融市场失灵的减少，二者均有利于改善投资质量，因为只有资本报酬率大于利率（IR）的项目才能获得金融机构的信贷资金。因此，整个生产函数将会上移，从 $f(k)$ 上移至 $g(k)$。经济效率的提高将进一步增加人均储蓄率，如图 3-3 所示，$\delta_2 g(k) > \delta_2 f(k)$。由图 3-3 可以看出，新的稳态水平下的人均资本存量 k_3^* 和人均产出量 y_3^* 不仅大于初始状态下的人均资本存量 k_1^* 和人均产出量 y_1^*，而且由于储蓄和投资的增加，还大于人均资本存量 k_2^* 和人均产出量 y_2^*。

此外，金融部门通过对投资项目的有效监控和管理，在提高生产函数中起着非常重要的作用（Babajide 等，2015）。索洛模型只

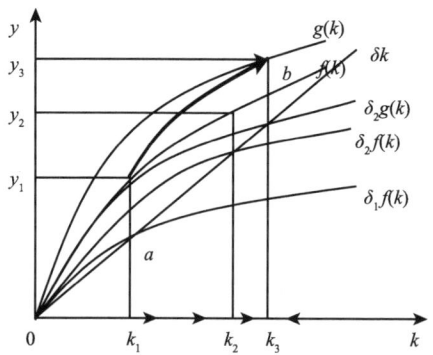

图 3-3 储蓄对产出的影响（Odeniran 和 Udeaja, 2010）

能解释金融发展对经济增长的短期效应和中期效应，该模型不能解释技术进步和长期的经济增长。熊彼特经济增长模型弥补了索洛经济增长模型的局限性。熊彼特认为，如果企业家想要成功地进行创新，一个发达的金融系统是绝对必要的。新项目需要融资，因为不是所有的创业者都能承担起前期投资的资金需求。如果不通过金融部门的资金融通渠道，创新将难以实现，经济增长将难以持久。这一前提条件是普惠金融是经济增长过程中不可或缺的要素，因为普惠金融通过创新金融产品鼓励低收入者的储蓄行为。

自 King 和 Levine（1993a，b）进行开创性研究后，经济学家开始对金融发展和经济增长之间的关系产生了浓厚的研究兴趣。不可否认，各国金融发展的差异可以解释大部分的长期经济增长差异（King 和 Levine，1993；Rajan 和 Zingales，1998）。Beck 等（2008）沿用 Rajan 和 Zingales（1998）的研究方法，基于印度银行业数据进一步补充证明，金融发展能够加速经济增长，同时对持续拥有优先贷款权的小企业的发展具有积极的促进作用。Ayyagari 等（2007）的研究表明，金融可得性与更快的创新效率及企业活力呈显著的正向相关关系，同时他们基于国家层面的数据发现，金融发展可以通过提高全要素生产率促进经济增长。1911 年约瑟夫·熊彼特（Joseph Schumpeter）认为，银行在经济发展方面扮演着关键角色。根据这一观点，银行业可以通过影响储蓄的分配来改变经济发展的路径，不一定非得依靠改变储蓄率。很大程度上，熊彼特关于银行和发展的观点强调了银行对生产率增长的影响（Schumpeter，1934）。银行业可以对整体经济发挥积极的影响作用，因此对宏观经济具有非常重要的作用（Jaffe 和 Levonian，2001）。更好的银行业发展和市场机制能够促进经济更加快速的发展（Christopoulos 等，2004），银行功能体系的完善能够提高资源配置效率和加速经济增长（Levine 和 Zervous，1998）。目前，也有学者开始认为金融机构和创新金融工具的增加虽然提高了普惠金融水平，却有可能会影响发展中国家的金融稳定性。García 和 José（2016）通过实证研究发现，由新型普惠金融机构、新型普惠金融工具以及不受监管的金融机构提供的贷款的快速增长可能会增加系统性风险，但是存款的增加带来了存款的多样性，有利于增加金融系统的弹性、提高金融系统的稳定性。

（2）普惠金融对农村经济的影响

农村、农业和农民是普惠金融的重点，因此，推动农村尤其欠发达地区的金融发展，建设农村普惠金融体系是发展普惠金融的重点。发展农村普惠金融，满足农村地区日益多元化的金融需求，特别是向贫困农户、农村企业等群体提供可负担且便捷的金融服务，对促进农村经济、农村经济与农村金融的协调发展具有重要作用。

我们借鉴上文的分析，农村普惠金融同样也是通过资本积累渠道和技术进步渠道两种途径促进农村经济增长。随着农村普惠金融的发展，农村金融的覆盖面、供给规模以及深度会呈扩大化趋势，农村金融服务方式得以创新从而农村金融工具的种类和数量会逐渐增多，农村金融服务基础设施建设会得到加强，农村金融服务质量会得到提升，农村地区金融服务的渗透性、可获得性和使用效用性会得到提高。归纳起来，即农村普惠金融发展有利于农村金融发展规模的扩大、金融结构的优化及金融效率的提升。农村金融体系这三个方面的发展一方面将通过提高储蓄率、促进投资效率和改善资源配置效率来促进资本积累，并最终促进经济增长；另一方面，通过将资金分配给最有效率、收益最高的生产项目和单位，促进农村创新创业发展，通过技术进步促进农业生产率的提高，并进一步促进农村经济增长。

3.1.2 收入分配的作用机制

收入分配主要通过影响经济增长和低收入群体收入水平来影响贫困减缓。普惠金融发展通过经济增长机制影响贫困还要取决于收入不平等（Ravallion，2001）。经济增长的"涓滴效应"有利于贫困减少，但收入差距的扩大会抑制"涓滴效应"的发挥（Yao等，2004；Ravallion 和 Chen，2007），贫困的变化同时受到经济增长和收入不平等两种因素的影响（罗楚亮，2012）。当金融市场发展不完善时，受金融服务高门槛的信贷约束和"价值最大化目标"约束，贫困人群难以进入金融市场获取信贷、储蓄、支付和保险等金融服务，资金越发流向富裕阶层，形成"马太效应"，从而导致贫困和收入不平等陷阱，进而阻碍经济增长（Galor 和 Zeira，1993；Beck 等，2007）。普惠金融通过提高贫困人群的金融服务可获得性，促进穷人收入增加，有利于降低收入分配差距，进而促进经济增长，实现金融—经济的良性循环，从而有利于贫困减缓。

尽管大量文献认为金融发展有利于经济增长，但金融发展是否能让社会所有阶层受益目前还存在着争议，部分学者认为金融发展通过资本效应促进了财富的增长和积累而使富人受益，穷人被排斥在金融体系之外而越发贫穷，这将导致收入差距增大。还有学者认为穷人主要依靠向亲朋好友或者民间组织获得借款或贷款，因此，金融发展主要是为富人服务。Greenwood 和 Jovanovic（1990）通过静态模型分析得出，金融发展、收入不平等和经济增长之间存在非线性关系，金融发展的收入分配效应以及对穷人的影响取决于经济发展水平，在经济发展的早期阶段，只有富人才能支付得起一定的成本以获得金融服务从而获益，这会导致收入差距拉大。只有当经济发展到较高的水平时，才能使更多的人尤其是中低收入群体进入金融市场获得相应的金融服务，从而收入差距将会缩小。如果金融发展加剧了收入不平等，这种收入分配效应将会减轻甚至否定金融发展对贫困的积极影响。

信息不对称、高昂的交易成本、契约设计及执行的困难、更少的投资机会等供给方面的因素和缺乏抵押物、信用记录、文化水平低及缺乏金融知识等需求方面的因素都会造成金融市场渗透到穷人和贫穷、农村地区的失败，以致穷人难以获得正规金融机构的金融服务尤其是储蓄服务和信贷服务。由于缺乏金融服务，贫困的家庭不得不依靠微薄的积蓄或向亲朋好友、民间组织借贷，以致被限制了积极参与经济发展并从中受益的能力。当家庭被限制获取金融服务，就变成了长期不平等的一个重要原因。此外，信贷约束阻碍了资本流向穷人进行高预期回报的投资，进而降低了资本配置效率、加剧了收入不平等（Galor 和 Zeira, 1993）。放松信贷约束将会使穷人受益。

基于上述分析，对比传统金融，普惠金融发展不仅将穷人纳入正规金融服务体系范围，还试图克服各种进入壁垒，通过增加金融服务的广度和深度，提高金融服务渗透性，增加金融覆盖率，放松信贷约束，降低门槛，使穷人能有效并以可负担的成本享受金融服务尤其是信贷服务，从而有利于促进穷人的生产投资，平滑消费，促进创业，增加教育和健康投资，进而提高穷人收入水平，最终缩小收入差距。

为进一步分析普惠金融发展影响贫困的收入分配渠道效应，本书借鉴哈罗德·多马经济增长模型展开分析。由于普惠金融发展通过影响经济增长和收入不平等的间接途径影响贫困，因此，贫困的变化同时受到经济增长和收入不平等两种因素的影响，则：

$$P_t = f(Y_t, G_t) \tag{3.1}$$

其中，t 表示年份；P 表示贫困水平，用穷人的收入水平为代理指标；Y 表示经济发展水平，用社会总收入衡量，G 表示收入不平等，用洛伦茨曲线测算得出的基尼系数来衡量。为了考察贫困的动态变化，即贫困的变化率，将式（3.1）变换为：

$$\frac{P_{t+1} - P_t}{P_t} = f\left[\left(\frac{Y_{t+1} - Y_t}{Y_t}\right), \left(\frac{G_{t+1} - G_t}{G_t}\right)\right] \tag{3.2}$$

其中，可将 $\left(\frac{Y_{t+1} - Y_t}{Y_t}\right)$ 视为经济增长率，$\left(\frac{G_{t+1} - G_t}{G_t}\right)$ 视为收入不平等的变化率。

然后借鉴哈罗德·多马经济增长模型，

$$y_t = \frac{s_t}{v_t} \tag{3.3}$$

其中，y_t 是经济增长率，s 是人均储蓄率，v 是人均资本产出率。

社会总收入 Y 又可进一步分解为城镇居民收入 Y_u 和农村居民收入 Y_r，同时城镇和农村的人均储蓄率分别用 s_u 和 s_r 表示，由此，s 可进一步分解为：

$$s = \frac{Y_u}{Y} \times s_u + \frac{Y_r}{Y} \times s_r \tag{3.4}$$

将式（3.4）代入式（3.3），再代入式（3.2）可得：

$$\frac{P_{t+1} - P_t}{P_t} = f\left[\left(\frac{Y_u}{Y} \times \frac{s_u}{v} + \frac{Y_r}{Y} \times \frac{s_r}{v}\right), \left(\frac{G_{t+1} - G_t}{G_t}\right)\right] \tag{3.5}$$

由式（3.5）可知，普惠金融发展减缓贫困的收入分配机制主要取决于初始收入分配、收入分配的变化率和人均储蓄率 s。

3.2 普惠金融对贫困的直接影响机制

普惠金融的直接减贫途径主要是向社会所有阶层尤其是被排除

在正规金融体系之外的家庭、个人和中小微企业家提供可负担和及时有效的银行账户、储蓄产品、信贷（小额信贷、及时信贷、抵押贷款、创业信贷等）、汇款、支付、保险、医疗保健、理财咨询服务和风险管理等金融服务和产品，以满足人们特别是穷人的多元化金融需求，从而缓解贫困。普惠金融的直接减贫效应也是一种家庭层面的微观减贫效应，即通过提高家庭金融服务可获性来促进家庭贫困的减缓。相关理论研究表明，贫困家庭、穷人和中小微企业家不仅需要信贷产品，还需要储蓄、保险等金融服务。提高金融机构网点覆盖率，增加金融账户和其他金融服务的可得性，提高家庭普惠金融水平，能够有效地实现多元化收入渠道，增加储蓄和资产、平滑消费，降低因自然灾害、经济、教育和健康等冲击所带来的风险，促进投资和生产，增加就业，激发家庭创业，提高教育和健康水平，增加妇女赋权等，并最终改"输血"为"造血"，提高贫困人口的生存能力，降低贫困人口的收入贫困、能力贫困和权力贫困。

3.2.1 普惠金融分支机构的扩张

信息不对称和交易成本问题的存在造成金融部门的金融服务难以被普通大众所获取（Honohan，2004）。具体而言，一方面，金融部门为了克服信息不对称带来的风险，需要银行服务需求方提供抵押品、完善的文件证明材料或者支付较高的利息费用等，这些要求就将大多数人排挤在金融部门可服务的范围之外；另一方面，较高的交易费用（特别是在偏远的农村地区）使得新设一个银行分支或者提供相应的银行服务将难以实现盈利，维持金融机构的商业可持续性。在经济发展较为落后地区或者农村地区，尤其是市场上的中小企业和交通基础设施条件不完善的地区，信息不对称更为严重，交易成本也会更高。

普惠金融主要通过增加普惠性金融机构网点的覆盖率、创新金融服务方式及金融产品、提供价格合理且便捷有效的金融服务等方式来普惠社会所有阶层尤其是低收入人群及弱势群体。正规金融分支机构的扩张可通过三个途径影响家庭的收入、消费和贫困水平：第一，更多的金融分支机构可减少信息不对称带来的风险和降低信贷交易成本，从而使当地的贫困家庭获益；第二，随着地区分支机构的增加，金融发展水平的提高，穷人将养成储蓄的习惯，从而有助于平滑消费和未来的投资；第三，金融机构的扩张可提高地区家庭的金融可得性，会显著促进非贫困家庭的创业活动，带动就业，从而惠及穷人。换句话说，即使信贷对穷人的影响有限，但如果一个地区的普惠金融发展水平较高，则会通过溢出效应惠及穷人，从而降低该地区的总体贫困水平。

我国贫困人口主要集中在农村地区、边远地区、贫困地区和少数民族集聚区，这些地区都是商业金融机构不愿开设分支机构的地区。普惠金融发展理念下，我国大力推动中国农业银行、农村信用合作社、邮政储蓄银行、农村商业银行、农村合作银行、农业保险公司、村镇银行、贷款公司和农村资金互助社等新型农村金融机构和微型金融机构在以上地区开设分支机构，以提高金融服务广度和深度。那么，普惠型金融机构网点的增加会对异质性家庭开设金融账户产生怎样的影响？影响金融机构扩张的因素又有哪些？本书将借鉴 Brown 等（2015）的理论模型来分析这些问题。

（1）模型构建与假设

假设经济体有 L 个地区，在每个地区 l 中有 n_l 户家庭。每个家庭 i 拥有的家庭财富为 A_i，其中 $A_i \in [A^-, A^+]$，每个家庭都面临一个决策，即将家庭财富以现金的形式持有还是存入金融机构。

家庭在金融机构 j 开设金融账户的成本为 $\varphi_j > 0$，开设金融账户后家庭财富会得到稳定增长。为简单起见，假设在金融机构 j 开设金融账户进行储蓄所收获的投资回报与家庭财富呈正向线性关系，单位财富的收益为 R_j。家庭只考虑在当地的金融机构网点开户,因为即使对最富有的家庭 A^+ 而言,在外地开设金融账户的成本都过于昂贵①。

假设经济体有两种类型的金融机构,一种是扶贫型的普惠型金融机构 F(新型农村金融机构和微型金融机构),另一种是营利性的商业金融机构 B(除 F 外的其他农村金融机构)。两类金融机构都面临在哪里开设分支机构的选择。假设金融机构 j 开设一个新的分支机构的成本为 β_j,每开设一个金融账户可获益 π_j。

假设金融机构和家庭的决策包括两个步骤:首先,F 和 B 同时决定开设分支机构的地区;其次,家庭根据当地金融机构的设立情况,决定是否开设金融账户以及在哪个金融机构开立账户。

(2)家庭开设金融账户的决策

假设一个地区至少存在一个金融机构。家庭是否在金融机构 j 开设金融账户,主要依据账户带来的收益与开设账户的成本大小,只有当 $R_j \cdot A_i > \varphi_j$ 时,家庭才会选择开设金融账户。式(3.6)表示家庭 i 想从金融机构 j 的金融账户中获取积极的投资回报时,家庭财富所要达到的最低水平:

$$A_i > \frac{R_j}{\varphi_j} \tag{3.6}$$

我们假设家庭在普惠型金融机构 F 开设金融账户的成本要低于商业金融机构 B:$\varphi_F < \varphi_B$。更低的交易成本会降低交易费用和存款限额,减少开户手续,减少家庭和金融机构服务人员之间的"文化障碍"。进一步假设普惠型金融机构 F 的单位财富收益要低于商业金融机构 B:$R_F < R_B$。因为金融机构 B 可以给家庭提供更加丰富的金融产品(如电子支付服务、财富管理等),所以家庭财富所获的收益也会更高。

---

① Allen 等(2012)的研究认为,与金融机构的地理距离是家庭获得金融服务的主要障碍。

第3章 普惠金融对贫困减缓的作用机制

模型的关键假设则是：在金融机构 F 开立金融账户所要求的最低家庭财富水平要低于金融机构 B：

$$\frac{\varphi_F}{R_F} < \frac{\varphi_B}{R_B} \tag{3.7}$$

综合式（3.6）和式（3.7），我们根据家庭的财富水平 $A_i \in [A^-, A^+]$ 将家庭的开户需求分为四种类型：

类型 I：最低收入水平家庭 $A^- \leqslant A_i < \frac{\varphi_F}{R_F}$，无论哪种金融机构增加网点，都不会开设金融账户。

类型 II：低收入水平家庭 $\frac{\varphi_F}{R_F} \leqslant A_i < \frac{\varphi_B}{R_B}$，只有在金融机构 F 开设分支机构时，才会选择开设金融账户。

类型 III：中等收入水平家庭 $\frac{\varphi_B}{R_B} \leqslant A_i < \frac{\varphi_B - \varphi_F}{R_B - R_F}$，无论哪种金融机构设立分支，家庭都有可能会选择开设金融账户，但更倾向于金融机构 F。

类型 IV：高水平收入家庭 $\frac{\varphi_B - \varphi_F}{R_B - R_F} < A_i \leqslant A^+$，无论哪种金融机构设立分支，家庭都有可能会选择开设金融账户，但更倾向于金融机构 F。

（3）金融机构增设网点的决策

预期的市场容量以及建设成本是影响金融机构是否进入一个市场的因素。只有当市场容量或者客户总数超过 $\frac{\beta_j}{\pi_j}$ 时，金融机构才会考虑进入。

假设每个区域内四种类型的家庭数所占的比例分别 $\delta_{l,1}$、$\delta_{l,2}$、$\delta_{l,3}$、$\delta_{l,4}$，这也意味着金融机构完全了解每个地区的财富分配状况。每种类型的金融机构也知道为客户开设金融账户的成本和收益。

由家庭决策行为可知，类型Ⅲ和类型Ⅳ的家庭会选择在两类金融机构中的任意一种或者两种中开设金融账户。两种金融机构在进行网点选址决策时会互相参考对方的决策。金融机构 F 的客户数为 $(\delta_{l,2} + \delta_{l,3}) \cdot n_l$，当该地区存在 B 的网点；$(\delta_{l,2} + \delta_{l,3} + \delta_{l,4}) \cdot n_l$，当该地区不存在 B 的网点。金融机构 B 的客户数为 $(\delta_{l,4}) \cdot n_l$，当该地区存在 F 的网点；$(\delta_{l,3} + \delta_{l,4}) \cdot n_l$，当该地区不存在 F 的网点。基于此，可计算两类金融机构在地区 l 增设网点所获的收益：

①如果金融机构 F 和金融机构 B 均在地区 l 开设分支机构，那么金融机构 F 的收益为 $\pi_F \cdot (\delta_{l,2} + \delta_{l,3}) \cdot n_l - \beta_F$，金融机构 B 的收益为 $\pi_B \cdot \delta_{l,4} \cdot n_l - \beta_B$。

②如果金融机构 F 在地区 l 开设分支机构，而金融机构 B 不增设网点，则金融机构 F 的收益为 $\pi_F \cdot (\delta_{l,2} + \delta_{l,3} + \delta_{l,4}) \cdot n_l - \beta_F$，金融机构 B 的收益为 0。

③如果金融机构 F 在地区 l 不增设网点，而金融机构 B 开设分支机构，则金融机构 F 的收益为 0，金融机构 B 的收益为 $\pi_B \cdot (\delta_{l,3} + \delta_{l,4}) \cdot n_l - \beta_B$。

（4）模型结果分析

金融机构 F 更倾向于在人口规模较大，低收入或中低收入水平家庭所占比例 $\delta_{l,2}$、$\delta_{l,3}$ 较高的地区开设分支机构。如果一个地区没有金融机构 B 的网点，那么高收入家庭所占的比例 $\delta_{l,4}$ 将会显著影响金融机构 F 在该地区开设分支机构的决策。如果金融机构 F 在一个地区比金融机构 B 拥有更多的开户客户，那么金融机构 F 多出的那部分客户主要为低收入水平家庭。

由于年龄、教育、经济活动、社会背景等因素的差异，家庭对金融机构的服务和产品的了解程度存在异质性，从而导致家庭的非融资成本（由家庭和银行服务人员之间的"文化障碍"导致的成本）也存在差异。如果家庭在金融机构 B 开设账户的非融资成本较高的话，该家庭则更倾向于在金融机构 F 开设账户。因此，金融机构 F 不仅倾向于为低收入家庭提供金融服务，而且倾向于为不了解金融机构及其产品和办理程序的家庭提供金融服务。

由此可知，一方面，普惠金融机构的扩张提高了农村地区和贫困地区的金融网点覆盖率，提高了穷人的金融服务可获性。另一方面，普惠金融倾向于为因收入和"文化障碍"遭受金融排斥的家庭和个人提供便捷、价格合理且及时有效的金融服务。因此，普惠金融机构的扩张能够更好地服务于穷人，从而实现减贫。

3.2.2 普惠金融服务的供给

普惠金融分支机构的扩张即金融机构地理渗透性的增加，会直接提高家庭金融服务和产品的可获性及使用效用性，接下来我们将就储蓄、信贷、汇款、保险以及微型金融提供的小额信贷等具体的金融服务和产品的使用对贫困影响的作用机制展开深入的分析。

（1）储蓄服务

根据预防性储蓄理论，居民除了将收入用于平滑各期消费之外，还会将一部分收入进行储蓄以应对未来的不确定性。储蓄可以使有可能遭受不确定因素冲击的家庭免受未来收入冲击的影响，由于自然、经济和社会的变化，中国家庭面临显著的不确定性，因此，中国家庭尤其是贫困家庭往往具有非常强的预防性储蓄动机。普惠金融通过提高金融机构的网点覆盖率并积极提供金融开户服务，增加了家庭和个人的金融可得性，提高了家庭和个人的金融账户持有率，促进了家庭和个人的储蓄行为。Bazzi 等（2015）通过研究发现，接受政府转移支付且距离银行较近的家庭消费支出略高于距离银行较远的家庭，与银行的距离远近以及是否有储蓄都会对家庭消费平滑产生影响。Gertler 等（2009）研究发现，临近微型金融机构的家庭在健康状况下降时遭受的损失小于远离的家庭。

储蓄主要通过两个途径对家庭产生影响：一是平滑消费，应对收入波动；二是提高家庭福利，增加社会资本。具体来说，第一，储蓄服务对家庭平滑消费具有重要作用,对穷人或者低收入者尤为重要,因为这些群体的经济脆弱性更强,在自然灾害、经济、教育和健康等冲击所带来的风险面前显得更脆弱,更容易遭受收入波动。第二,储蓄服务有利于家庭投资和小微企业家创业。家庭可以把储蓄用于生产性投资,同时还可以为人们带来非预期投资机会所产生的收益。家庭储蓄也可以为微型企业创办提供启动资金,据调查显示,小微企业启动资金的主要来源是自由储蓄。第三,储蓄可以提高家庭福利,增加家庭社会资本。家庭储蓄可以用于日常人情往来支出和参与重要的社会节庆活动,从而提高家庭的社会地位,增加社会资本。家庭储蓄还可以用于孩子的健康营养和教育方面,通过对孩子的投资增加家庭的未来收入。与保险相比,储蓄能更有效地应对经济不安全性,储蓄可以减少家庭变卖生产性资本的风险,能解决的风险领域比保险范围要广,且不受相关合约的约束。由于穷人的收入相对有限,因此,储蓄对穷人而言更为重要,通过储蓄对生产和消费进行合理规划,提高对不可预知冲击的应对能力及抗风险能力。

(2)信贷服务

Brehanu 和 Fufa(2008)指出,缺乏足够的金融服务,特别是信贷,是导致农村家庭特别是贫困家庭陷入贫困恶性循环的主要原因。金融发展理论和农村金融发展理论以及国内外相关经验研究都表明,由于信息不对称、收入不稳定等不确定性以及缺乏抵押物等问题的存在,农村地区、贫困地区、边远地区、农民、穷人、低收入群体、弱势群体、老人和妇女、小微企业等受到信贷约束相当普遍。如果放松信贷约束,提高这些地区和群体的信贷可获性,则可以促进家庭实现多元化收入渠道、增加生产投资、平滑消费、增加健康和教育支出,降低经济脆弱性,促进中小微企业创立与发展,增加妇女赋权等,从而有利于贫困减少,降低收入不平等。普惠金融不仅向贫困、低收入、小微企业等弱势群体提供便捷的、价格合适且可负担的信贷服务，还提供相应的技术支撑和教育培训，以缓解弱势群体的信贷约束及缺乏技术和生存技能等问题。普惠金融重在强化低门槛信贷产品的创新，目前针对低收入群体和穷人的信贷产品主要有：低息信贷、贴息信贷、小额信贷、线上信贷等。

信贷服务对贫困影响的作用机制基本同储蓄一样，只是相应的资金供给形式有别，储蓄是一种内源性资金供给，主要来源于家庭收入的跨期分配，信贷是一种外源性资金供给，主要来源于金融机构的贷款。一个家庭获得信贷后可发生很多方面的改变，通过借鉴Banerjee等（2015）的理论模型，我们可以更好地分析信贷所产生的可能影响及其动态变化。

假设消费者生存两期。消费者可以将收入用于购买两种商品：非耐用消费品和耐用消费品。非耐用消费品可拆分且在当期消费，而耐用品的消费则用 c_n 表示。耐用品可持续两个时期，并在两期内分别产生相应的收益。如果耐用品是生产投资，则产出就是它的收益，如果是消费类耐用品，那么瞬间消费时产生的效用就是它的收益。

耐用消费品是不可分割的，总成本为 c_d，每期产生的收益为 ac_d。此外，增持一个耐用消费品并不会产生额外的效益。假设耐用消费品和非耐用消费品是完全替代品，消费者的瞬时效用函数为 $u(c)$，表示在每一时期下消费者的效用，当消费者在当期或者前一期并未购买耐用消费品时，则 $c = c_n$，否则，$c = c_n + ac_d$，其中 $0 < a < 1$。因此，当期购买耐用消费品会导致瞬时效用的净损失，但它仍可能是一个最优选择，因为 a 有可能大于 $1/2$。δ 表示折旧率，δ 越大，则消费者越看重当期消费而不是未来消费。

假设消费者将每一个时期的劳动收入全部用于购买非耐用消费品，那么每个时期消费者的储蓄则为 0。消费者可选择在任一期进行贷款，贷款利率为 r，贷款总额为 b^{max}。模型假设耐用品的总成本要高于总贷款额度，即 $c_d > b^{max}$。

通过图3-4可以初步分析消费者的跨期最优消费决策行为。图3-4中，横轴代表第一期的消费，纵轴代表第二期的消费，UU和$U'U'$分别代表可能的无差异曲线，它们的切线斜率均为$1/\delta$，并与45°斜线OO'分别相交于E点和E'点。E点代表禀赋，相应的坐标点为(y, y)。斜线EF的斜率为r，代表在第一期发生借贷行为但并未购买耐用消费品的消费者的可选集。E到F点的水平距离代表b^{max}，即最大贷款额度。我们假设$r<1/\delta$，这样就给了消费者一个贷款的理由，因为获得最大额度的EF贷款后，最高无差异曲线$U'U'$要高于通过E点的无差异曲线UU。

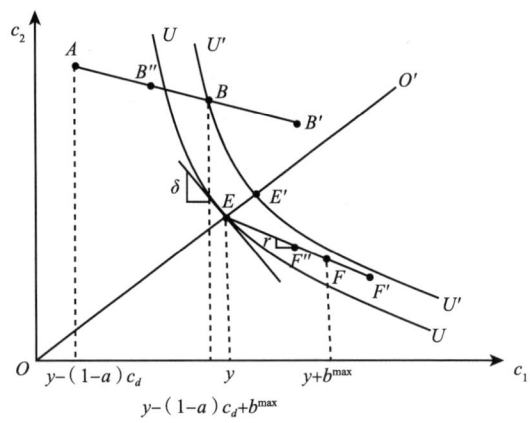

图3-4　$r<1/\delta$的情况

另一个选择就是购买耐用消费品且不贷款。图3-4中的A点就代表这种情况，点坐标为$(y-(1-a)c_d,\ y+ac_d)$。

第三种选择就是购买耐用消费品且贷款。线段AB代表第三种情况下消费者的各种选择的集合。A点到B点的水平距离也为b^{max}，AB的斜率为r。由图3-4可以看出，B点在最高的无差异曲线上，因此，消费者将选择既购买耐用消费品又进行借贷。然而，此时消费者在第一期的消费会低于E点时的消费。消费者因购买了耐用消费品降低了在第一期的总消费。

然而,这并不是唯一的可能性。B'点代表当b^{max}更高时即消费者贷款总额度增加时所发生的情况(当消费者购买耐用消费品且未贷款所对应的点为F'点)。在这种情况下,购买耐用消费品且贷款仍然是最优的选择,且在两个时期总消费都会上升。B''点代表b^{max}很小的情况,F''点代表没有购买耐用消费品情况时的贷款额度。在这种情况下,借贷但不购买耐用消费品反而是最好的选择,且第一期的总消费会上升。

图3-5则考虑了$r\delta > 1$时的消费者跨期最优消费决策行为。在这种情况下,消费者将没有理由只是贷款,因为EF线段全部位于无差异曲线UU之下。通过贷款购买耐用消费品仍然是有意义的,而且可以提高消费者的福利。

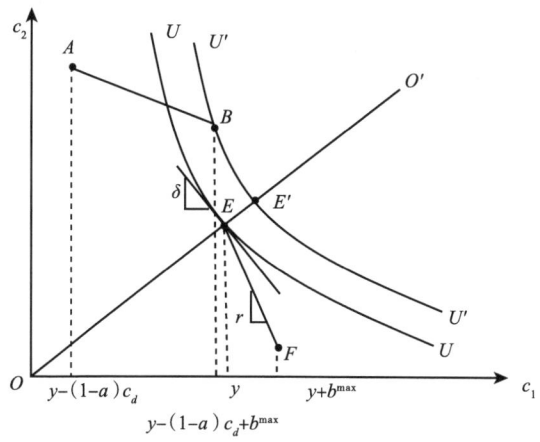

图3-5　$r\delta > 1$的情况

一般来说,相对不贷款或者贷款不购买耐用消费品的情况而言,更多的贷款会显著促进耐用消费品购买的增加。我们以$v_d(b^{max})$表示购买耐用消费品的效用,$v_n(b^{max})$表示不购买耐用消费品的效用。

$$\frac{\mathrm{d}}{\mathrm{d}b^{\max}}v_d(b^{\max}) = \max\left\{\frac{\mathrm{d}}{\mathrm{d}b}[u(y-(1-a)c_d+b)+\delta u(y+ac_d-rb)],0\right\}$$
$$= \max\{u'(y-(1-a)c_d+b) - \delta r u'(y+ac_d-rb),0\} \tag{3.8}$$

$$\frac{\mathrm{d}v_n(b^{\max})}{\mathrm{d}b^{\max}} = \max\left\{\frac{\mathrm{d}}{\mathrm{d}b}[u(y+b)+\delta u(y-rb)],0\right\}$$
$$= \max\{u'(y+b) - \delta r u'(y-rb),0\} \tag{3.9}$$

其中，式（3.8）和式（3.9）的效用函数的凹度基本是一致的。当 $v_d(b^{\max}) = v_n(b^{\max})$ 时，只要在 $b^{\max}$ 的任一水平上发生借贷行为，即使贷款为最大值 $b^{\max}$，都会增加消费者的效用，即 $v_d(b^{\max}) > v_n(b^{\max})$。在这种情况下信贷可获性的增加会使消费者更加倾向于购买耐用消费品。

此外，从模型可以明显看出，当消费者随着信贷可获性的提高转向购买耐用消费品时，他的贷款也会随之增加。因此，与信贷可获性较低的消费者相比，他在第二期的非耐用消费品的消费 $y-rb$ 也会随着减少。

从 Banerjee 等（2015）的理论模型可以得出以下四点结论：

①比较两种类型的消费者，其中一类是能够更好地获得信贷服务的消费者。信贷可获性较高的消费者会更倾向于购买耐用消费品，但他在第一期的非耐用品的总消费和两期的总消费存在不确定性，可能会更高也可能会更低。如果他购买了消费类耐用品，他会降低在第二期的非耐用品的消费。如果他进行投资生产，那么他第二期的非耐用品消费将会增加。如果这个耐用消费品是生产投资或者创办企业，作为一项投资项目，投资回报率 a 的值会增大。当投资回报率 a 变得足够大时，即使受到一定的信贷约束或者完全被排斥，消费者仍然会选择生产投资或者创办企业。相反，提高信贷可获性则会鼓励拥有相对较低投资回报率 a 的消费者进行投资。

②信贷可获性的提高还会增加消费者进行固定投资的可能性，

但是会降低该项目的平均产出。接下来,我们将消费者的劳动力供给决策纳入该模型。假设消费者每单位劳动力可赚取 w 单位的非耐用消费品,且在第一期和第二期的劳动力供应分别为 l_1 和 l_2,劳动的负效用函数用 $v(l)$ 表示,假设该函数是一个连续递增、凸性和在所有点可微的函数,且 $l=0$ 在时满足稻田条件。消费者进行跨期效用最大化决策。

$$u(y-(1-a)c_d+b+wl_1)-v(l_1)+$$
$$\delta[u(y+ac_d-rb+wl_2)-v(l_2)] \qquad (3.10)$$

如果消费者购买了耐用消费品,则:

$$u(y+b+wl_1)-v(l_1)+\delta[u(y-rb+wl_2)-v(l_2)] \qquad (3.11)$$

如果没有,通过对 v 的假设,会存在一个内部最优值,即 $u'(c)=v'(l)$,很明显,l 在 c 中是递减的。如果 $u_l(x)=\max_l\{u(x+wl)-v(l)\}$,$u_l(x)$ 也和 $u(c)$ 一样是凹函数。因此,可将结论 1 的情况进行拓展分析,也就是说,提高信贷可获性可减少第一期的非耐用品消费甚至总消费,如果当期总消费下降,那么该期的劳动力供给将会增加。

③信贷可获性的增加会促使第一期劳动力供给增加。此外,由于劳动力供给只受非耐用品消费的影响,任一期的非耐用品消费减少都会促使劳动力供给随着信贷可获性的提高而上升。

④如果耐用消费品和非耐用消费品不是完全替代品,信贷可获性的增加可能会导致两期的劳动力供给都会增加。

(3) 汇款服务

在很多低收入国家,移民的汇款已成为推动当地经济增长的重要力量。如果这些汇款能够通过金融系统转化为有效投资,那么它们对经济增长的促进作用会更大。穷人是移民汇款的主要接收者,但其被排斥在正规金融体系之外,不知道或者没法通过正规金融机构来更好地使用移民汇款,以获得更高的收益。汇款服务可以帮助穷人更好地利用这些资金,提高资金的收益率。关于移民和汇款服务对贫困的影响还存在争议。一些学者认为，移民和汇款服务能显著减少贫困。一方面，移民汇款可促进接收国或地区的经济增长；另一方面，与较为富裕的家庭相比，相对贫困的家庭会更加积极地投身于国际移民活动，通过迁移获得收入的增加。但也有一些学者认为汇款不仅不能减少贫困，还会扩大区域间的贫富差距，加剧农村内部的收入不平等程度。同时，移民汇款会增加海外迁移，从而造成农村劳动力减少，农业生产下降。

我国目前城乡二元经济结构特征仍然比较显著，外出务工汇款或农民工汇款也会促进家庭收入增加，从而促进家庭生产和生活支出。农民工汇款对增加农村家庭收入的影响程度，受到当地金融服务水平特别是汇款服务的影响。高效、安全、便捷及价格合理的汇款服务能够促使农民工更及时有效地将收入汇回家中，促进家庭收入增加，增加当地资金储量，带动当地经济增长，实现贫困减少。

（4）保险服务

保险可以降低和弥补灾害、意外伤害和疾病等风险造成的损失，是家庭遇到意外支付需求的重要保障。尤其是穷人，收入水平较低，收益不稳定、波动性大，可寻求的外援帮助较少，在面临灾害、疾病、伤亡、教育等方面的风险冲击时，抗风险能力弱。如果能向其提供相应的农业保险、农户家庭财产综合保险、微型保险、扶贫小额保险、医疗养老保险等保险服务和产品，可以帮穷人建立安全保障机制，以应对负面冲击带来的风险，从而有效降低穷人的经济脆弱性、减少收入波动以及平滑消费等。如许多小额信贷机构为穷人提供健康保险产品，以便让这些穷困的客户得到及时的治疗；政府及相关金融机构推进农业保险和企业财产保险支持贫困地区农业生产和产业发展以促进贫困减少。

（5）微型金融服务

贫困家庭和小微企业往往因信息不对称和收入不确定性带来的高风险以及缺少抵押物而被正规金融机构所排斥，微型金融是正规金融之外的一种补充,专门服务于被正规金融机构排斥的中低收入群体及小微企业。微型金融是普惠金融的一种形式,普惠金融服务的群体为社会所有阶层,而微型金融则只服务指定人群,被普遍认为是一个有效可靠的反贫困工具。随着普惠金融的发展,独立于正规金融机构之外的微型金融机构逐渐被纳入正规金融体系,许多正规金融机构也开始开展微型金融业务。

微型金融是小额信贷的拓展,除了向穷人提供小额信贷之外,还增加了储蓄和保险等基本金融服务,此外,微型金融还会提供咨询和教育等综合培训服务。微型金融通过提供相应的金融服务为贫困家庭的生产和生活提供资金和技术保障,从而有助于缓解贫困家庭的信贷约束,帮助贫困家庭平滑收入波动,降低其经济脆弱性,促进家庭和小微企业家创业,增加家庭劳动力供给,提高教育和健康水平,增加妇女赋权等,最终使贫困家庭有能力、有信心依靠自己的力量摆脱贫困,并积极参与经济发展。

①储蓄、贷款和保险等基本服务。小额储蓄、小额信贷和小额保险是微型金融向贫困家庭提供的基本服务,其与正规金融产品的功能和作用机制相同,但其所针对的人群、服务的方式以及提供的规模与正规金融有所区别。以小额信贷为例,小额信贷是一种小额度、生产经营性质的短期贷款服务。主要功能包括扶弱功能和发展功能,扶弱功能主要指信贷对象主要是穷人、弱势群体、妇女等,发展功能表现在小额信贷主要用来发展生产和促进小微企业家创业,不以"输血"维系弱势群体,而以"造血"提高他们的生存能力。小额信贷具有特殊性,具体表现在:第一,小额信贷的基本结构是由家庭或个人自愿组成的信贷小组,全组成员共同承担连带责任;第二,不要求提供抵押和担保,以尽最大可能性为穷人提供信贷服务;第三,小额信贷会限定贷款用途,在贷款初期,为了防止穷人陷入债务泥潭,规定贷款只能用于生产经营性活动,只有当穷人收入有所保障时,才为其提供住房改善、子女上学等方面的贷

款；第四，小额信贷的贷款期限短、额度小，考虑到农业生产经营的季节性特点以及穷人的收入及还款能力有限，小额信贷目前主要以短期限、小额度的信贷产品为主。

②促进小微企业家创业和小微企业融资。小微企业特别是以家庭为基础的小微企业不仅可以实现自我雇用，而且可以为更多的穷人提供就业机会，提高就业水平，促进收入增加和贫困减少。与大型企业相比，中小型企业可以以更低的成本创造就业，而且大多数中小型企业是劳动密集型企业，且主要分布在农村地区和中小城镇，能够更好地为穷人和低技术人员服务，通过促进贫困地区和贫困人群的就业，促进经济增长，减少贫困，降低收入不平等。微型金融主要是寻找有创业才能的小微企业家，向其提供资金和商业、技术培训服务，缓解信贷约束和技术障碍，以促进小微企业的创立与发展，带动贫困地区的生产和就业，从而促进当地经济增长和贫困减少。

③增加人力资本积累。人力资本提升是贫困家庭脱贫的重要方式，微型金融主要通过以下四种途径提高贫困家庭的人力资本。

第一，提高儿童营养健康水平和入学率。微型金融通过提高贫困家庭的收入，改善贫困家庭的财务稳定状况，一方面提高儿童的营养摄取，促进儿童健康成长，增加家庭未来的人力资本水平；另一方面，激励贫困家庭让其子女接受教育，减少童工率，提高儿童入学率，从而提高整个家庭的平均受教育水平。

第二，提供咨询和教育等综合培训服务。微型金融主要服务于生产经营活动，但贫困家庭普遍缺乏专业技能和生产经验，因此，通过提供相应的咨询和教育等综合培训，增加穷人的技能和经验，促使穷人能够更有效地使用资金，并提升自我认知能力，从而提升其自信和生存能力，进而提高人力资本水平，促进家庭收入增加，实现贫困减少。此外，通过培训可以提高小微企业家的企业家才能，促进小微企业的创立和发展。

第三，增加妇女赋权。家庭尤其是贫困家庭中的妇女的经济地位通常较低，因此，妇女是微型金融的重点服务对象。微型金融通过赋予妇女贷款的权利和参与经济发展的机会，提高了妇女对生产活动的参与率，增加了妇女的收入，从而使其拥有更多的家庭经营决策权和管理权，间接促进家庭子女的健康和教育水平提升，最终提高家庭福利水平。

第四，增加社会资本积累。微型金融不仅注重提高贫困家庭的贷款可获性，而且注重激活、培训和创造贫困家庭的社会资本，拓展贫困家庭的社会网络，帮助其获得自信和尊严，从而促进其能力贫困和权利贫困的减少。如微型金融以联保贷款机制的贷款互助小组为载体，向所有参与者提供一个互相合作、互相学习交流的平台，使其掌握更多信息及社区资源，提高社会地位，获得自信和尊严，增加社会资本。

本章小结

本章全面阐述了普惠金融影响贫困减缓的作用机制。借鉴相关理论和实证研究成果，本章认为普惠金融主要通过经济增长、收入分配的间接渠道和家庭金融服务供给的直接渠道对贫困产生影响。

经济增长的作用机制。普惠金融主要通过资本积累渠道和技术进步渠道显著提高经济系统的资本产出效率，从而促进经济增长。经济增长一方面通过整体财富的增加、提供更多就业或其他经济机会、创造更好的经济环境惠及穷人，提高穷人的收入水平，实现减贫；另一方面普惠金融可以促进农村经济增长，从而使穷人获得更大比例的经济增长，促进贫困减少。

收入分配的作用机制。收入分配主要通过影响经济增长和低收入群体收入水平来影响贫困减缓。普惠金融通过提高贫困人群的金融服务可获得性，促进穷人收入增加，有利于降低收入分配差距，进而促进经济增长，实现金融—经济的良性循环，从而有利于贫困减缓。

金融服务的供给。普惠金融的直接减贫效应也是一种家庭层面的微观减贫效应，即通过增加金融账户和其他金融服务的可得性，提高家庭普惠金融水平，能够有效实现多元化收入渠道，增加储蓄和资产、平滑消费，降低风险，促进投资和生产，增加就业，激发家庭创业，提高教育和健康水平，增加妇女赋权等，并最终改"输血"为"造血"，提高贫困人口的生存能力，降低贫困人口的收入贫困、能力贫困和权力贫困。

中国普惠金融与贫困的现状分析

世界各国正积极将普惠金融发展战略纳入国家金融战略中,并认为其是促进经济增长、降低收入不平等和减少贫困的关键。我国也在大力推进普惠金融发展,那么我国目前普惠金融发展状况和贫困状况如何?第3章的论述从理论上说明了农村普惠金融对农村经济发展具有积极的影响,那么实践过程中农村普惠金融与农村经济发展之间的关系又如何?为分析这些问题,本章首先对普惠金融发展历程进行了梳理;其次通过测算普惠金融指数,客观衡量我国普惠金融发展水平,并基于 Kernel 密度估计及空间 Markov 链探究我国普惠金融发展的分布动态及空间趋同演进规律;再次对农村普惠金融发展现状和农村贫困现状进行了全面深入的分析;最后通过构建农村普惠金融与农村经济发展的系统耦合关系模型,研究两系统相互依赖、协调与促进的动态关联关系,从而真实反映当前我国农村普惠金融系统和农村经济系统共生依赖的事实。

4.1 中国普惠金融发展现状与特征考察

4.1.1 普惠金融发展历程

从国际实践来看,围绕通过金融措施解决低收入群体脱贫问题，进行过较长时间的探索。在这一探索过程中，从最初的政策性贷款的失败，到局部地区公益性小额贷款的成功，再到全球微型金融机构（MFIs）的商业化发展，最终产生了构建普惠金融体系的设想。由此，普惠金融的产生经历了从小额信贷到微型金融、再到普惠金融的一个历程。

小额信贷阶段。现代意义上的小额信贷也称为小额贷款（Microcredit）①，一般认为产生于20世纪70年代，代表性事件是孟加拉乡村银行（Grameen Bank）在孟加拉、行动国际（ACCION International）在拉美以及自主创业妇女协会银行（Self - Employed Women's Association Bank）在印度的小额贷款实践。

微型金融阶段。在20世纪80—90年代，实践者发现，贫困和低收入人口在信贷之外还需要其他金融服务，如存款、保险和汇款。随后，一些小额信贷机构开始提供此类服务。这样，微型金融（Microfinance）概念随之被提出。可以看出，微型金融是小额信贷内容的丰富和发展。相对于小额信贷，微型金融有三点突破：一是覆盖的客户范围更加广泛，从原先的贫困偏远地区居民扩大到包括城市中的较贫穷群体；二是业务范围更加广泛，不仅包括小额信贷，还包含贷款、储蓄、保险等综合性金融服务；三是金融服务提供者更多样化，20世纪80年代早期形成的"华盛顿共识"促使非政府组织取代政府成为小额信贷的主要提供者，随后，私人商业银行、国有银行、保险公司、金融公司等都能为微型金融提供服务。当前，微型金融已由金融体系的边缘成为主流，各国政府和社会组织正努力通过微型金融的发展，促使普惠金融体系的建立。微型金

---

① 对于小额信贷的基本含义在学术界存在不同观点。例如，杜晓山（2014）认为与小额信贷对应的英文是"Microfinance"，包括了小额的存款、贷款、汇款和保险等各种金融服务（参见杜晓山：《发展农村普惠金融的思路与对策》）。本书则将中文的小额信贷等同于小额贷款，即英文的"Microcredit"，而将"Microfinance"译为"微型金融"。

融在发展中国家反贫困实践中形成了不同的发展模式,目前世界上比较成功的微型金融反贫困模式主要有孟加拉国乡村银行模式、玻利维亚阳光银行模式、印度尼西亚人民银行乡村信贷部模式、印度的自助小组—银行联结模式、国际社区资助资金会—村庄银行(FINCA – VB)模式等(陈银娥等,2016)。

普惠金融阶段。小额信贷、微型金融的产生,仍然无法完全适应实践中对贫困与低收入人口金融服务需求的认识,普惠金融应运而生。

普惠金融的出现有着特定的国际背景。第二次世界大战以来,全球大多数国家经历数十年的发展,经济增长取得明显进步。但是,在经济总量增长的背景下,财富分配、社会排斥等问题依然未能得到很好的解决。在金融领域中,仍有大量的穷人与低收入人口未能获得基本的金融服务,小微企业与中小企业融资难题长期得不到解决,存在明显的金融排斥。因此,改变金融排斥的现状,使社会各群体均可以获得金融服务是社会公平的重要体现,也是包容性发展(Inclusive Development)的必要要素。

值得关注的是,"蒙特雷共识"是全球性认知包容性发展的标志性事件。2002年3月,世界各国首脑在墨西哥达成"蒙特雷共识",提出"消除贫困,实现经济持续增长,促进可持续发展,迈进一个全面的包容而公平的全球经济体系",这就要求各国政府制定旨在将所有贫困和低收入家庭纳入发展,并建立普惠金融部门的政策。

然而,普惠金融观念真正推广并做出重要贡献,离不开联合国一系列努力。2000年9月,在联合国千年首脑会议上,191个成员国领导人就消除贫困、饥饿、疾病、文盲、环境恶化和对妇女的歧视制定了千年发展目标(Millennium Development Goals,MDGs),旨在到2015年将全世界极端贫困人口数量削减一半。为此,2004—2005年,联合国等国际机构在全球范围内召开了一系列高层对话会议，来自国际发展组织、各国政府、民间组织、金融机构等各方面的政策制定者、学者和实务工作者等参加了讨论。作为这些活动的成果，联合国和世界银行等国际组织发表了上述一系列报告文件，将小额信贷、微型金融延伸到普惠金融，详细阐述了普惠金融的内涵、意义和战略等内容。2009年12月，二十国集团成立普惠金融专家组，积极推动构建全球层面的普惠金融指标。同时，普惠金融联盟（AFI）、普惠金融专家组（FIEG）、全球普惠金融合作伙伴组织（GPFI）等专门性国际组织相继成立。根据Demirgüç-Kunt等（2015）对143个主权国家的调查数据，67%的银行监管当局在强力推进普惠金融，截至2014年，全球已有47个国家做出了发展普惠金融的承诺，72%的普惠金融联盟成员国制定了独立的普惠金融发展战略或将其纳入国家金融战略。中国于2011年9月加入普惠金融联盟，并在2016年将普惠金融上升到国家战略的高度。

Demirgüç-Kunt等（2015）基于2011年和2014年世界银行全球普惠金融数据库对全球普惠金融状况进行了评价和对比分析，发现2011—2014年世界范围内有7亿成年人成为正规金融机构账户的持有者[①]，2014年成年人持有账户的比例为62%，比2011年增长了51%；2014年，没有正规金融机构账户的成年人数为2亿人，与2011年相比，下降了20%；2014年，在OECD高收入水平国家，成年人账户持有率为94%，几乎实现了全覆盖，而在发展中国家，成年人账户持有率仅有54%；2011—2014年，中国和印度的成年人账户持有率增长速度较快，中国的成年人账户持有率从2011年的64%增长到79%，印度从35%增长到53%，这意味着中国新增了1.8亿成年人拥有账户，印度则新增了1.75亿人，几

---

① 世界银行全球普惠金融数据库（2014）将在金融机构开户或者通过网上银行或手机银行开通账户视为拥有正规金融机构账户。

乎占全球新增人口的一半。此外，根据国际货币基金组织（IMF）2013 年 FAS 数据库可知，中国银行网点密度和 ATM 机密度分别位列国际第 89 位和 37 位，人均占有量分别居于 123 位和 68 位，由此我们必须认识到，中国的普惠金融还有待进一步提高。

根据 Sarma（2016）构建的普惠金融指数评价体系，可以看到普惠金融在部分国家的相对发展情况（见表 4 - 1）。评价结果表明 2012—2014 年中国大陆普惠金融指数（IFI）均值为 0.229，低于 128 个国家的平均值 0.438，IFI 高值区主要分布在 OECD 高收入水平国家。

表 4 - 1　部分国家 2005—2014 年普惠金融指数（IFI）

国家	2005 年	2008 年	2010 年	2011 年	2012 年	2013 年	2014 年
阿根廷	0.264	0.285	0.321	0.347	0.410	0.443	0.447
澳大利亚	0.576	0.575	0.562	0.554	0.542	0.548	0.658
孟加拉国	0.328	0.350	0.382	0.398	0.406	0.420	0.491
巴西	0.275	0.423	0.449	0.463	0.482	0.498	
哥伦比亚		0.421	0.452	0.500	0.525	0.544	0.572
印度	0.336	0.365	0.404	0.425	0.448	0.492	0.544
印度尼西亚	0.188	0.183	0.377	0.398	0.432	0.491	0.503
意大利	0.399	0.500	0.452	0.528	0.531	0.525	0.473
墨西哥	0.187	0.326	0.421	0.386	0.406	0.492	0.418
瑞士	0.105	0.114	0.120	0.119	0.123	0.132	0.134
匈牙利	0.397	0.457	0.473	0.484	0.485	0.476	0.464
科威特	0.411	0.453	0.441	0.454	0.451		
克罗地亚			0.548	0.549	0.523	0.523	0.481
圭亚那	0.293	0.276	0.420	0.340	0.350	0.354	0.384
马来西亚	0.660	0.690	0.721	0.735	0.757	0.784	0.778
俄罗斯	0.699	0.741	0.758	0.772	0.779	0.784	0.791
马耳他	0.853	0.869	0.875	0.879	0.871	0.870	0.876

续表

国家	2005 年	2008 年	2010 年	2011 年	2012 年	2013 年	2014 年
毛里求斯	0.681	0.714	0.749	0.755	0.756	0.785	
泰国	0.450	0.521	0.540	0.537	0.569	0.587	0.602
土耳其	0.525	0.550	0.726	0.731	0.736	0.752	0.757
肯尼亚	0.059	0.236	0.497	0.551	0.576	0.674	0.763
南非	0.219	0.306	0.362	0.372	0.457	0.555	0.627
法国	0.756	0.841	0.855	0.859	0.861	0.863	0.863
德国	0.583	0.612	0.627	0.628	0.634	0.642	0.651
日本	0.921	0.919	0.919	0.920	0.920	0.920	0.920
韩国	0.855	0.871	0.874	0.874	0.873	0.871	
英国	0.863	0.893	0.893	0.884			
阿富汗			0.056	0.048	0.094	0.097	0.125
加纳		0.109	0.137	0.152	0.167	0.354	0.263
中国					0.245	0.252	0.189

资料来源：Sarma（2016）。

4.1.2 中国普惠金融发展的分布动态与空间趋同

发展普惠金融，突破金融排斥，实现包容性增长在国际上已形成公认的战略框架，也是国际金融发展的重要内容（王兆旭，2015）。近年来，在经济新常态、金融改革及城乡一体化的新形势下，中国发展普惠金融在提高经济发展质量、调整非均衡经济结构、改善收入分配和城乡二元结构、促进贫困减少及深化金融改革等方面有着重要的意义。2013 年 11 月，发展普惠金融被写入党的十八届三中全会通过的《中共中央关于全面深化改革若干重大问题的决定》，2016 年普惠金融上升到国家战略的高度，意味着中国将高度重视对普惠金融体系的推行并促进其可持续性发展。然而，我国金融发展长期存在着金融资源配置不均衡现象，金融行业的"二八定律"

导致了较为严重的金融排斥问题（郭田勇等，2015），省际普惠金融发展水平也存在较大的差异（田森，2007；李春霄等，2012）。因此，一方面，在我国经济转型的关键时期，测算我国普惠金融发展水平，探究历年区域普惠金融发展的分布动态与趋同演变规律，对提高区域普惠金融的发展水平及协调区域普惠金融的发展具有重要的理论启示和决策参考价值；另一方面，通过构建普惠金融评价指标体系，客观衡量各地区普惠金融指数，是从宏观视角深入探讨普惠金融减贫效应的基础。

本部分将在已有的研究基础上，尝试构建能较为全面反映出普惠金融内涵的综合评价体系，利用客观的熵值法计算出各指标的权重，测算出 2004—2013 年中国 30 个省份的普惠金融指数，然后采用非参数估计方法中的 Kernel 密度估计及空间 Markov 链探究我国普惠金融发展的区域差异，并刻画出我国普惠金融整体和局部的增长分布动态及俱乐部趋同演进规律。

（1）研究方法

①普惠金融发展指数的综合评价模型。参考已有研究成果，本部分将借鉴联合国人类发展指数（HDI）的编制方法，构建普惠金融指数的综合评价模型，测度公式如下：

$$IFI_i = 1 - \frac{\sqrt{(w_1-E_1)^2+(w_2-E_2)^2+\cdots+(w_k-E_k)^2}}{\sqrt{w_1^2+w_2^2+\cdots+w_k^2}}$$

(4.1)

其中，IFI_i 表示第 i 个地区的普惠金融指数；E_k 表示第 k 个维度的测度值；w_k 表示第 k 个维度的权重。普惠金融指数 $IFI_i \in [0,1]$，当 $IFI_i = 1$ 时，代表完全不存在金融排斥，普惠金融水平最高。第 k 个维度的评价值 E_k 的计算公式为：

$$E_k = w_k \times y_{ik}$$

(4.2)

首先，建立评价矩阵。假设评价对象为 m 个，评价指标为 n

个,评价对象 D_i 对评价指标 R_j 的指标值为 $x_{ij}(i=1,2,\cdots,m; j=1,2,\cdots,n)$,$X=(x_{ij})m\times n$ 即为依据原始数据所建立的评价矩阵。由于所选取的指标数据量纲和单位不一,需将指标中的数据进行标准化处理,y_{ik} 表示为第 i 个省份的第 j 项指标处理后的值:

$$y_{ij}=\begin{cases}\dfrac{x_{ij}-\min\{x_{ij}\}}{\max\{x_{ij}\}-\min\{x_{ij}\}}(i=1,2,\cdots,m;j=1,2,\cdots,n,\\ \qquad\qquad\qquad\qquad 当 V_j 为正向指标)\\ \dfrac{\max\{x_{ij}\}-x_{ij}}{\max\{x_{ij}\}-\min\{x_{ij}\}}(i=1,2,\cdots,m;j=1,2,\cdots,n,\\ \qquad\qquad\qquad\qquad 当 V_j 为逆向指标)\end{cases} \quad (4.3)$$

对于指标权重 w_k 的计算,本书采用科学客观的熵值法来计算指标权重,具体计算步骤如下:

第一,数据归一化。对标准化矩阵 $Y=(y_{ij})m\times n$ 进行归一化处理后可得到一个新的矩阵 $P=(p_{ij})m\times n$,p_{ij} 即是第 i 个指标值在第 j 项指标下所占的比重:

$$p_{ij}=\dfrac{y_{ij}}{\sum_{i=1}^{m}y_{ij}}(i=1,2,\cdots,m;j=1,2,\cdots,n) \quad (4.4)$$

第二,熵值计算。第 j 项指标的熵值 e_j 的计算公式:

$$e_j=-k\sum_{i=1}^{m}p_{ij}\ln p_{ij},k=\dfrac{1}{\ln m}(若 p_{ij}=0,则 \ln p_{ij}=0) \quad (4.5)$$

第三,权重计算。第 $j(j=1,2,\cdots,n)$ 个指标的权重 w_j 分别为:

$$w_j=\dfrac{1-e_j}{\sum_{j=1}^{m}(1-e_j)}(i=1,2,\cdots,m) \quad (4.6)$$

②空间自相关分析。为了检验相邻区域是否存在空间依赖或者空间关联性,本书采用 Moran's I 指数来衡量区域普惠金融发展的

空间关联和空间差异程度，计算公式为：

$$I = \frac{n \sum_{i=1}^{n} \sum_{j=1}^{n} W_{ij} |x_i - x| |x_j - x|}{\sum_{i=1}^{n} \sum_{j=1}^{n} W_{ij} \sum_{i=1}^{n} |x_j - x|^2} \tag{4.7}$$

式中：I 为全局 Moran 指数，x_i、x_j 分别为区域 i、j 中的观察值，x 为各区域的平均值。同时，用标准化统计量 Z 来进行显著性检验。

③非参数估计方法。

第一，Kernel 密度估计。核密度估计是研究不均衡分布的一种重要的非参数方法，通过用连续的密度曲线来描述随机变量的分布形态（刘华军等，2013）。假设 $f(x)$ 为随机变量 x 的密度函数，通过 $f(x)$ 密度函数可以估计出点 x 的概率密度。式中，$K(\cdot)$ 是核密度函数，h 为宽带，X_i 和 x 分别表示观测值和均值，N 是观测值的个数，此外，本书选择 Gaussian 核函数对普惠金融发展水平进行估计。

$$f(x) = \frac{1}{Nh} \sum_{i=1}^{N} K\left(\frac{X_i - x}{h}\right) \tag{4.8}$$

第二，空间 Markov 链。传统的 Markov 链法因忽视了区域间的空间相关性而不能完全揭示区域普惠金融发展的分布动态演变趋势，为了反映邻近地区普惠金融对本地区普惠金融"转移"的影响，本书使用了二进制邻接空间权重矩阵（W）来计算某区域相邻地区普惠金融的加权平均值（也被称为"空间滞后"）。空间 Markov 转移概率矩阵就是以区域 i 在初始年份的空间滞后等级为条件，将传统 $\lambda \times \lambda$ 的 Markov 转移矩阵分解为 λ 个 $\lambda \times \lambda$ 条件转移概率矩阵。其中矩阵元素表示为 $p_{ij|\varphi}^{t,t+n}$，代表当邻近区域的普惠金融水平等级为 φ 时，本地区从 i 等级经过 n 年后变为 j 等级的概率。通过转移矩阵，可以判断各个地区普惠金融发展的分布动态演变趋势及时间累计下的空间效应。

(2) 研究指标和数据选取

基于普惠金融的含义，借鉴相关研究成果（Sarma 和 Pais, 2011；张国俊, 2014；李春霄等, 2012；李涛, 2010），同时遵循指标选取的科学性、全面性、有效性及数据可获得性原则，本书拟从四个维度构建普惠金融指标体系以反映我国普惠金融的发展状况：①金融服务的渗透度（Penetration）。普惠金融应该提高金融服务的渗透性，使得用户可以方便、快捷地获取其所需要的金融服务。这里选取每万人拥有的金融机构网点数和金融机构服务人员数，每万平方千米的金融机构网点数和金融机构服务人员数四个指标。②金融服务的可获得性（Availability）。普惠金融发展水平越高，则会有更多的用户使用金融服务。具体指标为人均存款余额、人均贷款余额和人均储蓄存款余额。③金融服务的使用效用性（Usage）。普惠金融的使用效用性可以反映其对经济发展的贡献度。具体选取指标银行存款总额占 GDP 比重、银行贷款总额占 GDP 比重、储蓄存款余额占 GDP 比重和银行承兑汇票承兑余额占 GDP 比重来表示。④金融服务的承受度（Affordability）。金融产品和服务的价格在多大程度上能为用户所承担也是我们需要考虑的重要因素。具体选取非金融机构融资规模占金融机构贷款余额比例来反映用户受价格的影响程度。

考虑到中国的金融体系以银行为主体，66.7% 的金融资产集中于银行体系（林毅夫等, 2006），因此，本书只以银行业为研究对象，样本不包括西藏以及台湾、香港、澳门，全部样本为中国大陆 30 个省（自治区、直辖市）。地区层面样本考察期为 2004—2013 年。本书所涉及的指标数据来源说明：金融机构网点数、金融机构服务人员数、非金融机构融资规模和银行承兑汇票承兑余额来源于各省份历年发布的《金融运行报告》；金融机构存贷款年末余额、储蓄存款余额、地区 GDP、地区总人口和地区面积等相关原始数据来源于历年的《中国统计年鉴》、《中国金融年鉴》、中国人民银行发布的《区域金融运行报告》以及银监会发布的年报。

（3）普惠金融的测算结果

①中国普惠金融的综合测度结果。根据熵值法可得到普惠金融指标体系中各指标的权重值，从四个指标维度来看，金融服务渗透度的年平均权重值（0.379）和使用度的年平均权重值（0.387）较大，而承受度的年平均权重值（0.020）最小，其中金融服务渗透度的权重值从 2004 年的 0.324 上升至 2013 年的 0.477，效用度和承受度的权重值从 2004 年的 0.232、0.031 降至 2013 年的 0.174、0.008，这表明金融服务的渗透度和使用度是影响普惠金融发展的重要因素且影响作用呈逐渐增强态势。从具体指标权重来看，每万平方千米的金融机构网点数、人均存款余额、人均贷款余额以及每万平方千米的金融机构服务人员数这四个指标年平均权重值排名居前且都大于 0.12，说明这些指标在很大程度上促进了我国普惠金融的发展。同时，人均储蓄存款余额和银行存、贷款总额占 GDP 比重也可以较好地反映我国普惠金融的发展程度。

基于前文的普惠金融指数测度公式，计算得出 2004—2013 年中国 30 个省份的普惠金融指数（以下简称 IFI），根据通用的区域划分方法，表 4 - 2 列出了部分年份各省及区域 IFI 的测算结果及均值排名。由表 4 - 2 可知，全国 IFI 均值为 0.140，总体水平偏低，意味着我国普惠金融的提升空间较大。全国 IFI 由 2004 年的 0.148 下降至 2013 年的 0.126，年下降幅度为 1.61%，这说明虽然我国金融网点、服务人员数及存贷款余额等指标数据在逐年增加，但金融包容性却呈现小幅下降的趋势。我国东部地区、中部地区和西部地区的 IFI 均值分别为 0.268、0.067 和 0.065，这说明我国普惠金融差异呈现东部向中西部梯度递减的"俱乐部趋同"现象。我国普惠金融发展水平较高的地区主要集中在东部沿海经济发达的省区，其 IFI 均值高出全国平均水平的 91.4%。受区域经济发展的影响，金融机构网点数、服务人员及存贷款余额具有明显的地理指向性，越来越趋向上海、北京、天津、浙江、广东、江苏等沿海经济发达地区，形成金融服务渗透度、可获得性及效用度的高值集聚区。中部地区和西部地区发展水平相近，仅达到全国平均水平的47.9%和46.4%，其中低于全国平均值的省份占76.7%。自2008年起，西部地区普惠金融发展速度比中部地区快，以致出现"中部塌陷"的现象。中部地区普惠金融发展速度较慢与其客观因素紧密相连。众所周知，中部地区是我国主要的粮食供应区，它主要是由农业大省和人口大省组成的，因此该区域在资金需求结构上以第一产业所占的比重为最高。这不仅降低了银行放贷的盈利能力，还增强了银行的放贷风险，从而加剧了银行的"惜贷"行为。

在考察期内，各地区普惠金融时序演变差异基本呈现"波动增长型"和"波动下降型"两种格局：一是"波动增长型"地区。上海、江苏、内蒙古、安徽、广西、四川和青海7个省（自治区、直辖市）IFI总体处于增长态势，但期间存在起伏，年均增长率分别为0.88%、0.16%、4.06%、4.58%、1.67%、0.79%和1.07%；二是"波动下降型"地区。北京、天津、广东、黑龙江、河南、云南、宁夏等其余23个省（自治区、直辖市）IFI总体处于下降态势，其中东北三省的下降幅度最大，年均降幅达4.04%。历年中，基于发达的实体经济驱动，上海、北京、天津和浙江依次位列前四位，其中上海和北京的 IFI 均值分别高达0.718和0.625。上海在推进金融国际化进程中，通过不断加强金融的服务水平来促进包容性金融的良性发展，2013年金融网点数、服务人员数及金融机构存贷款年末余额分别达到3670个、133740人、113614.2亿元，IFI也由2004年的0.704增长到了2013年的0.759。相反，北京虽然IFI整体水平较高，但却出现逐年下降的趋势，年均下降幅度为3.40%。2013年，广西（0.033）、贵州（0.035）、云南（0.038）、湖南（0.042）和黑龙江（0.043）的IFI依次排在后五位。

表 4-2 2004—2013 年中国区域普惠金融指数测算值①

地区	2004年	2007年	2010年	2013年	均值	排名	地区	2004年	2007年	2010年	2013年	均值	排名
北京	0.697	0.628	0.611	0.504	0.625	2	内蒙古	0.039	0.062	0.063	0.051	0.054	23
天津	0.426	0.429	0.402	0.332	0.394	3	广西	0.032	0.034	0.037	0.033	0.034	30
河北	0.092	0.081	0.078	0.080	0.081	15	重庆	0.117	0.120	0.113	0.107	0.117	9
辽宁	0.191	0.172	0.155	0.134	0.157	7	四川	0.069	0.069	0.077	0.071	0.070	18
上海	0.704	0.688	0.748	0.759	0.718	1	贵州	0.042	0.041	0.034	0.035	0.037	29
江苏	0.182	0.207	0.193	0.182	0.192	6	云南	0.054	0.057	0.050	0.038	0.051	26
浙江	0.246	0.294	0.282	0.220	0.268	4	陕西	0.100	0.088	0.082	0.076	0.085	13
福建	0.105	0.130	0.120	0.098	0.115	10	甘肃	0.056	0.047	0.046	0.045	0.049	27
山东	0.133	0.136	0.113	0.109	0.121	8	青海	0.057	0.064	0.069	0.058	0.063	20
广东	0.230	0.207	0.182	0.168	0.196	5	宁夏	0.104	0.109	0.099	0.071	0.098	12
海南	0.090	0.085	0.091	0.075	0.085	14	新疆	0.070	0.054	0.053	0.048	0.055	22
东部平均	0.281	2.78	0.270	0.242	0.268		西部平均	0.067	0.068	0.066	0.057	0.065	
山西	0.121	0.110	0.103	0.105	0.112	11	江西	0.057	0.059	0.046	0.051	0.052	25
吉林	0.089	0.088	0.071	0.059	0.074	16	河南	0.091	0.086	0.056	0.062	0.068	19
黑龙江	0.067	0.053	0.049	0.043	0.052	24	湖北	0.077	0.085	0.069	0.065	0.074	17
安徽	0.043	0.069	0.059	0.060	0.059	21	湖南	0.050	0.058	0.039	0.042	0.047	28
中部平均	0.074	0.075	0.062	0.061	0.067		全国平均	0.148	0.147	0.140	0.126	0.140	

②中国普惠金融的 Kernel 密度估计。

第一，全国省际普惠金融的 Kernel 密度估计。在样本考察期内，我国 30 个省市的普惠金融发展的演变如图 4-1 所示。首先，密度函数中心随时间变化稍微向左移动，说明全国 30 个省份普惠金融发展水平呈小幅下降趋势，样本考察期内峰值随时间逐年增大，波峰宽度分布越来越窄，这种较为微弱的变化态势说明我国普

---

① 此表只展示了部分年份的测算结果。

惠金融的地区差距在不断缩小但变化幅度较小；其次，我国各地区在2004—2013年波峰从"一主二小"的格局逐渐演化成"一主三小"的格局，整个核密度函数存在较长的右拖尾现象，这说明我国普惠金融主要集聚在中低水平区，中低水平区和中高水平区之间的差距较大，存在明显的多极分化格局和空间非均衡现象。具体来看，2013年与2004年相比，主峰轻微左移峰值增大，侧峰从两小峰演变成三小峰，发生右移峰值小幅减小，这说明各地区差距在中低集聚区逐渐减小，仅在部分高水平区差距增大，但整体有缩小趋势。

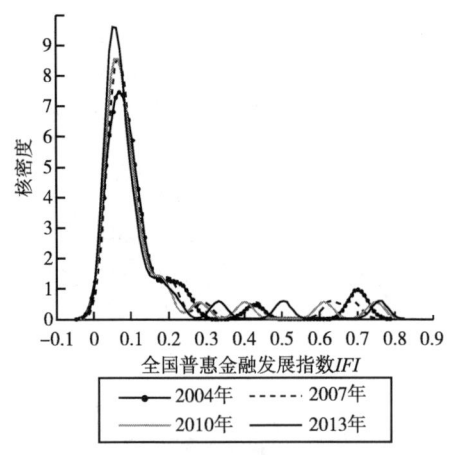

图4-1 全国30个省份普惠金融发展的演进

第二，东部地区普惠金融的Kernel密度估计。在样本考察期内，我国东部地区11个省市的普惠金融发展的演变如图4-2所示。首先，密度函数中心随时间变化向左移动，说明东部地区普惠金融发展水平整体呈小幅下降趋势，在样本考察期内，2013年峰值明显大于其他年份，波峰宽度分布变窄，这种变化态势说明东部地区普惠金融的差距在不断缩小；其次，东部地区在2004—2013年波峰一直保持"双峰"分布，主峰左移峰值变大，侧峰先往左移后往右移，侧峰峰值逐渐变小，说明东部地区普惠金融存在两极分化现象，在

第4章 中国普惠金融与贫困的现状分析

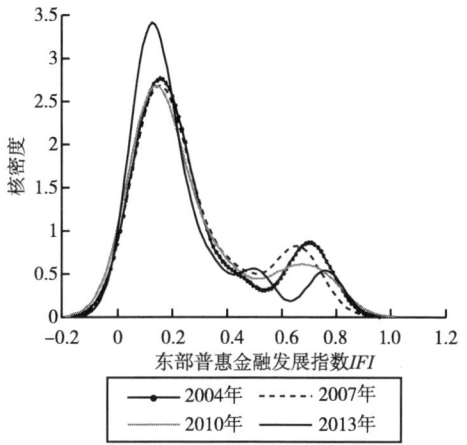

图4-2 东部地区普惠金融发展的演进

高水平区普惠金融发展越来越发散,但主要是由北京和上海两个地区引起的,即便如此,东部地区整体差距仍呈缩小趋势。

第三,中部地区普惠金融的 Kernel 密度估计。在样本考察期内,我国东部地区 11 个省市的普惠金融发展的演变如图 4-3 所示。首先,密度函数中心随时间变化先往左移后轻微右移,说明中部地区普惠金融发展水平整体呈小幅下降趋势,峰值在样本考察期内大幅增加,波峰宽度分布大幅变窄,这种变化态势说明中部地区普惠金融的差距在明显缩小;其次,中部地区在 2004—2013 年波峰从 2004 年、2007 年和 2010 年的"单峰"演变成 2013 年的"双峰",中部地区 IFI 区间值由 2004 年的（0.050,0.121）缩小到 2013 年的（0.042,0.105）,说明中部地区普惠金融发展越来越收敛,地区差距显著降低,但逐渐呈现极化现象。

第四,西部地区普惠金融的 Kernel 密度估计。在样本考察期内,我国东部地区 11 个省市的普惠金融发展的变动如图 4-4 所示。首先,密度函数中心随时间发生较大幅度左移,说明西部地区普惠金融发展水平整体下降趋势较为显著,峰值在样本考察期内小

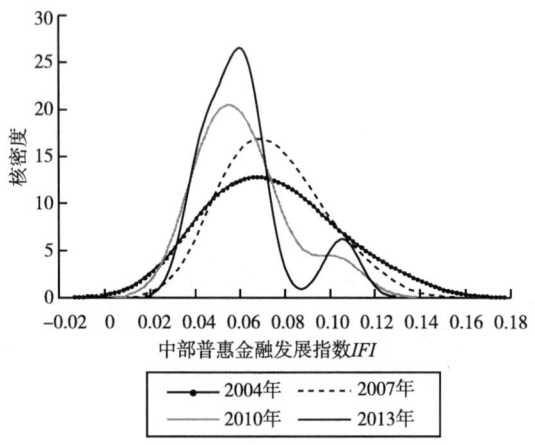

图 4-3　中部地区普惠金融发展的演进

幅增加，波峰宽度分布越来越窄，这种变化态势说明西部地区普惠金融的差距在逐渐缩小；其次，西部地区在 2004—2013 年波峰从 2004 年的"双峰"演变成 2013 年的"单峰"，这种现象刚好与中部地区相反，说明西部地区普惠金融发展越来越收敛，地区差距呈下降趋势，两极分化逐渐消失。

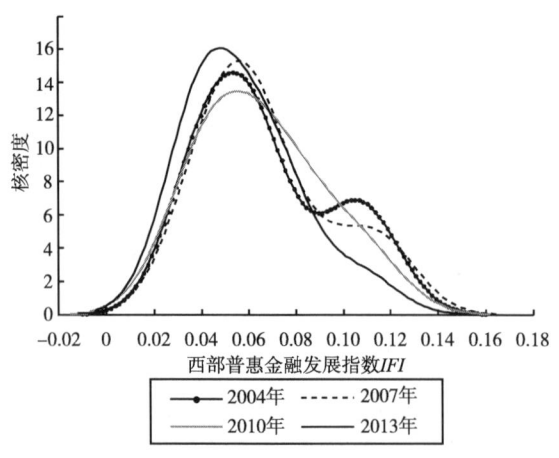

图 4-4　西部地区普惠金融发展水平的演进

③中国普惠金融的空间 Markov 链分析。通过 Kernel 密度估计可以从整体形态上反映我国普惠金融发展水平分布的动态特征，但却不能反映各地区普惠金融水平的内部流动方向及其相对位置发生转移的概率。传统 Markov 链可以较好地解决这个问题，在传统 Markov 链的基础上，空间 Markov 链进一步考虑了空间因素，分析各地区普惠金融趋同演进的转移概率。

第一，传统 Markov 链分析。按照每一组包含的省份个数尽量相同的原则，根据各年份普惠金融平均水平的 40%、60% 和 100% 将我国 30 个省份划分为低水平（L）、中等水平（ML）、中高水平（MH）以及高水平（H）四种类型。通过 Matlab 编程得到 2004—2013 年我国各地区普惠金融的转移概率矩阵，具体见表 4-3。从表 4-3 中可以看到我国普惠金融水平转移存在如下特点：

一是不同时长下，转移概率最大的都是对角线上的元素，对角线中间的元素小于两端的元素。从表 4-3 可以看出，如果一个地区的普惠金融水平属于第 i 种类型，而在随后 1—3 年仍属于此类型的概率区间为 [77.2%，100%]，这说明我国的普惠金融发展存在"俱乐部趋同"现象。当时长为 1 年时，表 4-3 中 L-L、ML-ML、MH-MH 及 H-H 的转移概率分别为 78.9%、77.2%、78.7% 和 100%，其中高水平趋同俱乐部和低水平趋同俱乐部的概率要大于中间趋同俱乐部，且高水平趋同俱乐部的概率最高，当时长为 2 年或者 3 年时，情况类似，这说明高水平趋同俱乐部最为稳定，低水平趋同俱乐部次之，而中间趋同俱乐部则较易发生转移。

二是不同时长下，趋同俱乐部转移多发生在相邻类型之间，不存在跨越式的趋同俱乐部转移。从表 4-3 可以看出，低水平地区有向中低水平转移的态势，而中高水平地区不但不向高水平地区转移，反而有向中低水平下降的趋势，中低水平则存在多向流动的可能，在时长为 3 的情况下，10.5% 的省份向上转移到中高水平类型，12.3% 的省份向下转移到低水平类型，只有 77.2% 维持原水平。高水平趋同俱乐部不存在向下转移的可能,说明我国普惠金融发展存在严重的"高水平垄断"现象及"马太效应"。

表4-3　中国普惠金融水平的马尔科夫转移概率矩阵

时(年)	类型	n	L:<40%	ML:<60%	MH:<100%	H:>100%
$t_i/(t_i+1)$	L:<40%	71	0.887	0.113	0.000	0.000
	ML:<60%	76	0.079	0.842	0.079	0.000
	MH:<100%	60	0.000	0.167	0.833	0.000
	H:>100%	63	0.000	0.000	0.000	1.000
$t_i/(t_i+2)$	L:<40%	64	0.833	0.172	0.000	0.000
	ML:<60%	66	0.106	0.818	0.076	0.000
	MH:<100%	54	0.000	0.167	0.828	0.000
	H:>100%	56	0.000	0.000	0.000	1.000
$t_i/(t_i+3)$	L:<40%	57	0.789	0.211	0.000	0.000
	ML:<60%	57	0.123	0.772	0.105	0.000
	MH:<100%	47	0.000	0.213	0.787	0.000
	H:>100%	49	0.000	0.000	0.000	1.000

三是随着间隔时长的增大,对角线上的转移概率逐渐减小(高水平趋同俱乐部保持不变),非对角线上的转移概率逐渐增大。时长为1年时,中低和中高趋同俱乐部的各种可能转移概率分别为7.9%、84.2%、7.9%和16.7%、83.3%,3年后,转移概率分别为12.3%、77.2%、10.5%和21.3%、78.7%。这说明各俱乐部的趋同程度呈下降态势,组间流动性则呈增强态势。

第二,空间Markov链分析。具体结果如下所示:

一是空间自相关分析。在考虑空间效应进行空间Markov链分析之前,我们需要通过测算出Moran's I指数来检验我国各区域的普惠金融发展是否存在空间正相关性。通过计算发现,我国普惠金融水平的Moran's I指数显著为正,取值区间为[0.178,0.273],

平均值为 0.239，且各年份空间自相关通过了 1% 的显著性水平的 Z 统计检验。这说明我国各省份的普惠金融发展呈现较强的空间正相关，随着时间的演进，其空间集聚程度呈现"倒 V"形特征，2007 年区域的全局空间关联程度最大，Moran's I 指数为 0.273。因此，可以运用空间 Markov 链分析空间因素对我国普惠金融发展的俱乐部趋同演变的影响。

二是空间滞后对区域普惠金融的趋同演变。根据空间 Markov 链的计算方法，得到时长为 3 年的我国普惠金融水平的空间转移概率矩阵（见表 4-4），从表中我们可以分析邻近省份的普惠金融水平对本地省份的普惠金融水平影响程度。

表 4-4 中国普惠金融水平的空间马尔科夫转移概率矩阵

滞后类型	$t_i/(t_i+3)$	低水平	中低水平	中高水平	高水平
低水平邻居	低水平	0.818	0.182	0.000	0.000
	中低水平	0.455	0.546	0.000	0.000
	中高水平	0.000	0.083	0.917	0.000
	高水平	0.000	0.000	0.000	1.000
中低水平邻居	低水平	0.947	0.053	0.000	0.000
	中低水平	0.059	0.824	0.118	0.000
	中高水平	0.000	0.231	0.769	0.000
	高水平	0.000	0.000	0.000	1.000
中高水平邻居	低水平	0.563	0.438	0.000	0.000
	中低水平	0.050	0.950	0.000	0.000
	中高水平	0.000	0.222	0.778	0.000
	高水平	NaN	NaN	NaN	NaN
高水平邻居	低水平	NaN	NaN	NaN	NaN
	中低水平	0.000	0.556	0.444	0.000
	中高水平	0.000	0.308	0.692	0.000
	高水平	0.000	0.000	0.000	1.000

与传统 Markov 链分析类似，在考虑空间因素时，对角线上的元素大于非对角线上的元素，且只有紧挨对角线的非对角线上的元素才大于0。这表明，即使考虑空间滞后因素，我国普惠金融发展仍然存在俱乐部趋同特征，且趋同俱乐部转移只发生在相邻类型之间，不存在跨越式的趋同俱乐部转移。

当空间滞后类型为低水平时，中低水平趋同俱乐部受周围低水平邻居的影响最大，3 年后仍维持在中低水平的概率下降至54.6%，转至低水平趋同俱乐部的可能性增加到45.5%。当空间滞后类型为中低水平时，对角线上的元素相较其他类型时数值最大，稳定性最强，3 年后仍维持在原来俱乐部水平的概率分别为94.7%、82.4%、76.9% 和100%，稳定性高于传统 Markov 链的情况。当空间滞后类型为中高水平时，低水平和中低水平最易受到中高水平的积极影响，低水平维持在原来水平的概率由78.9%降至56.3%，更多省份受周边中高水平的积极辐射效应而向上转移到中低水平，转移概率由21.1%增加至43.8%，增幅达107.6%，同时，中低水平趋同俱乐部的稳定性大大增强，仅有5%的省份向下转移到低水平趋同俱乐部。当空间滞后类型为高水平时，中低水平受周边高水平邻居的扩散效应影响增大了向上转移的概率，转移到中高水平的概率上升至44.4%，同时，高水平邻居反而对中高水平产生轻微的负面影响，增大了向下转移的概率（30.8%）。

由此可知，当区分周围邻居的发展水平时，各趋同俱乐部的转移概率将不同于传统情况，较高水平邻居能通过空间扩散效应间接带动邻近地区的发展。低水平的周边邻居将对本地的普惠金融水平产生消极影响，降低本地的普惠金融水平，致使更多的中低水平向下转移至低水平。中高水平和高水平的周边邻居将对本地的普惠金融水平（尤其是低水平和中低水平趋同俱乐部）产生积极的辐射带动效应，提高本地的普惠金融水平。中低水平的周边邻居将提高整体趋同俱乐部的稳定性。

(4) 主要结论

本部分利用中国 2004—2013 年的数据测算出各省域的普惠金融发展水平，并对中国普惠金融发展的分布动态及空间趋同演变进行了研究，结果表明：①金融服务的渗透度和使用度是影响普惠金融发展的重要因素；②中国普惠金融主要集聚在中低水平区，呈由东向西梯度递减分布，存在明显的多极分化格局和"俱乐部收敛"现象；③全国 30 个省份普惠金融发展水平整体呈小幅下降趋势，东部地区普惠金融发展越来越发散，地区差距增大，中西部地区普惠金融发展虽越发收敛，但中部地区逐渐呈现极化现象，而西部地区两极分化逐渐消失；④趋同俱乐部转移多发生在相邻类型之间，不存在跨越式的趋同俱乐部转移。考虑空间效应时，中高水平和高水平的周边邻居将对本地的普惠金融水平（尤其是低水平和中低水平趋同俱乐部）产生积极的辐射带动效应。

4.1.3 中国农村普惠金融发展现状

(1) 农村普惠金融机构体系

农村普惠金融就是充分发挥各类金融机构的支农作用，将金融惠及农村所有群体，尤其是贫困地区、偏远地区、低收入群体及弱势群体。我国目前农村普惠金融体系主要由正规金融机构和非正规金融机构组成，正规金融机构包括政策性金融机构、中国农业银行、农村信用合作社、邮政储蓄银行、农村商业银行、农村合作银行、农业保险公司以及村镇银行、贷款公司和农村资金互助社等新型农村金融机构，非正规金融机构主要包括国内外非政府组织、扶贫社、农村合作基金会及各种民间借贷组织。这些机构共同组成了多层次、广覆盖、可持续的农村普惠金融体系（见图 4-5），其中农村商业银行、农村合作银行、农村信用社、村镇银行等农村中小金融机构是农村金融的主力军。

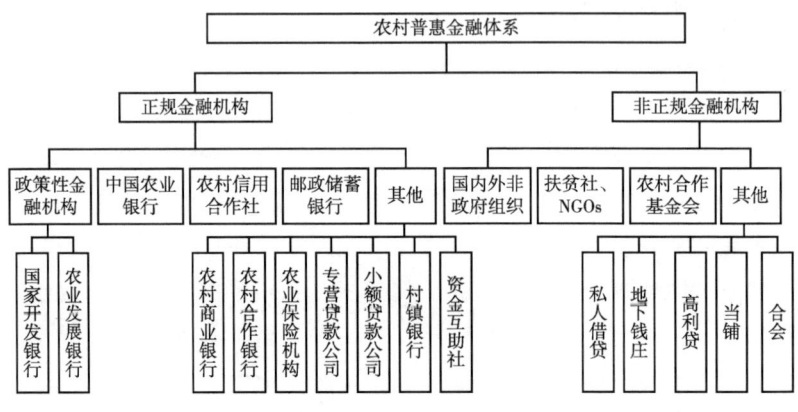

图 4-5 农村普惠金融体系

截至 2015 年底,全国共有农村商业银行 859 家、农村合作银行 71 家、农村信用社 1373 家、村镇银行 1311 家、贷款公司 14 家以及农村资金互助社 48 家。具体来看,村镇银行方面,截至 2014 年底,全国已经组建村镇银行 1233 家(已开业 1153 家,筹建 80 家),根据银监会最新统计数据,截至 2016 年 5 月底我国村镇银行总数达到 1356 家(其中东部地区 557 家,中部地区 426 家,西部地区 373 家),详见图 4-6。小额贷款公司方面,截至 2015 年,全国共有小额贷款公司 8910 家,43.3% 的小贷公司分布在江苏(636 家)、辽宁(597 家)、河北(480 家)、安徽(458 家)、吉林(442 家)、内蒙古(428 家)、广东(427 家)和云南(390 家)八大省区,区域分布格局具体参见图 4-7。农村资金互助社方面,截至 2014 年 3 月末,全国共组建农村资金互助社 49 家,分布在 17 个省,主要集中在浙江、山西、黑龙江,服务人员 3.6 万人;成立扶贫互助社 20700 家,分布在 28 个省,主要集中在甘肃、安徽、陕西、四川、重庆等西部地区,参与社员 191.4 万人;开办信用合作的农民专业合作社 2159 家,分布在 23 个省份,主要集中在山东、浙江和云南,参与社员 19.9 万人;开展资金互助的供销社341家,分布在15个省,主要集中在山东、贵州、浙江,参与社员15.1万人。通过不断推进对贫困地区(含680个连片特困地区县、152个非片区重点县,共832个县)的普惠金融服务,贫困地区已设立县级银行业金融机构5185个,服务网点43598个,证券分支机构167家,保险分支机构5315家。贫困地区共布放ATM

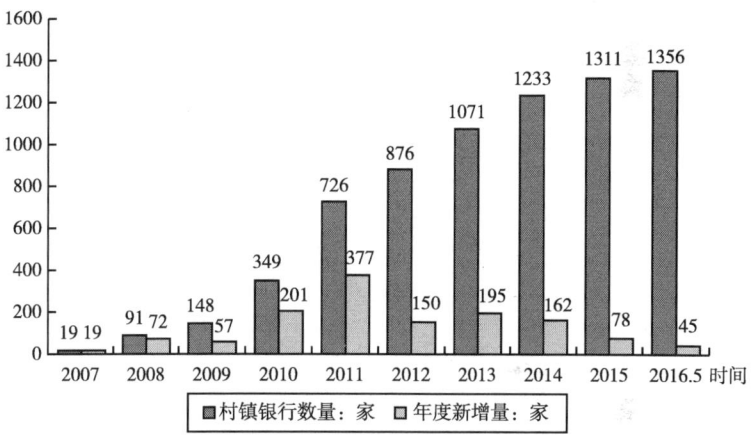

图4-6 2007年至2016年5月我国村镇银行数量走势图

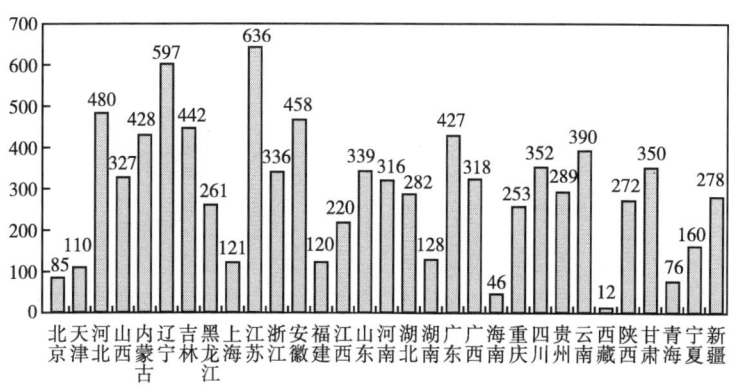

图4-7 2014年我国小额贷款公司区域分布格局

机、POS 机具等自助设备 120.3 万台，基础金融服务已覆盖 56 万个行政村，覆盖率 95%①。

此外，"互联网＋金融"为农村普惠金融发展提供了更大的空间。为了践行普惠金融，全力打通农村金融服务群众的"最后一公里"，填补农村金融服务盲点，改善农村支付服务环境，各金融机构不断加快渠道建设，积极延伸金融服务半径，逐步将金融服务便民网点（或农村金融综合服务站）、自助网点以及 ATM 机和 POS 机等自助设备下沉至行政村。其中，农村金融综合服务站整合了金融服务平台和电商平台，向村民提供普惠金融服务、电子商务服务、便民服务等多元化服务，村民可以在村里通过农村金融综合服务站办理和享受小额存款和取款、小额贷款、转账、汇款、支付、保险、个人征信查询、小额信贷咨询和金融消费权益保护等便民金融服务，此外，还能通过站点办理和享受水电通信缴费、彩票购买、农村产品销售、物流中转、乡村旅游等多项业务和服务。目前各省均在积极筹建农村金融服务站点，如截至 2015 年底，江苏省农村金融综合服务站已达 1.3 万家，截至 2016 年底，湖南建成金融扶贫服务站 4955 家等。随着互联网在农村地区的日渐普及，农村互联网普及率及农村网民数在逐渐增加，这为手机银行、移动支付、网上支付、众筹融资等互联网金融进入农村市场提供了一定的基础。目前农村互联网金融服务主体主要有三农服务商、电商平台、P2P 平台和传统金融机构四类。由此，"互联网＋金融"有利于促进农村普惠金融发展，激活农村金融服务链条。

（2）农村普惠金融参与扶贫开发现状

近年来，在多个部门多项政策支持和广大金融机构的共同努力

---

① 数据来源于中国人民银行《2015 年中国区域金融运行报告》《中国人民银行年报 2015》《2015 年小额贷款公司统计数据报告》和中国银监会《中国银行业监督管理委员会 2015 年报》。

下,金融支持"三农"发展的力度持续加大。截至2015年底,贫困地区人民币各项贷款余额4.15万亿元,同比增长18.17%,比全国平均增速高出3.14个百分点。国家开发银行扶贫贷款业务已覆盖832个国家级贫困县和集中连片特困县中的727个县,2015年发放贷款2122亿元,较上年增长43.7%,累计发放扶贫贷款1.56万亿元。农村金融机构贷款余额12.51万亿元,同比增长12.91%。在扶贫小额信贷方面,农村中小金融机构投放总量占全部农村金融机构投放总量的一半以上,由此可见,农村中小金融机构是支持贫困地区农村经济发展和减少贫困的主力军[1]。小微企业贷款余额23.5万亿元,比2011年底增长90.5%。涉农贷款(不含票据融资)余额26.4万亿元,比2010年底增长124.0%。随着农业劳动生产率提高和农户生产经营方式转型,农户拓展非农经营的融资服务需求逐步增加。据相关部门统计,从2010年到2015年,非农经营贷款所占比重上升7个百分点,而农业生产贷款所占比重则从73.3%下降到55.8%[2]。

截至2014年末,新型农村金融机构累计吸引存款余额5826亿元,各项贷款余额4896亿元,其中小微企业贷款余额2412亿元,农户贷款余额2137亿元,二者合计占各项贷款余额的92.91%。全国村镇银行本外币各项存款余额5786亿元,同比增长25.4%,高于同期全国金融机构各项存款增速15.8个百分点,各项贷款余额4865亿元,同比增长33.9%,高于同期全国金融机构各项贷款增速15.8个百分点,新增贷款近八成投向县域,其中农林牧渔业贷款余额(简称农业贷款余额,下同)1213亿元,同比增长38.7%,农村贷款(县及县以下)余额3553亿元,同比增长36.3%,农户贷款余额2125亿元,同比增长48.6%。小额贷款公司贷款余额9420亿

---

[1] 银监会. 以扶贫小额信贷为重点切实推进银行业精准扶贫 [EB/OL]. http://www.cbrc.gov.cn/chinese/home/docView/410EE9B9506E47DA94C633CC24B8A1D4.html.

[2] 国务院发展研究中心金融研究所. 中国农村金融发展报告2015 [D]. 中国发展出版社,2016.

元,同比增长15%,西部地区贷款余额占比和新增占比均有所提高,川渝和两广地区新增贷款占比合计逾五成。截至2014年3月末,农村资金互助社存款余额16.4亿元,贷款余额13.1亿元;扶贫互助社筹资余额49.6亿元,放款余额18.1亿元。开办信用合作的农民专业合作社累计筹资36.9亿元,累计放款42.4亿元。开展资金互助的供销社筹资余额26.7亿元,放款余额19.2亿元。

金融机构涉农贷款实现了稳定增长。截至2015年末,全部金融机构本外币农村(县及县以下)贷款余额21.61万亿元,占各项贷款余额的比重为23.04%,较2007年末增长328.8%,8年间平均年增速为21.4%。农业贷款余额3.51万亿元,占各项贷款余额的比重为3.74%,较2007年末增长161.9%,8年间平均年增速为13.2%。农户贷款余额6.15万亿元,占各项贷款余额的比重为6.55%,较2007年末增长307.3%,8年间平均年增速为21.5%。全口径涉农贷款26.4万亿元,占各项贷款余额的比重为28.1%,较2007年末增长213.4%,8年间平均年增速为17.1%。2007年以来涉农贷款及"三农"贷款统计如表4-5所示。

表4-5 2007年以来涉农贷款及"三农"贷款统计情况

类型	内容	2007年	2008年	2009年	2010年	2011年	2012年	2013年	2014年	2015年
农村（县及县以下）贷款	本期数（万亿元）	5.04	5.56	7.46	9.81	12.2	14.5	17.3	19.4	21.6
	占各项贷款（%）	18.1	17.4	17.5	19.2	20.9	21.6	22.6	23.2	23
	余额同比增长（%）		18.4	34.2	31.5	24.7	19.7	18.9	12.4	11.2
农林牧渔业贷款	本期数（万亿元）	1.51	1.56	1.95	2.3	2.44	2.73	3.04	3.34	3.51
	占各项贷款（%）	5.4	4.9	4.6	4.5	4.2	4.1	4	4	3.7
	余额同比增长（%）		10	25.2	18.3	13.7	11.6	11.6	9.7	5.1

续表

类型	内容	2007年	2008年	2009年	2010年	2011年	2012年	2013年	2014年	2015年
农户贷款	本期数（万亿元）	1.34	1.52	2.01	2.6	3.1	3.62	4.5	5.36	6.15
	占各项贷款（%）	4.8	4.7	4.7	5.1	5.3	5.4	5.9	6.4	6.6
	余额同比增长（%）		16.4	32.7	29.4	19.1	15.9	24.4	19	14.8
全口径涉农贷款	本期数（万亿元）	6.12	6.91	9.13	11.8	14.6	17.6	20.9	23.6	26.4
	占各项贷款（%）	22	21.6	21.5	23.1	25.1	26.2	27.2	28.1	28.1
	余额同比增长（%）		20.8	32.1	28.9	24.9	20.7	18.4	13	11.9
各项贷款	本期数（万亿元）	2.78	32	42.6	50.9	58.2	67.3	76.6	86.8	94
	余额同比增长（%）		16.4	17.9	33	19.7	15.7	15.6	13.9	13.3	8.3

注：①涉农贷款专项统计自 2007 年 9 月起开始实施，2007 年当年无法统计涉农贷款、"三农" 贷款新增额及其占比。
②涉农贷款按用途划分包括农林牧渔业贷款和其他涉农贷款两部分。
③本表 "各项贷款" 为全部金融机构本外币各项贷款总和。
资料来源：中国人民银行调查统计司。

由表 4-6 可知，全国性大型银行、中型银行、小型银行和农村信用合作社的涉农贷款余额分别为 9.40 万亿元、5.23 万亿元、5.45 万亿元和 3.45 万亿元，占金融机构总涉农贷款余额的比重分别为 39.8%、22.2%、23.1% 和 14.6%，小型银行中农村商业银行占比最高，为 13.7%。其中，农业贷款余额分别为 6008 亿元、2121 亿元、10682 亿元和 14552 亿元，占金融机构总农业贷款余额的比重分别为 18.0%、6.4%、32.0% 和 43.6%，农业贷款主要来源于农村商业银行和农村信用合作社；农村（县及县以下）贷款余额分别为 8.12 万亿元、3.41 万亿元、4.64 万亿元和 3.21 万亿元，占金融机构总农村（县及县以下）贷款余额的比重分别为41.8％、17.6％、23.9％和16.5％，农村（县及县以下）贷款余额主要来源于全国性大型银行和小型银行特别是农村商业银行；农户贷款余额分别为1.49万亿元、0.99万亿元、1.85万亿元和1.91万亿元，占金融机构总农户贷款余额的比重分别为27.8％、1.8％、34.6％和35.7％，农户贷款主要来源于农村商业银行和农村信用合作社；农村合作银行和村镇银行主要投向农业贷款和农户贷款，占比均在3.5％—4％。

表4-6　　2014年金融机构本外币涉农贷款情况　　单位：亿元；％

机构 \ 项目	农林牧渔业贷款		农村（县及县以下）贷款		农户贷款		涉农贷款	
	余额	同比增长	余额	同比增长	余额	同比增长	余额	同比增长
全部金融机构	33394	9.7	194383	12.4	53587	19	236002	13
全国性大型银行	6008	14.8	81171	11.1	14921	34.2	94014	11.5
中型银行	2121	-1.3	34119	8.8	987	10.6	52281	11.2
小型银行	10682	33.6	46379	27.2	18516	34.1	54488	26.0
其中：								
农村商业银行	7057	46.6	26393	42.8	12684	52.9	32239	38.3
农村合作银行	1102	-11.1	3595	-23.6	2096	-24.4	3944	-22.7
村镇银行	1213	38.7	3553	36.3	2125	48.6	3974	35.9
农村信用合作社	14552	-3.2	32094	1.5	19109	-0.4	34512	2.2

资料来源：中国人民银行调查统计司。

（3）农村普惠金融扶贫模式

为了更好地服务农村地区穷人及贫困户，除了提高金融服务覆盖率，创新金融工具和产品，还需针对不同扶贫区域环境、不同穷人及贫困户状况，创新金融扶贫模式，实现金融精准扶贫，以便更好地向农村地区提供金融资源支持，促进农村地区经济增长和穷人、贫困户增收。总结我国 2014 年以来金融精准扶贫的实践经验，目前国内共有七种典型的金融扶贫模式，具体情况如表 4-7 所示。

表 4-7　　　　　　　七种典型的金融扶贫模式

金融扶贫模式	类型	特征描述
政府主导的金融扶贫	杠杆式金融扶贫模式	由政府等发起设立风险补偿基金为贫困户贷款提供担保和风险补偿
	扶贫贴息贷款模式	政府向金融机构提供贷款贴息补助，以降低贫困户贷款的交易成本
	民生金融扶贫模式	分配给金融机构妇女小额担保贷款、下岗失业贷款、大学生创业贷款等民生贷款指标
	央行再贷款扶贫模式	以专用贷款的形式向金融机构发放支农再贷款和扶贫再贷款等优惠贷款
金融机构主导的金融扶贫	"金融机构+互助金+贫困户"贷款模式	以扶贫互助金为担保金，由金融机构向贫困户发放多倍于互助金的贷款
	"金融机构+农村产权抵押+贫困户"贷款模式	金融机构以贫困户土地承包经营权、林权等"五权"作为抵押物，向贫困户发放贷款
	"金融机构+公司担保/公务员担保/贫困户互保/协会担保等+贫困户"贷款模式	由与贫困户有关的公司、个人、基地、协会等提供担保，降低信息不对称带来的道德风险和信用风险
产业金融扶贫	"金融机构+新型农业经营主体+农户"贷款模式	金融机构向扶贫产业的龙头企业、专业大户、家庭农场、农民合作社等新型农业经营主体发放贷款，扩大其生产规模，为贫困户提供就业，促进贫困户创收
	"资产收益扶贫"模式	间接贷款给农户，款项不入农户手中，直接入股新型农业经营主体，同时由其提供就业岗位

续表

金融扶贫模式	类型	特征描述
互联网金融扶贫	P2P 贷款模式	通过互联网融资平台实现贫困户与贷款资金提供者的直接交易
"电商平台+金融"扶贫	"电商平台+贫困户"贷款模式	实现"资金流""仓储物流""信息流"的有机结合,帮助贫困户获得金融资金支持
国际金融组织金融扶贫	"国际金融组织+新型农村经营主体"贷款模式	主要依托产业扶贫、教育扶贫等扶贫项目,通过扶贫基金和小额信贷等形式向贫困户提供资金
社会扶贫组织金融扶贫	"社会组织+贫困户"贷款模式	

4.2 中国贫困发展现状与特征考察

4.2.1 贫困线和贫困标准

扶贫开发对象确定的基础是贫困标准问题,对此理论界早就进行了研究和探索。无论是最低生活标准还是维持人类生存最低需求的营养需求标准等,都是从学术理论和实践应用两个方向进行研究。

世界银行是国际社会研究贫困问题的主要机构,通常说的国际贫困标准一般就是指世界银行发布的贫困标准(鲜祖德等,2016)。国际贫困标准按价格基期不同,数值也有所不同(见表4-8)。1990年,世界银行将每人每天1美元确定为全球贫困线;2005年,世界银行根据各参照国的平均通胀率和2005年购买力平价进行调整,将国际贫困线上调至每人每天1.25美元;2015年既是千年发展目标收官之年,又是可持续发展目标开启之年,世界银行在考虑各国通胀数据和新发布的 2011 年购买力平价数据,将国际贫困线上调到 1.90 美元。目前,世行主要用每天 1.25 美元和每天 2 美元标准衡量发展中国家的贫困状况。

表 4-8　　　　世界银行采用的国际贫困标准

极端贫困标准				一般贫困标准	
数值（美元/天·人）	发布年份	价格基期年份	测算方法	数值（美元/天·人）	测算方法
1.01	1990	1985	12 个最穷国家的最高标准		
1.08	1994	1993	10 个最穷国家的平均标准		
1.25	2008	2005	15 个最穷国家的平均标准	2.0	发展中国家贫困标准中位数
1.90	2015	2011	15 个最穷国家的平均标准	3.1	发展中国家贫困标准中位数

资料来源：世界银行相关年度《世界发展报告》。

我国自改革开放以来共采用过三个不同的贫困标准。分别是"1978 年标准""2008 年标准"和"2010 年标准"（见表 4-9）。这三个标准主要还是以收入为核心。"1978 年标准"指的是按 1978 年价格每人每年 100 元,这是一条低水平的生存标准。1998 年改用马丁法,计算并制定了高、低两条农村贫困线,自 2000 年后,变成绝对贫困标准和低收入标准。2009 年我国将绝对贫困线和低收入线两线合一,并将贫困线标准提高到年人均 1196 元。2011 年,确定 2011—2020 年的农村贫困标准为"按 2010 年价格水平每人每年 2300 元",这个标准主要是满足生存和健康基本需求,同时依照农村消费价格指数逐年进行物价水平更新调整。按 2010 价格每人每年 2300 元,按 2014 年和 2015 年价格每人分别为每年2800元和2855元,这是结合"两不愁,三保障"测定的基本稳定温饱标准。按照世界银行方法换算,我国现行农村贫困标准相当于2011年价格的约每天2.3美元,是新国际标准的1.21倍,明显高于国际极端贫困标准。

表4-9　　　　我国农村贫困标准(元/人·年)

年份	1978年标准	2008年标准	2010年标准
1978	100		366
1980	130		403
1985	206		482
1990	300		807
1995	530		1511
2000	625	865	1528
2005	683	944	1742
2008		1196	2172
2010		1274	2300
2011			2536
2012			2625
2013			2736
2014			2800
2015			2855

注:同一标准,不同年份之间的数值显然不同,但代表了同一生活水平,是可比的。而不同标准代表了不同的生活水平,是不可比的,是"不同"的标准。

资料来源:国家统计局历年农村贫困监测报告。

4.2.2　改革开放以来我国减贫历程及其阶段性特征

总体来看,我国减贫经历了五个重要阶段(张琦和冯丹萌,2016)。

第一阶段:1978—1985年。农村制度性变革的减贫效应集中释放。这一阶段的农村改革主要表现在以下方面：第一，农村家庭联产承包责任制试点推广和普遍推行；第二，改革工农产品价格"剪刀差"制度；第三，推进农村市场化制度改革；第四，出台《关于帮助贫困地区改变面貌的通知》。农村制度性变革有效推动了农村生产发展与收入、消费增长，直接拉动了贫困地区发展，使农村贫困人口大幅度减少。据统计，这一阶段，农村贫困人口由2.5亿人减少到1.25亿人，仅仅7年时间，减少了一半贫困人口，农村贫困发生率从33%下降到14.8%，下降幅度相当明显，贫困人口呈大幅度减少态势，与此同时，贫困人口分布范围逐渐减小。

第二阶段：1986—1994年。全面改革冲击下确立贫困县减贫新模式。这一阶段主要是建立了专门的扶贫机构，并明确扶贫对象和重点是贫困县。虽然减贫难度增大，速度有所减缓，但这主要是因为农村减贫优先效应消失，我国政府重点实施沿海地区经济优先发展战略。这一阶段，我国农村贫困人口由1.25亿人减少到8000万人，农村贫困发生率降至8.7%。同时，国家重点贫困县农民人均纯收入从206元提高到484元，此外，贫困人口的分布面积大幅度缩小，从全国各地大面积贫困状况缩小到699个县，其中国家重点扶贫县331个。

第三阶段：1995—2000年。非均衡新格局下的专项扶贫政策创新。由于贫困由区域连片式分布转向散点式分布，这一阶段扶贫政策主要针对贫困地区专项扶贫进行完善创新。1994年3月制定了《国家八七扶贫攻坚计划（1994—2000年）》，计划用7年时间基本解决8000万贫困人口温饱问题。到2000年，我国扶贫开发的体系已初步形成，尤其是"八七扶贫攻坚计划"的制定，有力地推进了扶贫脱贫工作。资料显示，截至2000年底，农村绝对贫困人口从8000万人减少到3209万人，农村贫困人口比例从8.7%下降到3.4%，"八七扶贫攻坚计划"战略目标基本实现。

第四阶段：2001—2010年。区域轮动到联动推进下的整村推进扶贫开发新模式。进入21世纪尤其是2003年后，贫困特征也有了新变化，大面积的普遍贫困已经解决，但随着贫富差距拉大，取而代之的是部分地区贫困程度不断加深。同时，贫困也从收入性单维贫困转向贫困人口健康、教育和社会福利等方面需求日益显现的多元贫困新形态。这些贫困新特征对新阶段我国扶贫开发工作提出了更高的挑战和要求。针对进入21世纪后我国贫困新特征，国家出台了《中国农村扶贫开发纲要（2001—2010年）》，这是进入21世纪后指导我国扶贫开发的纲领性指导文件。从这一阶段的扶贫成效来看，数据显示，2001—2010年，全国农村贫困人口继续减少，由9422万人下降到2688万人，贫困人口减少71.5%，近2/3人口在这一阶段脱离贫困，农村贫困发生率从10.2%下降到2.8%，下降7.4个百分点。

  第五阶段：2011年至今。连片开发新举措与精准扶贫方略的融合推进。2011年后我国扶贫开发特点主要体现在以下几个方面：第一，贫困标准提高到2300元新标准后，扶贫脱贫人口从2000年的2600多万人扩大到1.4亿人，低收入群体尤其是贫困人口民生和发展问题尤其应受到重视；第二，制定和出台《中国农村扶贫开发纲要（2011—2020年）》，该纲要将区域发展与扶贫攻坚充分结合，以2020年全面建成小康社会为目标，对我国贫困地区和贫困人口实施扶贫攻坚计划；第三，在扶贫重点和扶贫方式上，由以"整村推进"为核心的扶贫开发转向以集中连片特殊困难地区为主战场①；第四，《中共中央、国务院关于打赢脱贫攻坚战的决定》全面部署到2020年扶贫开发以精准扶贫精准脱贫为基本方略，以及五大脱贫路径和脱贫攻坚工作机制；第五，精准扶贫机制深化推

---

① 即国家将六盘山区、秦巴山区、武陵山区、乌蒙山区、滇桂黔石漠化区、滇西边境山区、大兴安岭南麓山区、燕山—太行山区、吕梁山区、大别山区、罗霄山区等区域的连片特困地区和已明确实施特殊政策的西藏、四川藏区、新疆南疆三地州作为扶贫攻坚主战场。

进。在实施"四个精准"基础上,2015 年在扶贫对象、扶贫方式和扶贫监管等内容上进行深化,即"扶贫对象要精准、项目安排要精准、资金使用要精准、帮扶措施要精准、因村派人要精准、脱贫成效要精准"等"六个精准",分类施策,因村施策,提高扶贫脱贫精准性。这一阶段扶贫脱贫效果相当明显,我国贫困人口减少到 5575 万人,贫困发生率为 5.7%,比 2010 年降低 11.5 个百分点。截至 2014 年底,14 个集中连片特困地区贫困人口减少为 3518 万人,比 2013 年下降 15%;贫困发生率为 17.1%,下降 2.9 个百分点。

4.2.3 农村贫困的基本情况

改革开放以来,我国成功走出了一条中国特色扶贫开发道路,农村居民贫困发生率从 1978 年的 97.5% 下降到 2015 年的 5.7%,累计减少 7.15 亿农村贫困人口[1]。30 多年来我国致力于扶贫减贫,对世界减贫的贡献率超过 70%,成为世界上减贫人口最多的国家,也是全球最早实现联合国千年发展目标的发展中国家。目前,我国脱贫攻坚仍然面临着严峻形势:一是中国贫困人口规模仍然较大,且主要集中在经济欠发达的中西部地区,贫困程度较深,扶贫难度加大。按我国现行标准,有 8 个省区农村贫困人口超过了 300 万人,有 8 个省区贫困发生率超过 10%,832 个贫困县中的农村贫困人口有 3490 万人,占全国贫困人口的 62.6%,贫困发生率高达 13.3%;二是贫困地区贫困人口的发展能力和内生动力依然较弱。贫困人口普遍存在受教育程度低、健康水平低的"两低"情况,自我发展能力弱。建档立卡贫困村 70.8% 没有集体经济,内生发展动力严重不足。

(1) 以国际贫困标准衡量的中国农村贫困现状(见表 4-10)

以 1.25 美元/天·人标准衡量,中国农村贫困人口规模在 1981

---

[1] 数据来源于国家统计局 2015 年国民经济和社会发展统计公报。

年为 6.40 亿人，2013 年为 0.028 亿人，贫困人口累计减少 6.37 亿人，减少 99.6%，远远超过联合国千年发展目标提出的"极端贫困人口减半"目标。贫困发生率在 1981 年为 80.62%，2013 年仅为 0.44%，1981—2013 年下降 80.18 个百分点。贫困发生距在 1981 年为 29.84%，2013 年仅为 0.10%，1981—2013 年下降 29.74 个百分点。贫困平方发生距在 1981 年为 14.03%，2013 年仅为 0.05%，1981—2013 年下降 13.94 个百分点。

表 4-10　世界银行发布的中国农村贫困状况

年份	1.25 美元/天·人				1.90 美元/天·人			
	规模（万人）	H	G	PG	规模（万人）	H	G	PG
1981	64007	80.62	29.84	14.03	75893	95.59	50.49	29.79
1984	44171	54.76	16.01	6.47	68740	85.22	35.45	17.94
1987	32333	39.38	11.41	4.65	59568	72.55	27.16	13.22
1990	38336	45.91	12.52	4.73	65925	78.95	30.39	14.61
1993	33904	40.58	10.62	3.91	60013	71.83	27.14	12.93
1996	21445	25.87	5.79	1.76	45808	55.26	17.88	7.60
1999	22896	28.06	6.71	2.16	46004	56.38	19.08	8.42
2002	18417	23.36	5.28	1.60	38474	48.80	15.96	6.84
2005	7531	10.05	1.78	0.50	22953	30.63	8.11	2.99
2008	6784	8.50	1.52	0.43	18589	26.25	6.91	2.54
2010	3688	5.43	0.83	0.21	14467	21.30	5.03	1.69
2011	2199	3.31	0.57	0.18	10258	15.44	3.41	1.13
2012	1579	2.43	0.39	0.11	8435	12.98	2.72	0.86
2013	280	0.44	0.10	0.05	2149	3.38	0.59	0.19

注：H 代表贫困发生率，G 贫困发生距，PG 代表贫困平方发生距。

资料来源：世界银行网站 http://iresearch.worldbank.org/PovcalNet/povOnDemand.aspx。

以 1.90 美元/天·人标准衡量，中国农村贫困人口规模在 1981

年为7.59亿人，2013年为0.21亿人，贫困人口累计减少7.37亿人，减少97.2%，同样远远超过联合国千年发展目标提出的"极端贫困人口减半"目标。贫困发生率在1981年为95.59%，2013年仅为3.38%，1981—2013年下降92.21个百分点。贫困发生距在1981年为50.49%，2013年仅为0.59%，1981—2013年下降49.90个百分点。贫困平方发生距在1981年为29.79%，2013年仅为0.19%，1981—2013年下降29.90个百分点。

无论以哪种标准衡量，1990年以前中国贫困程度显著高于全球和发展中国家平均水平，到2013年，中国的贫困程度显著低于世界平均水平，略低于亚太发展中国家平均水平，高于中等偏上收入国家平均水平。1990—2011年，全球极端贫困人口从19.2亿人下降到10.1亿人，减少9.1亿人，其中6亿多来自中国，占全球减贫数量的2/3[①]。

（2）以国内贫困标准衡量的中国贫困现状（见表4-11）

①贫困人口规模。2010年之前，按照国内1978年标准和2008年标准衡量的中国贫困人口规模和贫困发生率低于国际以1.25美元/天·人标准衡量的水平，2010年按现行国家贫困标准（每人每年2300元，2010年不变价）测算的中国贫困人口规模与贫困发生率略高于国际以1.9美元/天·人标准衡量的水平。

按2010年贫困标准衡量，1978年农村贫困人口为7.7亿人，2014年为0.7亿人，1978—2014年农村贫困人口共减少7亿人左右，贫困发生率下降90.3个百分点，年均减贫规模为1945万人。2000年以前，农村贫困人口减少3.1亿人，占农村减贫总规模的44.0%，贫困发生率下降47.7个百分点。2000年后，农村贫困人口减少3.9亿人，占农村减贫总规模的56.0%，贫困发生率下降

---

① 国家统计局住户调查办公室：《中国农村贫困监测报告2015》，中国统计出版社，2015。

中国普惠金融发展的减贫效应研究

42.6 个百分点。2010 年以来,农村贫困人口规模减小 1.0992 亿人,年均减贫规模为 1832 万人,贫困发生率下降 11.5 个百分点。

表 4-11　　　　历年中国农村贫困状况

年份	1978 年标准		2008 年标准		2010 年标准	
	贫困人口（万人）	贫困发生率（%）	贫困人口（万人）	贫困发生率（%）	贫困人口（万人）	贫困发生率（%）
1981	15200	18.5				
1984	12800	15.1				
1987	12200	14.3				
1990	8500	9.4			65849	73.5
1992	8000	8.8			55463	60.5
1995	6540	7.1				
1999	3412	3.7	9422	10.2		
2002	2820	3	8645	9.2		
2005	2365	2.5	6432	6.8	28662	30.2
2008			4007	4.2		
2010			2688	2.8	16567	17.2
2011					12238	12.7
2012					9899	10.2
2013					8249	8.5
2014					7017	7.2
2015					5575	5.7

注:1978 年标准:1978—1999 年称为农村贫困标准,2000—2007 年称为农村绝对贫困标准。2008 年标准:2000—2007 年称为农村低收入标准,2008—2010 年称为农村贫困标准。2010 年标准:是新确定的农村扶贫标准。

资料来源:2015 年中国农村贫困监测报告和 2016 年《中国的减贫行动与人权进步》白皮书。

②贫困人口区域分布(见图 4-8)。从区域分布来看,2014 年,一半以上的农村贫困人口仍集中在西部地区。具体来看,西部

地区农村贫困人口3600万人，贫困发生率为12.4%；中部地区农村贫困人口2461万人，贫困发生率为7.5%；东部地区农村贫困人口956万人，贫困发生率为2.7%。西部、中部和东部地区农村贫困人口占全国农村贫困人口的比重分别为51.3%、35.1%和13.6%。2010—2014年农村贫困人口减少数量最多的是西部地区，但贫困人口下降速度最快的则是东部地区。东、中、西部三大地区农村贫困人口分别减少1631万人、3090万人和4829万人，分别减少63%、55.7%和57.3%，贫困发生率分别下降4.7个百分点、9.7个百分点和16.8个百分点。

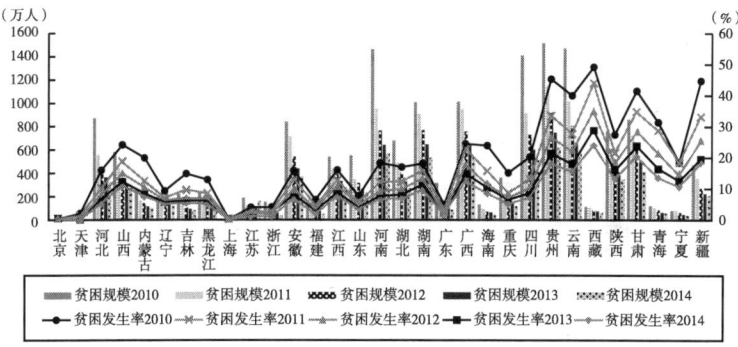

图4-8 2010—2014年全国分地区农村贫困人口规模和贫困发生率

注：所有数据均按现行国家农村贫困标准测算。

资料来源：国家统计局农村贫困监测报告2015。

从省际分布来看，2010—2014年农村累计减贫规模在500万人以上的省份有5个，分别是四川减少900万人，贵州减少898万人，河南减少896万人，云南减少894万人，河北减少552万人。31个省份中农村减贫幅度未过半的有6个，分别是江西、湖南、广西、西藏、辽宁和宁夏，除北京和天津外，减贫幅度在65%以上的省份有5个，其中广东减少73.9%，福建减少70.1%，福建减少69.6%，江苏减少67.4%，重庆减少67.2%。2010—2014年农村贫困发生率累计下降20个百分点以上的省份有5个，分别是贵州下降27.1个百分点，新疆下降26个百分点，西藏下降25.5个百分点，云南下降24.5个百分点，甘肃下降1.2个百分点。贫困发生率下降10—20个百分点的省份有9个，分别是青海下降18.1个百分点，海南下降15.3个百分点，陕西下降14.3个百分点，四川下降12.9个百分点，内蒙古下降12.4个百分点，广西下降11.7个百分点，河南下降11.1个百分点，湖北下降10.3个百分点，河北下降10.2个百分点。

4.3 中国农村普惠金融与农村经济的耦合关系分析

通过第3章的作用机制分析，农村普惠金融对农村经济发展具有积极的影响。同时我们不可忽略农村金融系统与农村经济系统之间内生的相关性，农村金融系统虽然对农村经济系统产生显著的影响，但其又受农村经济发展水平的影响，两个系统相互依存，相互影响。从本章前面对中国普惠金融发展现状和农村贫困现状的分析中我们可以大致了解这二者的基本情况，但实践过程中农村普惠金融与农村经济发展之间的关系如何？我们还需要构建农村普惠金融与农村经济发展的系统耦合关系模型，以研究两系统相互依赖、协调与促进的动态关联关系，从而真实反映当前我国农村普惠金融系统和农村经济系统共生依赖的事实。

4.3.1 研究方法及数据来源

（1）研究方法

①熵权TOPSIS法。TOPSIS法是综合评价研究和多目标决策分析中的一种常用方法，熵权TOPSIS法则是对传统TOPSIS法的改

进，首先基于客观赋权法中的熵值法来确定权重，然后通过计算各评价对象与最优方案和最劣方案的接近程度来确定评价对象的排序。熵权 TOPSIS 法具有结果客观合理的优势，其主要计算步骤如下：

第一，确定指标权重。熵值法可根据指标数值的变异程度及提供的信息量大小来计算各评价指标的权重，以反映各指标的重要程度及时序变化，具体计算过程前文已有介绍，此处不再赘述。

第二，计算加权矩阵。$R = (r_{ij})_{m \times n}$，$r_{ij} = \omega_j y_{ij}$①（$i = 1, 2, \cdots, m$；$j = 1, 2, \cdots, n$）。

第三，根据求出的权重集 R，选出最优方案 S_j^+ 和最劣方案 S_j^-，其中，$S_j^+ = \max(r_{1j}, r_{2j}, \cdots, r_{mj})$，$S_j^- = \min(r_{1j}, r_{2j}, \cdots, r_{mj})$。

第四，计算各方案与最优解 S_j^+ 和最劣解 S_j^- 的欧式距离 D_i^+ 和 D_i^-，其中，$D_i^+ = \sqrt{\sum_{j=1}^{n}(r_{ij} - S_j^+)^2}$，$D_i^- = \sqrt{\sum_{j=1}^{n}(r_{ij} - S_j^-)^2}$。

第五，计算综合评价指数：$C_i = \dfrac{D_i^-}{D_i^+ + D_i^-}$，$C_i \in [0,1]$，$C_i$ 值越大表明评价对象发展水平越好。

②耦合协调度模型。借助物理学中的"耦合"概念和容量耦合系数模型，构建农村普惠金融与农村经济发展的系统协调模型和耦合模型，以研究两系统相互依赖、协调与促进的动态关联关系。计算公式分别为：

$$C = \sqrt{u_1 \times u_2}/(u_1 + u_2) \quad (4.9)$$

$$D = \sqrt{C \times T}，其中，T = \alpha u_1 + \beta u_2 \quad (4.10)$$

其中，C 为两个系统间的协调度，D 为两个系统间的耦合度，T 则表示两者的综合指数，u_1 和 u_2 分别代表农村普惠金融指数和农村经济发展指数，α、β 为待定系数，由于农村普惠金融子系统和

---

① 此处的 y_{ij} 为原始数据经熵值法数据标准化处理后的标准化数据。

农村经济子系统在关联互动中同等重要,因此 $\alpha=\beta=0.5$。系统协调模型主要用来测度协调度 C,根据"协调"的内涵,u_1 和 u_2 的离差越小,协调度 C 就越高,但也有可能会出现两子系统发展水平都低,而协调度却较高的情况,仅依据协调度还难以反映出农村普惠金融与农村经济发展互动的整体功效与协同效应。因此,还需引入兼具两大系统的协调度 C 及两大系统的综合发展水平 T 的耦合模型,以客观评价农村普惠金融与农村经济发展耦合协调发展水平。C 和 D 均介于 0—1 之间,值越大水平协调状态及耦合关系越好。参考已有文献,将耦合度进行等级分类,如表 4-12 所示。

表 4-12　　　耦合度的判别标准及划分类型

耦合度 D	耦合协调类型		两系统对比
0.00—0.09	极度失调	负向耦合 (失调衰退型)	①$u_1 > u_2$,农村经济滞后型 ②$u_1 = u_2$,同步发展型 ③$u_1 < u_2$,农村普惠金融滞后型
0.10—0.19	严重失调		
0.20—0.29	中度失调		
0.30—0.39	轻度失调		
0.40—0.49	濒临失调		
0.50—0.59	勉强协调	正向耦合 (协调发展型)	
0.60—0.69	初级协调		
0.70—0.79	中级协调		
0.80—0.89	良好协调		
0.90—1.00	优质协调		

(2) 指标体系构建及数据说明

①评价指标体系构建。构建合理的评价指标体系是衡量农村普惠金融与农村经济发展耦合关系的基础。基于二者耦合协调系统的内涵及特征,借鉴已有研究成果,同时遵循指标选取的科学性、完备性、有效性及可获性等原则,分别从金融服务渗透性、金融服务可获得性、金融服务使用性三个维度和经济基础、居民生活、产业

第 4 章 中国普惠金融与贫困的现状分析

结构、生产能力四个维度构建农村普惠金融与农村经济发展系统的指标体系，具体如表 4-13 所示。

表 4-13 农村普惠金融与农村经济发展评价指标体系及权重

系统层	一级指标	二级指标	单位	性质	权重
农村普惠金融系统	金融服务渗透性（0.1804）	农村金融机构万人营业网点数	万人/个	正指标	0.0857
		农村金融机构万人服务人员数	万人/个	正指标	0.0947
	金融服务可获得性（0.4032）	农村人均存款余额	元/人	正指标	0.2117
		农村人均贷款余额	元/人	正指标	0.1915
	金融服务使用性（0.4164）	农村存款余额占农村GDP比重	%	正指标	0.2042
		农村贷款余额占农村GDP比重	%	正指标	0.1530
		农村贷存比率	%	正指标	0.0592
农村经济发展系统	经济基础（0.3985）	农村人均GDP	元/人	正指标	0.1308
		农村GDP增长率	%	正指标	0.1041
		农村居民人均可支配收入	元/人	正指标	0.1636
	居民生活（0.3684）	农村居民人均生活消费支出	元/人	正指标	0.1646
		农村恩格尔系数	%	逆指标	0.1041
		城乡收入差距	%	逆指标	0.0997
	产业结构（0.0613）	第二、三产业产值占GDP比重	%	正指标	0.0613
	生产能力（0.1718）	农业固定资产投资占农业GDP比重	%	正指标	0.0879
		初中以上文化程度人口占比	%	正指标	0.0839

②数据来源及说明。本书的研究对象选取中国大陆 30 个省（自治区、直辖市），其中不包括西藏、台湾、香港和澳门，研究

的时间跨度为2005—2014年，数据资料来源于历年《中国统计年鉴》《中国农村统计年鉴》《中国金融年鉴》《中国人口和就业统计年鉴》和各省统计年鉴及金融运行报告，以及国泰安中国农村金融经济研究数据库和中国人民银行网站，部分缺失数据采用散点趋势拟合方法进行填补，所有名义值均以2005年为基期进行调整得到实际值。由于农村存贷款余额随年份和地区的不同而统计口径不一，考虑到服务于农村地区的金融机构主要涉及农业发展银行、农业银行、邮政储蓄银行、农村信用合作社和新型农村金融机构（因统计数据匮乏且规模尚小而未纳入计算范畴），因此，本书选取前四类金融机构在农村地区的存贷款余额作为农村存贷款余额的替代性数据，数据来源于国泰安数据库。此外，由于目前没有农村GDP的直接统计数据，因此本书以农林牧渔业总产值代替。

4.3.2 结果分析

（1）综合指数分析

基于前文构建的评价指标体系，先将各子系统中的二级指标进行标准化处理，再基于熵值法得出各评价指标的权重系数，最后再采取TOPSIS方法，分别计算出2005—2014年中国30个省份农村普惠金融指数和农村经济发展指数。部分年份的计算结果见表4-14[①]。由表4-14可知，农村普惠金融指数的总平均值为0.180，远远低于农村经济发展指数的总平均值0.378，说明在中国农村地区，由于农村金融机构网点覆盖率低、财政系统及农村金融机构抽离农村资金（周振等，2015）、农村金融供需矛盾突出、非正规性金融服务活跃、竞争不充分等原因，农村普惠金融发展水平滞后于农村经济的发展。因此，需进一步加强农村金融基础设施建设，加大

---

① 由于本书的数据截取时长为10年，限于篇幅，在此只列举数据变化显著且具有代表性的部分年份的数值。

第4章 中国普惠金融与贫困的现状分析

农村政策性金融支农力度，努力提高农村地区普惠金融发展水平。

表4-14 部分年份各省区农村普惠金融与农村经济发展指数

区域	省份	农村普惠金融指数 年份					均值	农村经济发展指数 年份					均值
		2005	2006	2008	2011	2014		2005	2006	2008	2011	2014	
东部	北京	0.719	0.507	0.631	0.723	0.750	0.682	0.596	0.766	0.731	0.757	0.583	0.710
	天津	0.522	0.474	0.521	0.451	0.448	0.490	0.428	0.565	0.500	0.567	0.613	0.537
	上海	0.863	0.713	0.846	0.841	0.817	0.831	0.659	0.831	0.727	0.729	0.583	0.720
	河北	0.086	0.092	0.111	0.101	0.088	0.099	0.285	0.402	0.400	0.387	0.348	0.371
	山东	0.120	0.110	0.112	0.133	0.109	0.115	0.333	0.445	0.472	0.442	0.398	0.427
	江苏	0.118	0.114	0.129	0.133	0.134	0.128	0.408	0.520	0.550	0.644	0.568	0.553
	浙江	0.201	0.207	0.245	0.266	0.311	0.255	0.536	0.676	0.646	0.693	0.582	0.638
	福建	0.076	0.078	0.090	0.139	0.170	0.115	0.376	0.428	0.427	0.457	0.505	0.435
	广东	0.200	0.218	0.238	0.183	0.168	0.205	0.451	0.449	0.428	0.453	0.397	0.423
	海南	0.049	0.047	0.037	0.054	0.068	0.049	0.347	0.381	0.369	0.380	0.418	0.365
	均值	0.295	0.256	0.296	0.302	0.306	0.297	0.442	0.546	0.525	0.551	0.500	0.518
东北	辽宁	0.157	0.164	0.176	0.156	0.151	0.163	0.355	0.473	0.471	0.481	0.468	0.460
	吉林	0.170	0.192	0.175	0.136	0.166	0.160	0.301	0.413	0.446	0.460	0.404	0.413
	黑龙江	0.108	0.102	0.121	0.103	0.160	0.118	0.288	0.418	0.518	0.483	0.464	0.447
	均值	0.145	0.153	0.157	0.132	0.159	0.147	0.315	0.435	0.478	0.475	0.445	0.440
中部	河南	0.086	0.092	0.083	0.066	0.048	0.073	0.277	0.347	0.401	0.327	0.318	0.336
	山西	0.231	0.224	0.287	0.224	0.203	0.237	0.264	0.329	0.368	0.307	0.286	0.324
	湖北	0.074	0.081	0.059	0.055	0.039	0.057	0.276	0.315	0.407	0.400	0.406	0.357
	湖南	0.069	0.061	0.070	0.066	0.049	0.065	0.313	0.306	0.371	0.344	0.339	0.322
	安徽	0.072	0.079	0.065	0.068	0.051	0.064	0.248	0.266	0.309	0.311	0.288	0.285
	江西	0.072	0.074	0.070	0.084	0.091	0.076	0.251	0.291	0.314	0.322	0.285	0.296
	均值	0.101	0.102	0.106	0.094	0.080	0.095	0.272	0.309	0.362	0.335	0.320	0.320

续表

区域	省份	农村普惠金融指数					均值	农村经济发展指数					均值
		年份						年份					
		2005	2006	2008	2011	2014		2005	2006	2008	2011	2014	
西部	重庆	0.132	0.268	0.146	0.255	0.284	0.200	0.311	0.167	0.254	0.300	0.253	0.243
	四川	0.081	0.167	0.076	0.080	0.084	0.092	0.265	0.231	0.245	0.298	0.259	0.258
	贵州	0.093	0.139	0.091	0.130	0.137	0.111	0.308	0.123	0.180	0.150	0.326	0.193
	云南	0.074	0.140	0.090	0.119	0.112	0.101	0.355	0.181	0.190	0.244	0.165	0.194
	广西	0.054	0.058	0.056	0.080	0.075	0.064	0.323	0.267	0.229	0.271	0.228	0.239
	陕西	0.104	0.221	0.115	0.111	0.120	0.126	0.319	0.286	0.366	0.354	0.304	0.314
	甘肃	0.096	0.178	0.093	0.111	0.142	0.114	0.307	0.172	0.189	0.168	0.170	0.196
	青海	0.201	0.235	0.118	0.134	0.171	0.151	0.276	0.208	0.305	0.241	0.239	0.257
	宁夏	0.134	0.236	0.151	0.184	0.189	0.168	0.246	0.276	0.337	0.301	0.281	0.291
	新疆	0.050	0.128	0.059	0.082	0.090	0.074	0.281	0.318	0.290	0.316	0.341	0.326
	内蒙古	0.144	0.154	0.207	0.240	0.263	0.220	0.312	0.401	0.423	0.428	0.459	0.405
	均值	0.106	0.175	0.109	0.139	0.152	0.129	0.300	0.239	0.273	0.279	0.275	0.265
总体均值		0.172	0.185	0.176	0.184	0.190	0.180	0.343	0.375	0.396	0.400	0.376	0.378

由图4-9所示，农村普惠金融指数和农村经济发展指数均呈现小幅上涨趋势，农村普惠金融指数由2005年的0.172上升到2014年的0.190，年均增长率为1.03%，变化特点为"稳定型"，其中2006年和2011年的上升幅度相对而言较为显著，这与国家加大对农村金融政策支持力度不无关系。2006年国家对农村金融体制进行了重要改革创新，发布了《关于调整放宽农村地区银行业金融机构准入政策的若干意见》，该政策有力地促进了新型农村金融机构的发展及农村金融体系的完善。为进一步完善和拓展新型农村金融机构，加大农村地区金融供给和金融服务，2010年财政部又印发了《中央财政农村金融机构定向费用补贴资金管理暂行办

法》。农村经济发展指数由2005年的0.343上升到2014年的0.376，年均增长率为0.958%，略低于农村普惠金融发展指数的增长速率，但其随年份变化的振幅大于农村普惠金融指数的振幅，变化特点为"波动"形，整体呈现"M"形变化趋势，因2008年金融危机的影响，2009年农村发展下滑，指数由2008年的0.396下降至0.344，其后农村经济发展水平逐年提高，但提高的幅度逐年降低。这说明农村经济发展较之农村普惠金融发展更不稳定，虽然发展水平在小幅逐步提升，但容易受到外界政策、经济、市场、气候等多方因素的干扰。

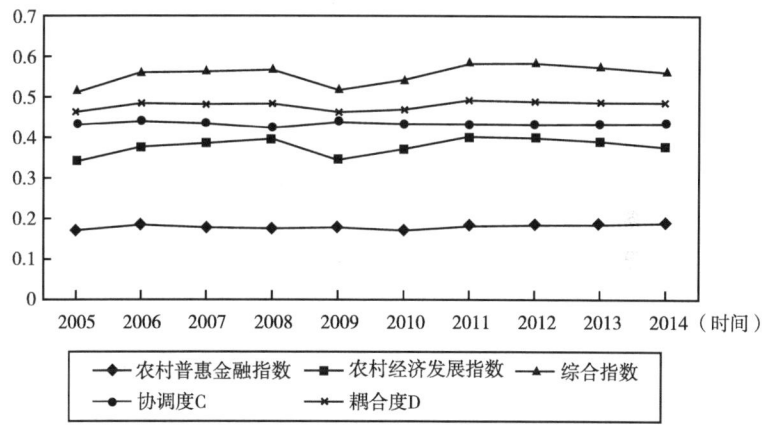

图4-9 各指标值的时间趋势

将30个省区划分为四大区域①，分别计算各区域两指数均值（见表4-14），通过对比发现，东部、东北、中部、西部地区农村普惠金融指数总均值分别为0.297、0.147、0.095和0.129，年均增长率分别为0.67%、1.29%、-2.33%和6.94%，农村经济发

---

① 东部包括北京、天津、上海、河北、山东、江苏、浙江、福建、广东和海南；东北包括辽宁、吉林和黑龙江；中部包括河南、山西、湖北、湖南、江西和安徽；西部包括内蒙古、广西、重庆、四川、贵州、云南、陕西、甘肃、青海、宁夏和新疆。

展指数总均值分别为 0.518、0.440、0.320 和 0.265，年均增长率分别为 1.78%、4.76%、2.19% 和 -0.20%。各区域两指数东部地区均表现最高，东北地区次之，中部地区和西部地区均低于全国发展水平但表现异同，前者西部地区发展优于中部地区，后者西部地区发展落后于中部地区。由此可知，中国农村普惠金融发展水平和农村经济发展水平均存在着明显的区域差异，呈现由东部向东北、中西部地区递减的格局，"俱乐部收敛"现象较为显著。从变动趋势来看，东部地区和东北地区两个子系统实现了同步增长，中西部地区则呈现相反增长趋势，西部地区农村普惠金融发展增速虽然最快，但对其农村经济发展的促进作用很不明显。在此借鉴丁志国等（2014）的研究结论加以说明，金融规模、金融效率对农村经济发达地区的影响显著，但金融规模、金融效率及金融结构对农村经济落后地区的影响不显著。从区域发展差异程度来看，农村普惠金融发展方面，东北、中部和西部三大地区与东部地区的指数差值除 2006 年均大幅下降之外，其余年份东北地区、西部地区与东部地区的差异程度均呈现"N"形变化特征，中部地区与东部地区的差异程度则呈现"V"形变化特征，总体呈扩大趋势；农村经济发展方面，东北地区与东部地区差异程度总体呈缩减趋势，西部地区总体则呈扩大趋势，中部地区表现为"波浪"形稳定趋势。东北地区由于农业产业化程度较高，现代化的农业生产方式，提高了农业生产率，有效地促进了农村经济发展。2014 年，各区域农村居民人均可支配收入 13145 元、10808 元、10011 元、8295 元，东北地区农村居民收入位居第二，与东部地区的差距由 2005 年的 1.4 倍缩小为 1.22 倍。

从省级层面看，2005—2014 年，位于东部经济发达地区的上海和北京农村普惠金融和农村经济发展水平始终位居全国前二，指数值 u_1 和 u_2 的均值分别高达 0.720、0.831 和 0.710 和 0.682。为进一步识别和比较两个子系统发展水平的空间分布态势，基于两类指数的均值,根据自然断裂点聚类方法将其划分为四种类型,并借助 ArcGis10.2 软件进行空间可视化呈现。首先,农村普惠金融指数表现为东北、中西部地区大部分省份位于中低水平及低水平梯队,共有 22 个省份,由于区域经济发展不均衡、地理条件差异、资源要素禀赋差异及基础设施发展程度各异等原因,在金融机构数量及网点分布、金融从业人员、人均存贷款余额、存贷款余额占 GDP 比重等指标上,东北、中西部地区农村地区都明显落后于东部地区。上海、北京和天津三个省份位居高水平梯队,浙江、山西、内蒙古、广东和重庆五个地区位于中高水平梯队。其次,农村经济发展指数表现为由东到西依次递减格局。具体来看,东部地区北京、上海和浙江位列高水平梯队,其余省份全部位于中高水平梯队,东北三省和中部六省全部位于中低水平梯队,西部地区除内蒙古分布在中高水平梯队,其余省份均落在中低和低水平梯队。最后,各省区两指数的区域间差异程度较大,区域内差异程度农村普惠金融发展大于农村经济发展。两指数的空间分布状况基本走势一致,呈现由沿海向内陆递减格局。除山西、重庆这两个省份外,其余 28 个省份农村普惠金融指数与农村经济发展指数具有对应关系,分别位于同级梯队内,说明农村普惠金融与农村经济发展具有协调关联性。此外,从变动趋势来看,农村普惠金融方面,西部地区的重庆、新疆增速位居前两名,年均增长率均超过 17%,位列第三的福建省的年均增长率为 11.9%,中部地区的江西增速最快,年均增长率为 2.93%,河南与湖北垫底,年均增长率为负值,降幅分别达 5.98% 和 6.38%;农村经济发展方面,增速排名前三的省份为贵州、黑龙江和湖北,年均增长率分别为 9.85%、6.74% 和 5.33%,东部地区的天津和江苏农村经济发展较快,年均增长率均在 4.5% 左右,西部地区的广西和甘肃垫底,年均增长率分别为 -2.30% 和 4.29%。

(2) 系统耦合分析

上述分析仅从两类指数的数据特征对农村普惠金融与农村经济

发展的变化趋势及二者之间的关联关系进行了初步研究及推断，为进一步从协同发展共进的角度考察二者之间的关系，本节将引入耦合方法，应用耦合协调度模型分别计算农村普惠金融和农村经济发展的协调度 C、综合指数 T 以及耦合度 D，结果如表 4 – 15 所示。耦合具有如下特征：

总体来看，农村普惠金融和农村经济发展的协调度 C、综合指数 T 以及耦合度 D 总均值分别为 0.434，0.558 和 0.480，年均增长率分别为 0.08%、1.18% 和 0.58%，在样本考察期内耦合度没有发现明显的增长趋势，耦合度值始终介于 0.463—0.491 之间，且整体呈现出"M"形的波动变化趋势，农村普惠金融与农村经济发展的关系一直处于濒临失调衰退型阶段，耦合协调关系亟须改善。协调度的变动程度较小，维持在 0.427—0.442 之间，而综合发展度的变动程度较大，从 0.515 增加到 0.584。因此可推断两大系统综合发展指数的提升是农村普惠金融和农村经济发展系统耦合度时序改善的主要推动力。

分区域看，东部、东北、中部和西部"农村普惠金融—农村经济发展"系统的耦合度总均值分别为 0.586、0.502、0.404 和 0.420，区域间耦合度呈现明显的差异，表现为东部和东北耦合度较高，处于勉强协调发展型正向耦合阶段，中部和西部相当，处于濒临失调衰退型负向耦合阶段。自 2005 年以来，东部、东北和西部地区耦合度均呈现"波动增长型"趋势，分别由 0.557、0.460 和 0.415 增长到 0.588、0.516 和 0.442，年均增幅分别为 0.63%、1.32% 和 0.84%，东北地区和西部地区耦合发展态势良好，尤其东北地区实现了由负向耦合向正向耦合的跨越。反观中部地区，农村普惠金融与农村经济发展两个系统并未形成相互推动、互相促进的良性循环态势，整体处于稳定状态，耦合状态在轻度失调和濒临失调徘徊，并未出现明显的改善。从区域发展差异程度来看，区域内东部地区各省份发展差距最大，耦合度最高地区（北京）的均值

第4章 中国普惠金融与贫困的现状分析

表4-15 中国省域农村普惠金融与农村经济发展的耦合度

区域	地区	2005年	2006年	2008年	2011年	2014年	均值
东部	北京	0.809	0.789	0.824	0.860	0.813	0.819
东部	天津	0.688	0.720	0.714	0.711	0.724	0.711
东部	上海	0.868	0.877	0.886	0.885	0.831	0.869
东部	河北	0.395	0.438	0.459	0.445	0.418	0.431
东部	山东	0.447	0.471	0.479	0.493	0.456	0.469
东部	江苏	0.469	0.494	0.516	0.541	0.525	0.509
东部	浙江	0.573	0.612	0.630	0.655	0.652	0.625
东部	福建	0.411	0.427	0.443	0.502	0.542	0.465
东部	广东	0.548	0.559	0.565	0.537	0.508	0.543
东部	海南	0.362	0.366	0.341	0.378	0.410	0.371
东部	东部平均	0.557	0.575	0.586	0.601	0.588	0.581
中部	河南	0.393	0.423	0.427	0.383	0.352	0.395
中部	山西	0.497	0.521	0.570	0.512	0.491	0.518
中部	湖北	0.379	0.400	0.394	0.386	0.355	0.383
中部	湖南	0.383	0.370	0.401	0.388	0.360	0.380
中部	安徽	0.366	0.381	0.376	0.382	0.347	0.370
中部	江西	0.366	0.383	0.385	0.406	0.401	0.388
中部	中部平均	0.397	0.413	0.426	0.410	0.384	0.406
	全国平均	0.463	0.487	0.482	0.491	0.486	0.482
西部	广西	0.363	0.353	0.336	0.384	0.362	0.360
西部	重庆	0.451	0.460	0.439	0.526	0.518	0.479
西部	四川	0.383	0.443	0.370	0.393	0.384	0.394
西部	贵州	0.411	0.362	0.358	0.374	0.460	0.393
西部	云南	0.403	0.399	0.361	0.412	0.369	0.389
西部	陕西	0.427	0.502	0.453	0.446	0.437	0.453
西部	甘肃	0.414	0.418	0.364	0.369	0.394	0.392
西部	青海	0.485	0.470	0.436	0.424	0.449	0.453
西部	宁夏	0.426	0.505	0.475	0.485	0.480	0.474
西部	新疆	0.344	0.449	0.361	0.401	0.419	0.395
西部	内蒙古	0.460	0.499	0.544	0.566	0.589	0.532
西部	西部平均	0.415	0.442	0.409	0.435	0.442	0.429
东北	辽宁	0.486	0.528	0.537	0.523	0.516	0.518
东北	吉林	0.476	0.531	0.529	0.500	0.509	0.509
东北	黑龙江	0.420	0.454	0.500	0.473	0.522	0.474
东北	东北平均	0.461	0.504	0.522	0.499	0.516	0.500

是耦合度最低地区（海南）的 2.28 倍，东北地区区域内发展差距最小，中西部水平相当；区域间，东北和西部与东部地区的差距先增后降，中部和东部地区之间的发展差距递增，差值由 2005 年的 0.160 增至 2014 年的 0.204，年均增幅达 2.75%。此外，对比 u_1 和 u_2 的大小，四大区域均属于农村金融发展滞后型，即使是农业经济发达的东部地区，农村普惠金融发展尚未同步于农村经济发展，未能为农村经济发展提供充裕的资金供给及良好的金融服务，随着农村改革的不断深化，农村生产方式及产业结构逐渐升级，各种生产要素的流动性不断加强。农业专业化、商品化和资本化的纵向深入，更进一步刺激了农村地区的金融需求，农村金融市场是一片亟待开发的蓝海，应加快建立健全农村金融体系，以更好地服务于农村经济的发展。

分省来看，通过各省 10 年的均值，绘制农村普惠金融—农村经济耦合度的空间分布图。高水平到低水平四个层级包含的省份数分别为 3、7、8 和 12，高水平（0.715—0.878）和中高水平（0.505—0.634）所在的省份均处于正向耦合阶段，中低水平和低水平所在的 20 个省份分属于轻度失调（0.438—0.477）和濒临失调（0.350—0.393）的负向耦合阶段。东部地区大部分省份处于中高水平梯队，海南则落于低水平梯队。福建和山东虽然农村经济发展位于中高水平梯队，但受较低的农村普惠金融影响，二者耦合互动发展整体上处于濒临协调的状况而位于中低水平梯队。中部地区的山西虽然农村经济发展指数不高，但农村金融发展指数较高，两系统互动的结果促使山西的耦合度均值高达 0.525，位于中高水平梯队，处于勉强协调发展型阶段，而河南、江西、湖南、湖北和安徽五省均属于农村普惠金融发展滞后型，农村经济位于中低水平梯队，农村普惠金融位于低水平梯队，综合作用导致耦合状态失衡而落于低水平梯队。西部地区黑龙江、重庆均位列于中低水平梯队，耦合度均值分别为 0.477 和 0.463，对比二省，黑龙江属于农村金融发展滞后型，重庆属于同步发展型，黑龙江的农村经济指数是重庆的 1.84 倍，重庆的农村普惠金融指数是黑龙江的 0.59 倍。可见，农村普惠金融系统是促进两大系统耦合互动的主导力量。2005—2014 年，东部地区的上海、北京、天津和浙江一直稳居前四，耦合均值分别为 0.878、0.832、0.715 和 0.634，前二者属于良好协调发展型，后二者分属中级协调发展型和初级协调发展型。内蒙古和重庆的耦合度逐年提高，排名分别从 11 位、19 位上升至第五位和第九位，且都实现了从负向耦合向正向耦合的跨越。广西的耦合度最差且无明显变化，耦合度值始终介于 0.316—0.384 之间，属于轻度失调衰退型。从各省耦合度的变动趋势来看，云南、甘肃、上海、安徽、湖北、青海、湖南、广东和河南出现负向增长现象，年均降幅均超 0.3%，河南降幅最大，为 1.11%，其余 21 省两大系统耦合状态呈良性互动发展趋势，福建、新疆、内蒙古、黑龙江和重庆的年均增长率均在 2% 以上，福建更是高达 3.32%。总体而言，省域间耦合度发展差异较大，最高值是最低值的 2.51 倍，且存在"中部塌陷"现象。

综上，我国农村普惠金融和农村经济发展的耦合协调发展水平较低，但正处于不断优化的进程当中，发展潜力较大。同时，耦合度的优化源于两系统的正向互促作用，尤其是农村普惠金融系统的促进作用。因此，今后通过不断的完善农村金融体系，提升农村普惠金融水平，将有力带动农村地区经济的发展，从而有效减少城乡收入差距和农村贫困问题。

（3）耦合度的空间相关性分析

通过前文的分析可知，农村普惠金融发展、农村经济发展以及两系统的耦合协调发展均存在"俱乐部趋同"现象和连片分布、多极分化的空间格局，这表明相近的省份可能存在空间关联性。为进一步分析两系统耦合协调发展的空间相互作用机制，本书将引入探索性数据分析（ESDA）方法，通过全局及局部空间自相关分析，探讨各省区之间农村普惠金融与农村经济发展耦合作用的空间关联模式、空间集聚状态及空间溢出作用大小。

采用 Rook 一阶邻接关系建立空间权重矩阵，运用 GeoDa1.4.1 软件计算 2005—2014 年农村普惠金融与农村经济发展耦合度的全局 Moran's I 指数值，各年份的 Moran's I 值介于 0.232—0.394 之间，且呈波动增长趋势，并通过 Z 统计量检验，除 2005 年，其余年份均在 1% 的水平上显著。这表明农村普惠金融与农村经济发展耦合作用存在正向的空间相关性，即耦合度高的省份其周边相邻区域的耦合度也相对较高，耦合度较低的地区其周边相邻区域的耦合度也相对较低，且这种空间集聚程度逐年呈波动性增强趋势。

通过局域空间自相关分析，可以进一步探讨各个地区局部空间相关性的类型、集聚状态及其空间分布。局部空间关联模式共有"高—高"（H-H）"低—高（L-H）""低—低"（L-L）和"高—低"（H-L）四种类型，分属 Moran's I 散点图的第一至第四象限。第一、三象限存在空间正相关，表现为省份自身与邻近省域耦合值均高（或均低），空间差异程度小；第二、四象限存在空间负相关，表现为高（低）耦合度的省域，其周围邻近省域的耦合度较低（高），空间差异程度大。结合历年农村普惠金融与农村经济发展耦合度的局域 Moran's I 散点图（见图 4-10）和 LISA 集聚图①，总结其空间关联特征如下：

第一，大多数省份位于高—高集聚区（H-H）和低—低集聚区（L-L）典型区域，且主要集聚在低—低集聚区（L-L），2005 年和 2014 年分别有 22 个和 24 个省份表现正向空间关联，分别占比 73.33% 和 80.00%，其中位于低—低集聚区（L-L）省份个数分别为 17、15；第二，东部地区的北京、天津、上海、浙江

---

① 限于篇幅，LISA 集聚图没有列出，且仅呈列出 2005 年和 2014 年的局域 Moran's I 散点图。

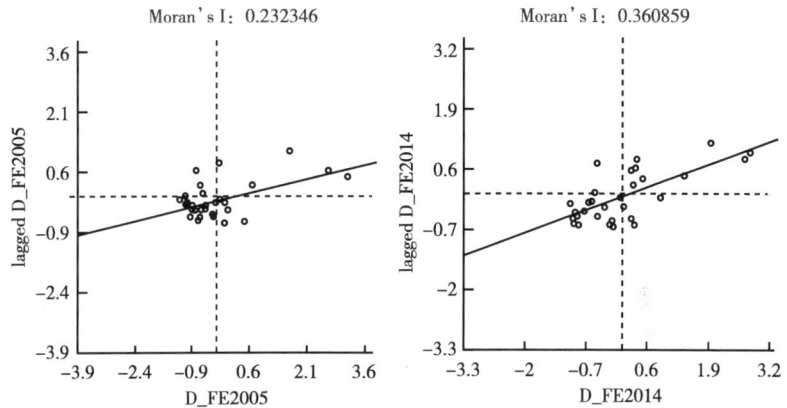

图 4-10 2005 年、2014 年耦合度空间分布的 Moran's I 散点图

和江苏一直位于第一象限，处于高—高集聚区（H-H），中西部大部分省份位于低—低集聚区（L-L），从总体上揭露农村普惠金融和农村经济发展耦合度空间分布的非均衡性；第三，东北地区之间的空间辐射作用较强，吉林和辽宁主要处于高—高（H-H）集聚区，黑龙江则逐渐从低—高（L-H）集聚区跃迁至高—高（H-H）集聚区，加上北京、天津的空间扩散作用，内蒙古的耦合度也逐渐得到提高，从 2005 年的低—低（L-L）集聚跃迁至2014 年的高—低（H-L）集聚，河北则未处于有利的"被扩散"区位，一直沉陷于低—高（L-H）集聚区。此外，广东、山西长期位于高—低（H-L）集聚区，然而广东未能对邻接的海南、湖南、广西和江西等低值省区形成有力的辐射带动作用。重庆虽然被低值省份包围，但凭借自身实现了"突围"，从低—低（L-L）集聚发展到高—低（H-L）集聚。福建、山东在东部地区高值省区的扩散带动作用下，耦合协调发展程度不断优化，分别实现了低—高（L-H）→高—高（H-H）和低—低（L-L）→高—低（H-L）的跃迁。可见，农村普惠金融和农村经济的耦合协调发展存在显著的集聚特征，近邻效应和空间溢出效应较为显著，高值集聚区能对低值

集聚区实现较好的辐射带动作用，优化低值集聚区相关省份的耦合协调程度，促进低值区农村普惠金融和农村经济发展的良性互动。

4.3.3 主要结论

本部分基于 2005—2014 年中国大陆 30 个省份（西藏、台湾、香港、澳门除外）数据，借助物理学中的"耦合"概念和容量耦合系数模型，构建农村普惠金融与农村经济发展的系统协调模型和耦合模型，并分别测算出农村普惠金融指数、农村经济发展指数及两大系统的耦合度值，以研究两系统相互依赖、协调与促进的动态关联关系。结果表明：

（1）农村普惠金融指数和农村经济发展指数均呈现小幅上涨趋势，但农村普惠金融指数的总平均值为 0.180，远远低于农村经济发展指数的总平均值 0.378，农村普惠金融发展水平滞后于农村经济的发展。

（2）农村普惠金融指数表现为东北、中西部地区大部分省份位于中低水平及低水平梯队，农村经济发展指数表现为由东到西依次递减格局，"俱乐部收敛"现象明显。

（3）从省级层面看，农村普惠金融方面，西部地区的重庆、新疆和中部地区的江西在区域内增速最快，而中部地区河南与湖北垫底；农村经济发展方面，贵州、黑龙江和湖北增速最快，西部地区的广西和甘肃垫底。

（4）农村普惠金融与农村经济发展的关系一直处于濒临失调衰退型阶段，耦合协调关系亟须改善。分区域看，东部和东北耦合度较高，处于勉强协调发展型正向耦合阶段，中部和西部相当，处于濒临失调衰退型负向耦合阶段；分省来看，东部地区大部分省份处于中高水平梯队，海南则落于低水平梯队。此外，大多数省份位于高—高集聚区（H-H）和低—低集聚区（L-L）典型区域，且主要集聚在低—低集聚区（L-L）。

本章小结

本章主要对中国普惠金融和农村贫困发展状况以及中国农村普惠金融与农村经济的耦合关系进行了分析。首先简要梳理了普惠金融的发展历程,发现普惠金融经历了小额信贷和微型金融的发展阶段,世界各国正积极将普惠金融发展战略纳入国家金融战略中。其次,通过构建普惠金融指数的综合评价模型,测算出中国省域普惠金融发展水平,并运用 Kernel 密度估计及空间 Markov 链等非参数估计方法对我国普惠金融发展的分布动态及趋同演变进行研究。结果表明,我国普惠金融存在明显的多极分化格局和"俱乐部收敛"现象;全国普惠金融整体呈小幅下降趋势,东部地区越来越发散,中西部地区越来越收敛;考虑空间效应时,较高水平邻居能通过空间扩散效应间接带动邻近地区的发展。再次,从农村普惠金融机构体系、农村普惠金融参与扶贫开发现状和农村普惠金融扶贫模式等方面系统分析了农村普惠金融发展现状,从贫困线和贫困标准、改革开放以来我国减贫历程及其阶段性特征和农村贫困化基本情况等方面分析了我国农村贫困发展现状。最后,通过构建农村普惠金融与农村经济发展的系统耦合模型,分别测算出农村普惠金融指数、农村经济发展指数及两大系统的耦合度值,结果发现,农村普惠金融指数和农村经济发展指数均呈现小幅上涨趋势,但农村普惠金融发展水平滞后于农村经济的发展。二者之间一直处于濒临失调衰退型阶段,耦合协调关系亟需改善。通过空间相关性分析进一步得知,大多数省份两大系统的耦合度位于高—高集聚区(H－H)和低—低集聚区(L－L)典型区域,且主要集聚在低—低集聚区(L－L)。

第 5 章

中国普惠金融减贫效应的宏观实证

第 3 章的分析表明，普惠金融一方面通过金融服务供给直接影响贫困，另一方面通过影响经济增长和收入不平等间接影响贫困。那么，中国普惠金融发展是否既能直接对贫困产生影响，又能通过促进经济增长和降低收入不平等来间接影响贫困？相应的作用机制能否得到宏观层面的证据支持？现有文献多数从金融发展深度的视角展开对金融发展与经济增长、收入不平等和贫困之间关系的研究，而鲜有研究在构建普惠金融指数、衡量中国区域普惠金融发展水平的基础上，检验中国普惠金融发展对经济增长、收入不平等和贫困的实际影响效果。鉴于此，本章将基于 2005—2014 年中国 30 个省份的省级面板数据，构建普惠金融指数，检验普惠金融宏观层面的直接减贫效应和间接减贫效应，以考察普惠金融发展与贫困之间的关系以及普惠金融与经济增长、收入分配和贫困之间的相互作用关系。

5.1 普惠金融直接减贫效应分析

5.1.1 模型设定、变量说明与数据来源

（1）模型设定

为了探究普惠金融对贫困减缓的直接作用机制，检验普惠金

的直接减贫效应，我们构建如下分析模型：

$$pov = f(ifi, inequality, rgdp, X) \quad (5.1)$$

其中，pov 表示贫困水平；ifi 表示普惠金融发展指标；inequality 表示收入不平等；rdgp 表示经济发展水平；X 表示其他控制变量，这些变量都是为了使模型更加精确而设立的。

借鉴 Jeanneney 和 Kpodar（2008）的研究方法，将基本模型（5.1）改成动态面板数据模型（5.2）和模型（5.3）。动态面板数据一个突出的优点，就是通过控制固定效应较好地克服了变量遗漏问题，而且还较好地克服了反向因果性问题。但是，在动态面板数据模型中，由于因变量的滞后项作为解释变量，从而有可能导致解释变量与随机扰动项相关，导致内生性问题，且模型具有横截面相依性（陈银娥和孙琼，2016）。为了克服这些经济计量问题，本书将采用系统广义矩法（SYS - GMM）来进行参数估计，该方法增加了被解释变量的一阶差分的滞后项作为水平方程的工具变量，使得计量估计的结果更加有效可靠。进行 SYS - GMM 估计需要使用两个检验方法进行检验（Arellano 和 Bover，1995；Blundell 和 Bond，1998），第一是自回归（AR）检验，用来判断误差项的差分项是否存在序列相关，第二是 Sargan 检验，又称过度识别的约束检验，作用是判断工具变量的有效性。

普惠金融对贫困影响的作用机制的模型：

$$pov_{it} = \alpha + \beta pov_{i,t-1} + \chi ifi_{it} + \delta inequality_{it} + \theta rgdp_{it} + \sum_{j=1}^{n} \gamma_j X_{j,it}$$
$$+ \mu_{it} + \varepsilon_{it} \quad (5.2)$$

普惠金融对贫困减缓的先恶化后改善效应的验证模型：

$$pov_{it} = \alpha + \beta pov_{i,t-1} + \chi ifi_{it} + \eta ifi_{it}^2 + \delta inequality_{it} + \theta rgdp_{it}$$
$$+ \sum_{j=1}^{n} \gamma_j X_{j,it} + \mu_{it} + \varepsilon_{it} \quad (5.3)$$

其中，pov、ifi、inequality、rdgp 和 X 变量含义不变。i 表示省

份，t 表示时期。α、β、χ、η、δ、θ、γ 为待估参数；μ 为不可观测的地区效应；ε 为随机误差项。

模型（5.2）主要用于普惠金融直接影响贫困的线性关系检验。模型（5.3）中加入普惠金融指数的平方的变量，用于检验普惠金融与贫困减缓之间是否存在非线性关系，即是否存在先恶化后改善的 G－J 效应。

（2）变量说明

①被解释变量。贫困水平 pov。目前关于贫困水平的衡量指标主要有农村恩格尔系数、贫困缺口、贫困发生率、贫困人口收入水平、Sen 指数和 FTG 指数等。FTG 指数是测量贫困最好的指标，但对数据的可得性要求较高。而恩格尔系数是国际上衡量家庭富裕程度的通用指标，直观地反映了家庭的消费效用和收入水平。因此，本书选取农村恩格尔系数衡量农村贫困水平，其用农村居民人均食品支出额占人均消费支出总额的比重来度量。

②关键解释变量。普惠金融指数 ifi。此处普惠金融指数的测算将沿用陈银娥等（2015）的方法，但在具体评价指标上作了一些改进。金融服务的可获得性选取人均存款余额、人均贷款余额和人均农村贷款余额三个指标，金融服务的使用效用性选取银行存款总额占 GDP 比重、银行贷款总额占 GDP 比重和农村存贷款总额占 GDP 比重三个指标，其余两个维度的指标仍然保持不变，分别为渗透性方面的每万人拥有的金融机构网点数和金融机构服务人员数，每万平方千米的金融机构网点数、金融机构服务人员数和承受度方面的非金融机构融资规模占金融机构贷款余额的比例。

经济发展水平（$rgdp$）。经济发展水平一般用人均 GDP 和人均 GDP 增长率来表示。本书采用人均 GDP 增长率即 $rgdp$ 来表示。

收入不平等程度（$inequality$）。现有研究成果中经常用城乡居民人均收入比、泰尔指数和基尼系数等来衡量收入不平等程度。因数据统计口径不一,多省数据缺失,难以计算出中国各省的基尼系数。泰尔指数则对高收入和低收入阶层收入的变动较为敏感,数据获取较易且便于计算,因此,本书将选取泰尔指数作为收入不平等的代理指标。其计算公式如下:

$$Thei_{it} = \sum_i \sum_j \left(\frac{y_{ij}}{y}\right) \ln\left[\left(\frac{y_{ij}}{y}\right)\bigg/\left(\frac{p_{ij}}{p}\right)\right] \tag{5.4}$$

其中,y_{ij}表示第i个地区($i=1$为农村,$i=2$为城镇)的第j个省份的总收入,p_{ij}表示第i个地区的第j个省份的人口规模,y和p分别表示所有地区全部省份的总收入之和与总人口数之和。

③控制变量。城镇化水平($urban$):选取各省份的城镇人口数占总人口数的比重来表示;通货膨胀率(inf):用CPI指数的变化率表示;财政支出水平($gove$):选取地方政府预算内支出占GDP的比重来表示;对外开放程度($open$):用进出口总额占GDP比重表示;教育水平(edu):教育水平用人均受教育年限表示,具体计算公式为:人均受教育年限=(小学文化程度人口数×6+初中×9+高中×12+大专及以上×16)/6岁及以上人口总数;产业结构($struc$):用第二、三产业产值占GDP的比重表示。

(3)数据来源及描述性统计

本书将考察中国30个省(自治区、直辖市)2005—2014年普惠金融发展对贫困的影响,样本不包括西藏以及台湾、香港、澳门。本书所涉及的各指标数据来源于历年的《中国统计年鉴》《中国农村统计年鉴》《中国人口和就业统计年鉴》《中国金融年鉴》和各省统计年鉴及金融运行报告,以及国泰安中国农村金融经济研究数据库。

选用Stata13.1软件进行分析,得到各变量的描述性统计指标,具体如表5-1所示。

表 5 – 1　　　　　　　各变量的描述性统计

变量名称	变量符号	观察值	平均值	标准差	最小值	最大值
贫困水平	pov	300	0.4076	0.0638	0.2784	0.5762
普惠金融指数	ifi	300	0.1366	0.1602	0.0299	0.7829
经济发展水平	rgdp	300	0.1504	0.0657	0.0024	0.4445
通货膨胀率	inf	300	0.1223	0.8988	0.0047	9.0293
财政支出水平	gove	300	0.2064	0.0898	0.0792	0.6121
对外开放程度	open	300	0.0489	0.0592	0.0054	0.2591
教育水平	edu	300	8.6131	0.9721	6.3778	12.0284
城镇化水平	urban	300	0.5115	0.1422	0.2687	0.8960
产业结构	struc	300	0.8849	0.0589	0.6640	0.9947

5.1.2　模型的估计结果

为降低变量的内生性、异方差的产生以及数据的变动幅度过大带来的影响，对相关变量取自然对数，从而提高计量分析的稳健性。表 5 – 2 报告了基于总体样本的基本估计结果。不管包含还是没有包含其他控制变量的回归模型中，贫困指标的滞后项系数均为正且高度显著，普惠金融指数（ifi）及经济发展水平（rgdp）的回归系数都显著为负，而收入不平等（inequality）的回归系数则显著为正。这表明一个地区的贫困水平受前期贫困程度的影响，"马太效应"明显，普惠金融发展水平及经济发展水平的提高能够显著改善一个地区的贫困状况，降低贫困水平，而收入不平等则对贫困减缓不利。其中，模型（1）是在不加入任何控制变量，仅考虑普惠金融、收入不平等及经济增长与贫困之间关系的回归结果，从中可以看出，普惠金融指数、收入不平等及经济发展水平的估计系数分别为 – 0.0272、0.0386 和 – 0.0368，并均通过了 1% 水平显著性检验，这初步说明，从总体样本角度来说，普惠金融发展水平及经济发展水平的提高有助于贫困减缓，而收入不平等对普惠金融发展贫困减缓不利。

表 5-2 普惠金融对贫困的影响

被解释变量: 贫困水平 pov	SYS-GMM								
	(1)	(2)	(3)	(4)	(5)	(6)	(7)	(8)	(9)
pov(-1)	0.7971*** (0.000)	0.8015*** (0.000)	0.8800*** (0.000)	0.8183*** (0.000)	0.7461*** (0.000)	0.7304*** (0.000)	0.6984*** (0.000)	0.9170*** (0.000)	0.7986*** (0.000)
ifi	-0.0272*** (0.000)	-0.0304*** (0.000)	-0.0512*** (0.000)	-0.0413** (0.015)	-0.0379*** (0.004)	-0.0363** (0.025)	-0.0313** (0.017)	-0.0690** (0.048)	-0.0320* (0.073)
inequality	0.0386*** (0.000)	0.0508*** (0.000)	0.0632** (0.011)	0.0588*** (0.003)	0.0621*** (0.000)	0.0608*** (0.000)	0.0605*** (0.000)	0.0602*** (0.000)	0.0633*** (0.000)
rgdp	-0.0368*** (0.000)	-0.0359*** (0.000)	-0.0196*** (0.000)	-0.0706*** (0.019)	-0.1016* (0.084)	-0.0935*** (0.004)	-0.0605** (0.032)	-0.0101** (0.013)	-0.0491** (0.038)
open		0.0478*** (0.000)	0.0680*** (0.000)	0.1017*** (0.002)	0.1012*** (0.000)	0.1054*** (0.000)	0.1223*** (0.000)		0.0998*** (0.000)
inf			0.0062*** (0.000)	0.0071*** (0.000)	0.0065*** (0.000)	0.0061*** (0.002)	0.0073*** (0.000)		0.0063** (0.043)
gove				0.1178*** (0.000)	0.1284* (0.084)	0.1283*** (0.000)	0.1308*** (0.000)		0.1206*** (0.010)

续表

被解释变量：贫困水平 pov

SYS-GMM

	(1)	(2)	(3)	(4)	(5)	(6)	(7)	(8)	(9)
edu					0.1987 (0.315)	0.1477 (0.619)	0.1557 (0.487)		0.1734 (0.507)
$urban$						-0.0238 (0.913)	-0.1294 (0.611)		-0.1064 (0.510)
$struc$							-0.6611** (0.021)		-0.7768* (0.090)
Ifi^2								-0.0147 (0.103)	-0.0100 (0.611)
$\_cons$	0.2996*** (0.000)	0.3675*** (0.000)	0.3414*** (0.000)	1.1413*** (0.000)	0.9941*** (0.000)	1.0042 (0.176)	0.1975*** (0.004)	0.1975*** (0.004)	0.4673 (0.419)
AR (1)	0.0009	0.0016	0.0018	0.0019	0.0009	0.0017	0.0046	0.0010	0.0055
AR (2)	0.5015	0.3626	0.4650	0.5584	0.3848	0.6128	0.8065	0.4854	0.3647
Sargan值	0.5836	0.4952	0.3575	0.3786	0.2053	0.2145	0.3889	0.2521	0.2943
obs	270	270	270	270	270	270	270	270	270

注：***、** 和 * 分别表示在1%、5%和10%的水平下显著，括号中为该系数估计值的 p 统计值。

为进一步检验普惠金融发展与贫困减缓负相关关系的稳健性，在模型（1）的基础上我们在表的第（2）—（7）列中逐步加入对外开放程度、通货膨胀率、财政支出水平、教育水平、城镇化水平和产业结构等控制变量。从回归结果来看，随着控制变量的依次加入，普惠金融指数、经济发展水平的估计系数始终显示为负，收入不平等的估计系数始终为正，加入所有控制变量后，普惠金融指数、收入不平等及经济发展水平的估计系数分别为 -0.0313、0.0605 和 -0.0605，分别通过了 5%、1% 和 5% 水平的显著性检验。相关控制变量依次加入和整体估计结果都没有改变三个核心解释变量的系数符号，这说明普惠金融指数、经济发展水平、收入不平等和贫困减缓的相关关系是稳健的，因此估计结果具有较好的稳健性。

除了核心解释变量，其他控制变量对缓解贫困也具有显著的作用。对外开放程度和通货膨胀率的估计系数均为正，且都通过了 1% 水平显著性检验，说明对外开放程度和通货膨胀率对贫困的影响是稳定的、一致的。财政支出水平的估计系数显著为正，说明政府财政支出不仅对贫困的影响不大，反而不利于减贫，可能与现在的财政支出主要侧重于城市的基础设施建设和公共服务体系完善，农村落后地区投入相对偏少有关。教育水平与贫困之间关系没通过显著性检验，即二者之间的关系在回归模型中不明确。城镇化水平和产业结构均与贫困之间呈现负向相关关系，表明城镇化水平与产业结构的优化及升级有助于贫困减缓，促进贫困人口的减少，提高贫困人群的收入水平和消费水平，但城镇化水平并未通过显著性检验，这种促进作用不显著，而产业结构对贫困的影响作用通过了显著性检验，说明随着产业的升级，从第一产业释放出来的劳动力转移到其他产业及部门，对就业及劳动生产率的提高作用较为显著，从而有利于贫困减缓。

为了验证普惠金融发展与贫困减缓是否也具有 G-J 效应，本书在模型（8）和（9）中引入普惠金融指数对数值的平方项分别进行估计。从检验结果上看，普惠金融发展和 ifi^2 系数均为负，一次项系数通过显著性检验，二次项系数未通过显著性检验，普惠金融与贫困之间不存在明显的倒"U"形特征。这说明普惠金融不再是传统意义上的金融发展理念，它不仅涉及金融发展的深度，还包含了金融发展的广度和宽度，呈现全面性、可持续性和便捷性的特点：全面性方面主要体现在服务对象的全面性、服务产品的全面性和机构参与的全面性；可持续性主要表现在金融服务机构以可负担的成本向社会各阶层提供合理及可承担的多元化产品及服务，实现商业的可持续性，而非不考虑商业可持续性及不计成本的救助及帮扶；便捷性则是缩短金融服务获取的距离、时间及交易成本。普惠金融意在通过提高金融服务的渗透性、可获得性、使用效用性及可承担性为向全社会所有群体提供方便、便捷及有效的金融产品和服务，特别是那些被排斥在正规金融体系外的低收入人群、贫困人群、小微企业及老弱病残群体，普惠金融通过向贫困人群提供信贷、储蓄、汇款、保险、支付等直接的金融服务。通过增加金融服务的供给、刺激金融服务的需求增加，提高社会所有阶层尤其是贫困人群的金融参与度，不仅能提高贫困人群的生产和投资能力，还有助于其平滑消费和对抗风险等，实现增收脱贫。

5.1.3 主要结论

根据系统 GMM 方法对省际数据进行估计，对于普惠金融发展与贫困减缓的关系，可以得到如下结论：

第一，贫困指标的滞后项系数均为正且高度显著，普惠金融指数及经济发展水平的回归系数都显著为负，而收入不平等的回归系数则显著为正。这表明一个地区的贫困水平受前期贫困程度的影响，"马太效应"明显，普惠金融发展水平及经济发展水平的提高能够显著改善一个地区的贫困状况，降低贫困水平，而收入不平等则对贫困减缓不利。

第二，从控制变量来看，对外开放程度、通货膨胀率和财政支出水平不利于贫困减少，教育水平对贫困的影响不显著，城镇化水平和产业结构均与贫困之间呈现负向相关关系，但城镇化水平未通过显著性检验。

第三，普惠金融与贫困之间不存在明显的倒"U"形特征。普惠金融不仅涉及金融发展的深度，还包含了金融发展的广度和宽度，通过增加金融服务的渗透性、可获得性、使用效用性及可承担性为向全社会所有群体提供方便、便捷及有效的金融产品和服务，有助于贫困人群实现增收脱贫。

5.2 普惠金融间接减贫效应分析

贫困和收入不平等问题一直是学术界关注的热点，也是各国在经济发展中非常注重并亟待解决的重要议题。国家统计局数据显示，中国居民收入基尼系数 2008 年达到最高点 0.491，之后实现七连降，2015 年降至近 15 年来的最低值 0.462，中国居民内部收入分配不平等状况在逐步改善，收入差距在不断缩小。然而，2003—2015 年中国基尼系数一直处在全球平均水平 0.44 之上，仍高于国际公认的 0.4 警戒线，降低收入不平等程度仍是一项重要工作。

通过前面的作用机制分析可知，普惠金融对贫困的间接减贫作用机制是通过促进经济增长和降低收入不平等来实现的。本节将通过实证来检验是否存在这种作用以及这种作用效果的大小。此外，以往研究认为收入不平等对经济增长会产生副作用，因此在研究普惠金融对经济增长的作用时，引入收入不平等这个间接变量，分析以下三个问题：一是检验收入不平等与经济增长的关系；二是研究普惠金融对收入不平等的影响；三是估计普惠金融与收入不平等的交互作用对经济增长的影响，以检验普惠金融对经济增长的作用效果。

由第一节分析可知,经济增长有利于贫困减少。本节内容则主要讨论普惠金融是否能促进经济增长,若能促进经济增长,则能通过经济增长的"涓滴效应"实现贫困的减少,从而间接实现减贫。

5.2.1 模型设定、变量说明与数据来源

为了探究普惠金融与收入不平等、经济增长之间的关系,我们首先建立收入不平等影响经济增长的估计模型,考察我国收入不平等对经济增长的影响;其次,构建转移支付和普惠金融影响收入不平等的估计模型;最后,进一步构建转移支付与收入不平等的交互项、普惠金融与收入不平等的交互项与经济增长的估计模型。通过以上三个模型,检验普惠金融与收入不平等、经济增长之间关系。

(1) 模型设定

①收入不平等影响经济增长的估计模型:

$$rgdp_{it} = \alpha + \beta inequality_{i,t-1} + \sum_{j=1}^{n}\varphi_j X_{j,it} + \mu_{it} + \varepsilon_{it} \qquad (5.5)$$

其中,i 代表省份,t 代表时间,j 代表控制变量的个数;被解释变量 $rgdp$ 代表经济发展水平;解释变量为收入不平等程度 $inequality$;X 表示模型的控制变量集,涉及通货膨胀率(inf)、财政支出水平($gove$)、对外开放程度($open$)和教育水平(edu)、人口增长率(pgr)和所得税(tax);α、β、γ、φ 为待估参数;μ 为不可观测的地区效应;ε 为随机误差项。

②转移支付和普惠金融影响收入不平等的估计模型:

$$inequality_{it} = \alpha + \beta transfer_{i,t-1} + \sum_{j=1}^{n}\varphi_j X_{j,it} + \mu_{it} + \varepsilon_{it} \qquad (5.6)$$

$$inequality_{it} = \alpha + \beta ifi_{i,t-1} + \sum_{j=1}^{n}\varphi_j X_{j,it} + \mu_{it} + \varepsilon_{it} \qquad (5.7)$$

其中,i 代表省份,t 代表时间,j 代表控制变量的个数;被解释变量收入不平等程度 $inequality$;解释变量分别为转移支付 $transfer$

和普惠金融指数 ifi；控制变量均同上。

③普惠金融影响经济增长的估计模型：

$$rgdp_{it} = \alpha + \beta transfer_{i,t-1} \times inequality_{i,t-1} + \sum_{j=1}^{n}\varphi_j X_{j,it} + \mu_{it} + \varepsilon_{it}$$
(5.8)

$$rgdp_{it} = \alpha + \beta ifi_{i,t-1} \times inequality_{i,t-1} + \sum_{j=1}^{n}\varphi_j X_{j,it} + \mu_{it} + \varepsilon_{it}$$
(5.9)

其中，i 代表省份，t 代表时间，j 代表控制变量的个数；被解释变量 $rgdp$ 代表经济发展水平；解释变量分别为转移支付与收入不平等的交互项 $transfer \times inequality$ 和普惠金融指数与收入不平等程度的交互项 $ifi \times inequality$；控制变量均同上。

(2) 变量说明

①被解释变量与关键解释变量。经济发展水平（$rgdp$）、收入不平等程度（$inequality$）和普惠金融指数（ifi）的选取和计算方法均与第一节一致，可以参考第一节的说明。

转移支付（$transfer$）。采用"农村居民和城镇居民转移支付总和/GDP"来度量。

②控制变量。通货膨胀率（inf）：用 CPI 指数的变化率表示；财政支出水平（$gove$）：选取地方政府预算内支出占 GDP 的比重来表示；对外开放程度（$open$）：用进出口总额占 GDP 比重表示；教育水平（edu）：教育水平用人均受教育年限表示，具体计算公式为：人均受教育年限 =（小学文化程度人口数 ×6 + 初中 ×9 + 高中 ×12 + 大专及以上 ×16）/6 岁及以上人口总数；人口增长率（pgr）：用人口自然增长率表示；所得税（tax）：用企业所得税和个人所得税占总税收收入的比例衡量。

(3) 数据来源及描述性统计

本书将考察中国 30 个省（自治区、直辖市）2005—2014 年普惠金融发展对经济增长、收入不平等的影响，样本不包括西藏以及台湾、香港、澳门。本书所涉及的各指标数据来源于历年的《中国统计年鉴》《中国农村统计年鉴》《中国人口和就业统计年鉴》《中国金融年鉴》和各省统计年鉴及金融运行报告，以及国泰安中国农村金融经济研究数据库。

选用 Stata13.1 软件进行分析，得到各变量的描述性统计指标，具体如表 5-3 所示。通过标准差与均值之比计算各变量的变异系数，发现普惠金融发展水平、政府财政支出和所得税差异最为明显，表明这些因素对收入不平等和经济增长产生的影响较显著。

表 5-3　　　　　　各变量的描述性统计

变量名称	变量符号	观察值	平均值	标准差	最小值	最大值
收入不平等	inequality	300	0.1877	0.1443	0.0016	0.6619
普惠金融指数	ifi	300	0.1366	0.1602	0.0299	0.7829
经济发展水平	rgdp	300	0.1504	0.0657	0.0024	0.4445
通货膨胀率	inf	300	0.1223	0.8988	0.0047	9.0293
财政支出水平	gove	300	0.2064	0.0898	0.0792	0.6121
对外开放程度	open	300	0.0489	0.0592	0.0054	0.2591
教育水平	edu	300	8.6131	0.9721	6.3778	12.0284
所得税	tax	300	0.1799	0.0504	0.0925	0.3766
人口增长率	pgr	300	5.2826	2.5905	-0.3900	11.7800
转移支付	transfer	300	0.0868	0.0178	0.0222	0.1333

5.2.2　实证结果及分析

本部分研究目的主要有两个：一是探究普惠金融是否会对收入不平等程度的降低产生积极的影响；二是普惠金融通过影响收入不平等进而会对经济增长产生何种作用效果。为了更全面地评价普惠金融对收入不平等和经济增长的影响效果，并根据每个省份的经济发展水平差异进行对比研究，本书就不同经济体的经济发展水平作为分组依据，将中国 30 个省份划分为两大类型：低收入地区和高收入地区，即经济发展水平较低省份和经济发展水平较高省份。如果某省的人均 GDP 在给定的时间内高于该年总体样本的人均 GDP 的平均值，则将该省份赋值为 1，如果低于人均 GDP 的平均值，则赋值为 0。

为准确研究普惠金融、收入不平等对经济增长的共同作用机制及数量关系，我们在进行计量估计之前需要选择适宜的面板数据模型。混合普通最小二乘法模型、固定效应模型和随机效应模型是常用的三种面板数据模型，因此本节主要采用面板数据模型进行回归。为了保证结果的稳健性，本节同时采用系统 GMM 进行估计，具体结果如表 5-4 所示。

表 5-4　　　　收入不平等对经济增长的影响

被解释变量	经济发展水平（rgdp）					
估计方法	FE	FE	RE	系统 GMM		
样本	全部	低收入地区	高收入地区	全部	低收入地区	高收入地区
inequality (-1)	-0.3562*** (0.001)	-0.5578*** (0.000)	-0.3019** (0.042)	-0.5389*** (0.000)	-0.9412*** (0.000)	-0.4532 (0.948)
inf	0.0018* (0.059)	0.0015* (0.068)	0.0273 (0.300)	0.0026*** (0.000)	0.0021** (0.041)	0.0059 (0.131)
gove	0.7233*** (0.000)	0.7043*** (0.001)	0.6268*** (0.007)	0.7326*** (0.000)	0.6576*** (0.001)	0.6388* (0.061)
open	0.6056** (0.071)	0.1534 (0.841)	0.3432* (0.100)	0.8703** (0.011)	0.7857 (0.576)	1.1112 (0.607)
pgr	-0.0006 (0.927)	0.0095 (0.297)	-0.0132*** (0.002)	-0.0005 (0.946)	-0.0017 (0.842)	-0.0358*** (0.003)
tax	-0.0558* (0.068)	-0.3046* (0.084)	-0.4384* (0.062)	-0.3268* (0.091)	-0.2676*** (0.000)	-0.3959* (0.069)
edu	0.0178** (0.021)	0.0288** (0.023)	0.0326** (0.028)	0.0658*** (0.001)	0.0135*** (0.000)	0.0563 (0.951)

续表

被解释变量	经济发展水平（$rgdp$）					
估计方法	FE	FE	RE	系统 GMM		
样本	全部	低收入地区	高收入地区	全部	低收入地区	高收入地区
_cons	0.0837 (0.552)	-0.3906* (0.097)	0.4286*** (0.000)	-0.1062* (0.097)	-0.5459*** (0.000)	-0.4825 (0.763)
Hausman 检验	61.64 (0.000)	35.57 (0.000)	3.90 (0.7913)			
AR（1）				0.0001	0.0012	0.0036
AR（2）				0.3053	0.1380	0.4533
Sargan 值				0.9893	0.8762	0.2145
R^2	0.2689	0.3167	0.5569			
obs	270	180	90	270	180	90

注：***、** 和 * 分别表示在1%、5%和10%的水平下显著，括号中为该系数估计值的 p 统计值。

（1）收入不平等对经济增长的影响

表5-4列出了收入不平等对经济增长影响的回归结果。从总体样本的回归结果来看，收入不平等的固定效应回归系数为-0.3562，系统GMM回归系数为-0.5389，且均通过1%的显著性水平，说明收入不平等与经济增长存在负向相关关系，会对经济增长产生不利影响，阻碍经济的发展。这种消极的影响作用在低收入地区更加明显，两种回归模型的系数分别为-0.5578和-0.9412，均高于总体样本的回归结果，并且都在1%水平上显著，这意味着经济发展水平落后的地区，收入不平等将对经济发展产生更加不利的影响。

从控制变量的回归结果来看，政府财政支出、所得税和教育水平对经济增长具有显著的作用，其中财政支出水平和教育水平对经济增长具有显著的正向效应，积极地促进了经济的增长，而所得税与经济增长负相关，在一定程度上抑制了经济增长。从分样本回归结果来看，低收入地区财政支出水平对经济增长的积极作用更为显著，而高收入地区的教育正向作用更为显著，所得税的负向影响作用则低于高收入地区，这说明财政支出水平能更有效地刺激低水平地区的经济发展，所得税对低水平地区的经济抑制作用更小，教育发展水平在高收入地区表现出对经济增长更大的促进作用。通货膨胀与经济增长的关系呈现正向相关关系，在全样本中的回归系数为 0.0018，且通过 10% 的显著性水平，经济发展水平落后的地区同样呈现显著的正向效应，但经济发达地区通货膨胀虽然呈现对经济发展的正面影响，但统计结果不显著。人口增长对经济增长的影响效果具有较大的差异性，全样本和经济发达地区人口增长虽然与经济增长呈现负向相关关系，但全样本未通过显著性检验，说明人口增长不是经济发达地区经济增长的主要推动要素，未能对经济增长产生积极的正向影响；对经济发展水平落后的地区而言，人口增长与经济增长尚未形成显著的相关关系。对外开放程度从总体回归结果来看，能显著促进经济增长，但在分样本的回归结果中看不出显著的相关关系。

（2）普惠金融对收入不平等的影响

转移支付和普惠金融分别是常用的降低收入不平等、缓解贫困的财政工具和金融工具。转移支付包括政府向个人家庭提供的各类产品和服务，主要有社会保障福利和补偿、其他社会保障福利、社会援助和个人非市场商品和服务的转移支付。本部分分别对转移支付与收入不平等、普惠金融对收入不平等的关系进行实证研究，以检验二者的作用效果，从而对比分析哪种政策工具更有效。回归结果分别见表 5-5 和表 5-6。

表 5-5 报告了转移支付与收入不平等的回归结果。从总体回归结果来看，转移支付与收入不平等的回归系数为正，但未通过显著性检验，说明转移支付对收入不平等的影响并不显著。从分组回归结果来看，我们发现转移支付并不是低收入地区经济增长的一个主要因素，相反，在那些经济发展水平较高的地区转移支付与收入

不平等之间的估计系数分别在 5% 和 10% 的水平上显著为负，表明在经济发达地区，转移支付能有效降低收入不平等程度。

表 5-5　　　　　转移支付对收入不平等的影响

被解释变量	收入不平等（inequality）					
估计方法	FE	FE	RE	系统 GMM		
样本	全部	低收入地区	高收入地区	全部	低收入地区	高收入地区
transfer(-1)	0.2378 (0.399)	0.1765 (0.611)	-0.6294** (0.044)	0.3392 (0.511)	0.3691 (0.227)	-0.3962* (0.072)
inf	0.0028 (0.250)	-0.0015 (0.537)	0.1529 (0.356)	0.0013*** (0.000)	0.0025*** (0.000)	0.0142* (0.075)
gove	-0.5605*** (0.000)	-0.3634*** (0.000)	0.2179 (0.485)	-0.0994*** (0.001)	-0.1386*** (0.000)	-0.4738* (0.071)
open	-1.0573*** (0.000)	-0.0365 (0.941)	0.0099 (0.954)	-0.0967 (0.125)	-0.4269 (0.416)	2.0903 (0.188)
pgr	-0.0013 (0.769)	-0.0094 (0.126)	-0.0003 (0.940)	-0.0094*** (0.000)	-0.0042 (0.269)	-0.0195* (0.067)
tax	0.3571*** (0.001)	0.3959*** (0.002)	-0.1713 (0.253)	-0.0426* (0.064)	-0.0712** (0.025)	0.1581* (0.214)
edu	-0.0934*** (0.000)	-0.1407*** (0.000)	-0.0474*** (0.000)	-0.0026** (0.037)	0.0013 (0.851)	0.3910* (0.069)
_cons	1.0833*** (0.000)	1.4753*** (0.000)	0.3870*** (0.000)	-0.0528*** (0.001)	-0.0220 (0.626)	4.2278* (0.071)
Hausman 检验	38.59 (0.000)	13.10 (0.0698)	5.51 (0.5985)			
AR(1)				0.0152	0.0474	0.0186
AR(2)				0.7490	0.3219	0.7827
Sargan 值				0.9953	0.6493	0.7136
R^2	0.7205	0.8147	0.4060			
obs	270	180	90	270	180	90

注：***、** 和 * 分别表示在 1%、5% 和 10% 的水平下显著，括号中为该系数估计值的 p 统计值。

从控制变量的回归结果来看，总体回归中，财政支出水平和教育水平负向显著影响收入不平等，说明政府支出的增加和教育水平的提升能有效降低收入不平等的程度；通货膨胀与收入不平等呈现正向相关关系；对外开放程度的固定效应回归系数为 -1.0573，且通过 1% 的显著性水平，系统 GMM 回归系数虽然符号一致，但并未通过显著性检验；人口增长与收入不平等同样呈现负向相关关系，且在系统 GMM 回归结果中通过 1% 的显著性检验；所得税对收入不平等的影响方向不明确，以系统 GMM 回归的结果来看，所得税显著负向影响收入不平等，税收制度有利于收入不平等程度的降低。分组回归中，低收入地区政府财政支出与收入不平等呈现显著的负向关系，说明增加经济不发达地区的财政支出能有效降低该地区的收入不平等状况，但这种作用效果在经济发达地区并不显著。所得税对经济不发达地区的影响效果大于对经济发达地区的影响效果。

表 5-6 报告了普惠金融与收入不平等的回归结果。从总体回归结果来看，普惠金融指数与收入不平等的回归系数为负，且均通过了 5% 的显著性水平，说明普惠金融对收入不平等有显著的正向影响，普惠金融指数的提高能有效改善收入不平等状况。从分组回归结果来看，低收入地区的普惠金融指数显著负向影响收入不平等，并且表现出一定的稳定性，高收入地区普惠金融指数对收入不平等的影响并不显著，这说明对经济不发达地区，增加金融的可获得性，提高普惠金融的整体发展水平能有效降低收入不平等状况。对比转移支付和普惠金融对收入不平等的作用效果，可知，对低收入地区而言，普惠金融在降低收入不平等程度方面的作用效果强于转移支付，普惠金融是对收入不平等更为有效的财政工具。

表 5 - 6　　　　　普惠金融对收入不平等的影响

被解释变量	收入不平等 (inequality)					
估计方法	FE	FE	RE	系统 GMM		
样本	全部	低收入地区	高收入地区	全部	低收入地区	高收入地区
$ifi(-1)$	-0.2126** (0.036)	-0.3996** (0.017)	0.0326 (0.619)	-0.2374** (0.034)	-0.4992*** (0.006)	0.2307 (0.499)
inf	-0.0024 (0.311)	-0.0021 (0.387)	-0.0074 (0.962)	0.0014*** (0.000)	0.0016*** (0.000)	0.0024** (0.038)
$gove$	-0.5423*** (0.000)	-0.3860*** (0.000)	-0.1679 (0.649)	-0.0463*** (0.005)	-0.0671 (0.168)	0.1442 (0.857)
$open$	-0.8994*** (0.000)	-0.2674 (0.596)	-0.2732 (0.234)	-0.0606** (0.016)	-0.3568*** (0.004)	-0.6241* (0.055)
pgr	-0.0014 (0.740)	-0.0089 (0.120)	0.0008 (0.845)	-0.0023*** (0.003)	-0.0054* (0.052)	-0.0065** (0.011)
tax	0.3431*** (0.001)	0.4189*** (0.001)	0.1598 (0.245)	-0.0526*** (0.000)	0.0355 (0.185)	-0.5432* (0.054)
edu	-0.0962*** (0.000)	-0.1367*** (0.000)	-0.0524*** (0.000)	-0.0051*** (0.002)	-0.0076 (0.244)	-0.1521** (0.050)
$\_cons$	1.1491*** (0.000)	1.4323*** (0.000)	0.6344*** (0.000)	0.0249** (0.045)	0.0480 (0.507)	-2.2873** (0.018)
Hausman 检验	62.21 (0.000)	25.65 (0.001)	1.90 (0.6239)			
AR (1)				0.0177	0.0303	0.0014
AR (2)				0.9694	0.9156	0.5362
Sargan 值				0.9362	0.8351	0.4534
R^2	0.7249	0.8175	0.5694			
obs	270	180	90	270	180	90

注：***、** 和 * 分别表示在 1%、5% 和 10% 的水平下显著，括号中为该系数估计值的 p 统计值。

（3）普惠金融对经济增长的影响

由上文的回归结果分析可知，收入不平等对经济增长产生了一定的抑制作用。那到底转移支付和普惠金融能否改善这种抑制作用？为了检验这种作用效果，本部分在模型（5.5）基础上进行改进，将解释变量收入不平等（inequality）分别换成转移支付与收入不平等的交互项（transfer × inequality）和普惠金融指数与收入不平等交互项（ifi × inequality），并分别进行计量回归。结果见表 5 – 7 和表 5 – 8。

由表 5 – 7 可知，从总样本回归来看，转移支付与收入不平等的交互项与经济增长之间的关系仍然不显著。从分组回归结果来看，高收入地区转移支付与收入不平等的交互项与经济增长呈现显著的负向相关关系，低收入地区转移支付与收入不平等的交互项与经济的增长虽呈现出正向关系，但在统计上不显著，这说明转移支付在高收入地区并未对收入不平等与经济增长之间的关系产生有效的影响作用。根据以上的回归结果分析可以发现，转移支付虽然能在部分地区（如高收入地区）显著地降低收入不平等，但它并不能改变收入不平等与经济增长之间的相互作用关系。既然转移支付不能改变收入不平等对经济增长的消极效应，那么，普惠金融是否可以做到？

表 5 – 7 转移支付、收入不平等对经济增长的影响

被解释变量	经济发展水平（rgdp）					
估计方法	FE	FE	RE	系统 GMM		
样本	全部	低收入地区	高收入地区	全部	低收入地区	高收入地区
transfer × inequality（-1）	-0.4138 (0.160)	0.3283 (0.245)	-0.4307** (0.041)	-0.3832 (0.175)	0.3211 (0.425)	-0.5617* (0.058)
控制变量	YES	YES	YES	YES	YES	YES
_cons	0.3425*** (0.000)	0.2722** (0.019)	0.4726*** (0.000)	0.1596* (0.080)	-0.3729 (0.133)	-0.4164* (0.066)

续表

被解释变量	经济发展水平（$rgdp$）					
估计方法	FE	FE	RE	系统 GMM		
样本	全部	低收入地区	高收入地区	全部	低收入地区	高收入地区
Hausman 检验	60.32 (0.000)	28.58 (0.000)	10.06 (0.1854)			
AR (1)				0.0001	0.0020	0.0041
AR (2)				0.2981	0.5167	0.7627
Sargan 值				0.9920	0.7134	0.3356
R^2	0.3131	0.2920	0.4318			
obs	270	180	90	270	180	90

注：***、** 和 * 分别表示在1%、5%和10%的水平下显著，括号中为该系数估计值的 p 统计值。

由表5-8可知，从总样本回归来看，普惠金融指数与收入不平等的交互项的回归系数为正值，且均通过了显著性检验，说明普惠金融有效地改善了收入不平等对经济增长的消极作用，普惠金融通过降低收入不平等程度进而对经济增长产生积极的促进作用。从分组结果来看，低收入地区和高收入地区的普惠金融指数与收入不平等的交互项系数均为正值，但低收入地区均通过了显著性检验，而高收入地区在统计上不显著，这说明低收入地区普惠金融对收入不平等与经济增长之间关系的影响作用强于高收入地区。对比表5-7和表5-8的回归结果，我们可以发现，对全样本而言，普惠金融有效地将收入不平等与经济增长的负向抑制关系转变成了正向促进关系，这种作用效果在低收入地区更加显著。由此可知，普惠金融可以通过降低收入不平等程度来改变收入不平等与经济增长的关系，使其从原来的负向消极关系变成正向促进关系，这种变化还得益于普惠金融对经济增长有着积极的正向促进作用。

表 5-8　普惠金融、收入不平等对经济增长的影响

被解释变量	经济发展水平（rgdp）					
估计方法	FE	FE	FE	系统 GMM		
样本	全部	低收入地区	高收入地区	全部	低收入地区	高收入地区
$ifi \times inequality$（-1）	0.4188*** (0.002)	0.6290*** (0.009)	0.3422** (0.603)	0.5796** (0.021)	0.7439** (0.013)	0.2403 (0.267)
控制变量	YES	YES	YES	YES	YES	YES
_cons	0.2618** (0.019)	0.2198** (0.020)	0.0960 (0.577)	-0.3015*** (0.000)	-0.4030** (0.023)	-0.5668 (0.282)
Hausman 检验	65.38 (0.000)	34.14 (0.000)	164.19 (0.0000)			
AR（1）				0.0002	0.0007	0.0047
AR（2）				0.1203	0.5716	0.8747
Sargan 值				0.3461	0.2344	0.1143
R^2	0.3145	0.3349	0.5450			
obs	270	180	90	270	180	90

注：***、**和*分别表示在1%、5%和10%的水平下显著，括号中为该系数估计值的 p 统计值。

5.2.3　主要结论

通过以上的实证分析，我们主要得出以下几点结论：

第一，收入不平等对经济增长具有消极影响，不利于经济的发展。收入不平等与经济增长的负向关系在低收入地区更加显著，这意味着经济越不发达的地区，收入不平等抑制经济增长的作用更强。

第二，对低收入地区而言，转移支付并不是导致收入不平等降低的因素，而普惠金融却能有效地促进收入不平等的降低。这意味着，与高收入地区相比，普惠金融在低收入地区能表现出更佳的降

低收入不平等的作用效果。

第三，尽管转移支付能在一定程度上降低收入不平等，但其并不能改变收入不平等与经济增长的负向关系。相反，普惠金融却能有效改善收入不平等与经济增长负向关系。普惠金融可以通过降低收入不平等程度来改变收入不平等与经济增长的关系，使其从原来的负向消极关系变成正向促进关系，这种作用效果在低收入地区更加显著。总之，普惠金融不仅在降低收入不平等程度方面比转移支付更加有效，而且能将收入不平等与经济增长的负向抑制关系转变成正向促进关系。因此，增强低收入地区的金融可获得性，提高低收入地区的普惠金融发展水平，就能有效地降低低收入地区的收入不平等程度，进而促进当地的经济发展。

本章小结

通过前文的作用机制可以知道普惠金融可以通过直接渠道和间接渠道影响贫困，本章则分别从直接和间接渠道对普惠金融的减贫效应展开了实证研究。从而得到以下结论：

（1）直接减贫效应检验。普惠金融发展水平及经济发展水平的提高能够显著改善一个地区的贫困状况，降低贫困水平，而收入不平等则对贫困减缓不利。普惠金融与贫困之间不存在明显的倒"U"形特征。普惠金融不仅涉及金融发展的深度，还包含了金融发展的广度和宽度，通过增加金融服务的渗透性、可获得性、使用效用性及可承担性向全社会所有群体提供方便、便捷及有效的金融产品和服务，有助于贫困人群实现增收脱贫。

（2）间接减贫效应检验。普惠金融不仅在降低收入不平等程度方面比转移支付更有效，而且能将收入不平等与经济增长的负向抑制关系转变成了正向促进关系，且在低收入地区效果更显著。

第 6 章

中国普惠金融减贫效应的微观实证

第5章从宏观层面实证分析了普惠金融与经济增长、收入不平等及贫困之间的关系。结果表明，普惠金融能够显著促进地区经济增长，降低收入不平等程度，改善一个地区的贫困状况，降低贫困水平。本章将从微观层面理解普惠金融的作用机制，即通过向社会各阶层提供存款、保险、股票、基金、债券、银行理财产品、外汇、金融衍生品、黄金等家庭投资类金融产品，以及农工商贷款、住房贷款、汽车贷款、教育贷款、信用卡等家庭融资类金融服务，降低家庭金融排斥程度，提高家庭普惠金融水平。普惠金融有助于家庭增加储蓄，平滑消费，促进投资和生产，改善就业，激发创业（Sarma 和 Pais，2011；Park 和 Rogelio，2015），还有助于增加收入，减少贫困和收入不平等，加速经济增长（Burgess 和 Pande，2005；Kim，2016）。那么，这种作用机制能否得到微观证据的支持？本章使用 2010 年和 2014 年中国家庭追踪调查数据（China Family Panel Studies，CFPS），识别普惠金融的微观减贫效应和收入效应等福利效应，并进一步对普惠金融福利效应的异质性及相关影响机制进行探讨，以期全面了解家庭普惠金融的异质性福利效应以及相关影响机制。此外，本章还将基于 2013 年中国家庭金融调查数据（China Household Finance Survey，CHFS）对家庭普惠金融的影响因素展开探讨，分析家庭普惠金融的发展状况，厘清微观层面影响家庭普惠金融水平提升的关键影响因子，为提升家庭普惠金融水平提供有益的参考依据。

6.1 微观视角下普惠金融的减贫效应研究

6.1.1 模型构建与变量说明

（1）模型构建

本章重点考察普惠金融的减贫效应及收入效应，因此，我们将分别探讨普惠金融对贫困状态和各类收入水平的影响，基本模型分别设定为：

普惠金融影响贫困状态的估计模型：

$$Prob(Y_{it} = 1 \mid X_{it}) = Prob(\alpha Financial\_inclusion_{it} + \beta p\_loan_{it} + \varphi X_{it} + \mu_{it} + \varepsilon_{it} > 0 \mid X) \qquad (6.1)$$

其中，$\mu \sim N(0,\sigma^2)$；i、t 分别表示观测个体与时期；被解释变量 Y_{it} 为哑变量（是为1，否为0），代表"是否贫困"，表示第 i 个个体在第 t 时期的贫困状态；核心解释变量分别为普惠金融水平 $Financial\_inclusion_{it}$ 与民间借贷 p_loan_{it}，普惠金融水平 $Financial\_inclusion_{it}$ 为大于两类的有序离散变量，反映家庭使用存款、股票、基金、债券、银行理财产品、外汇、金融衍生品、黄金等家庭投资类金融产品和银行贷款等家庭融资类正规金融产品和服务的程度，使用的种类越多，普惠金融水平越高；民间借贷 p_loan_{it} 为二元虚拟变量（有为1，无为0），衡量第 i 个个体在第 t 时期是否向亲友借钱或发生民间借贷行为，代表是否发生非正规信贷行为；X_{it} 为控制变量，包括个体特征变量、家庭特征变量和社区特征变量等，个体特征主要有年龄（age_{it}）、年龄的平方（age_{it}^2）、健康状况（$health_{it}$）、婚姻状况（$marriage_{it}$）、性别（$gender_{it}$）和受教育水平

（edu_{it}），家庭特征主要有家庭规模（$familysize_{it}$）、社会资本（$social_{it}$）和是否从事农业生产（$farming_{it}$），社区或村庄特征主要有是否是少数民族集聚区（$minority_{it}$）、离县城的距离（$distance_{it}$）、外出打工的劳动力占比（$mig\_workers_{it}$）和农业总产值占比（$struc_{it}$）；μ_{it}为不随时间t而变的个体特征，ε_{it}为随机误差项。

普惠金融影响贫困水平的估计模型：

$$y_{it} = \alpha Financial\_inclusion_{it} + \beta p\_loan_{it} + \varphi X_{it} + \mu_{it} \quad (6.2)$$

其中，i、t分别表示观测个体与时期；y_{it}是我们所关心的结果变量，主要包括家庭人均纯收入 $fincome\_per$、工资性收入 $fwage$、经营性收入 $foperate$、财产性收入 $fproperty$ 和转移性收入 $ftransfer$；其他变量均与式（6.1）中相同。

（2）变量说明

①被解释变量。贫困（pov）。识别个人贫困或者家庭贫困的判断标准主要是看当前个体年收入或者家庭人均年收入是否低于国家既定的贫困线，如收入水平处于国家贫困线之下，则该个体或家庭处于贫困状态，赋值为"1"，如收入水平高于国家贫困线，则该个体或家庭没有发生贫困，取值为"0"。本书所采用的贫困线是中国2011年实行的2300元/人·年的贫困标准，并以2010年为基期，用居民消费价格指数对相应年份的贫困标准进行平减处理。

家庭收入水平。学术界常用家庭人均纯收入来衡量一个家庭的绝对贫困水平，因此，本书也将考察家庭普惠金融对家庭人均纯收入即家庭绝对贫困的影响。此外，本书还将考察家庭普惠金融对不同收入类别的异质性影响作用，即考察普惠金融对工资性收入 $fwage$、经营性收入 $foperate$、财产性收入 $fproperty$ 和转移性收入 $ftransfer$ 的影响。为消除异方差性，在实证回归过程中对家庭收入水平相关指标值均做对数处理，由于存在0值的情况，在取对数之前先将指标值加1再取对数，表达式为家庭收入水平 = $\ln(1 + $家庭收入水平$)$。

②关键解释变量。家庭普惠金融（$Financial\_inclusion$）。根据

Kempson 和 Whyley（1999）以及 Panigyrakis 等（2002）的定义，当家庭不能以恰当合理的方式获得正规金融产品和服务，并受到各种约束时，即遭受到了金融排斥。普惠金融即金融包容则是破除金融排斥，让居民能够自由、充分并以恰当合理的方式获取金融产品和服务（李涛，2010）。根据李涛等（2010）、尹志超等（2015）、粟勤和肖晶（2015）、张号栋和尹志超（2016）的研究，正规金融产品和服务主要包括银行存款、银行贷款、信用卡、股票、基金、债券、金融衍生品、银行理财产品、外汇、保险、黄金等。从资产方面来看，家庭正规金融行为主要包括家庭参与储蓄、股票、基金、债券、金融衍生品、银行理财产品、外汇、保险、黄金等市场，从负债方面来看，家庭正规金融行为主要是家庭参与银行借贷、信用卡等正规信贷市场。本书的金融服务包括以上学者所定义的所有内容，以便全面反映家庭正规金融服务使用情况，客观体现家庭普惠金融水平。本书主要借鉴李涛等（2010）、张号栋和尹志超（2016）对家庭金融排斥的度量方法来测度家庭普惠金融发展水平，家庭普惠金融水平指标设定如下：如果一个家庭未使用上述任何一种正规金融服务则赋值为0，并认为该家庭被排斥在正规金融体系之外；如果一个家庭使用了正规金融产品和服务中的任何一种或几种，就认为该家庭被正规金融体系包容，普惠金融的程度根据该家庭使用正规金融产品和服务的种类赋值累加，只要使用其中任意一种均赋值为1，然后对所有种类进行累加。比如，2010年中国家庭追踪调查数据（CFPS）问卷中涉及存款的问题为"去年，您家是否存过钱"，涉及金融产品的问题为"去年，您家是否持有以下金融产品"，如若某家庭有存款，则赋值为1，且同时持有股票、基金、债券三种金融产品，则分别赋值为1，加总后该家庭的普惠金融水平为4。

民间借贷（p_loan）。由于正规金融信贷约束的存在，居民往往倾向于向亲朋好友或者民间金融组织借贷，民间借贷行为也会对贫困产生一定的影响，但影响效果还没得到明确的判断（许庆等，2015；唐礼智，2009；张宁和张兵，2015）。本书借鉴许庆等（2015）的处理方法，将非正规借贷行为设为二元虚拟变量，发生非正规借贷行为即标记为 1，没有发生任何非正规借贷行为则标记为 0。此处的民间借贷指标是一个广义范围，包括向亲朋好友和民间金融组织借贷两方面，只要发生其中任何一种或者两种均界定为发生，赋值为 1，无任何行为发生则赋值为 0。

③控制变量。参考已有文献，我们将个体特征变量、家庭特征变量、社区特征变量共 13 个变量纳入模型进行控制，具体情况如下：

第一，个体特征变量。年龄及年龄的平方（age，age^2）。年龄与贫困是相关的，已有大量文献均证实，年轻人由于能提供劳动力，参与劳动力市场，从而实现创收，不易发生贫困，而年龄越大，则参与劳动的能力越弱，创收能力也越差，较易发生贫困。此外，在农村地区，年轻人的非农就业能力相对较强，非农就业的意愿也会更强，然而，年龄越大，非农就业的能力则逐渐减弱，社会向其提供的非农就业岗位也非常有限，年龄大者更易从事农业生产（陈飞和翟伟娟，2015）。因此，本书选取年龄及年龄的平方两项指标来检验年龄对贫困的影响。

健康状况（$health$）。健康状况从两个层面影响个体贫困发生率：一是影响劳动参与率及劳动参与时长，当身体处于不健康状态时，参与劳作的能力降低，参与劳作的时间缩减，从而影响收入水平和贫困水平；二是受健康冲击的影响，家庭医疗费用增加，且由于工作及生活环境的改变和年龄的逐渐增长，健康状况可能会变差，医疗费用会逐渐增加，甚至会提高因病致贫、因病返贫的发生率（陈飞和翟伟娟，2015）。据国家扶贫办统计，2015 年，我国因病致贫人口占全国贫困农民总人口的 42%，现有研究也指出，健康状况恶化以及大病等健康风险冲击会造成农户人均纯收入平均下降5—6个百分点（高梦滔和姚洋，2005）。对健康状况的衡量主要依据受访者的自评，受访者的自评健康状况来源于CFPS问卷中的问题"您认为自己的健康状况如何？"（问题编号：P201），要求受访者在"非常健康""很健康""比较健康""一般""不健康"五个选项中进行选择。目前采用受访者的自评健康状况来研究健康问题是一种主流做法（孙文凯和王乙杰，2016），以往的多数研究不仅采用该指标进行衡量，还认为该指标不仅能从整体上反映出健康状况（Hertzman等，2001），而且还能预测未来疾病发生率甚至死亡率（Wannamethee和Shaper，1991）。本书参考李江一（2015）和张晔等（2016）的做法，将受访者的自评健康状况设置为哑变量，其中"非常健康""很健康"和"比较健康"归并为"自评健康良好"，赋值为1，"一般"和"不健康"纳入"自评健康较差"，赋值为0。

婚姻状况（*marriage*）。对婚姻状况的衡量来源于CFPS数据中对婚姻状况的汇总，总共有五种婚姻状态，分别为"未婚""在婚（有配偶）""同居""离婚"和"丧偶"。参考已有文献，将婚姻状态设置为哑变量，当婚姻状态处于"在婚（有配偶）"时赋值为1，其余均赋值为0。

性别（*gender*）。性别也是影响贫困的因素之一。与男性相比，由于家庭社会地位、教育水平、医疗保障、歧视及其就业等社会和行为因素（陈银娥等，2015），女性更易发生贫困。该变量为哑变量，男性＝1，女性＝0。

受教育水平（*edu*）。教育是增加收入和改善贫困的重要渠道（Behrman，1990；Lucas，1998），个人受教育水平或者家庭成员平均受教育水平越高，个人及家庭越容易脱离贫困（Gustafsson等，2004；高艳云和王曦璟，2015）。受教育水平用CFPS个人问卷受访者已完成的最高学历来衡量，受访者已完成的最高学历分别为"文盲/半文盲""小学""初中""高中/中专/技校/职高""大专"

"大学本科""硕士"和"博士",CFPS对受教育水平的度量采取的是有序离散变量,取值范围为[1,7]。

第二,家庭特征变量。家庭规模($familysize$)。家庭规模的大小、家庭抚养比和家庭社会资本均隶属于家庭禀赋系列(乐章和刘二鹏,2016),对家庭成员的生存发展及行为决策有重要影响(孔祥智等,2004),也会影响个人和家庭收入及贫困程度(杨菊华等,2010;许庆等,2016)。本书家庭规模用家庭中所有居住在一起的人口数来衡量。

社会资本($social$)。在中国这样的"关系型"社会中,社会资本能够为家庭提供物质资本、信息资源、情感支撑及技术经验等(张博等,2015),从而增强家庭尤其是贫困人口的资源配置能力和对抗风险的能力(Narayan和Pritchett,2000),对缓解贫困(张爽等,2007)、提高家庭收入并促进消费(张振等,2016)、改善金融约束(姚铮等,2013)、促进劳动力迁移和就业也有一定的促进作用(章元和陆铭,2009)。本书主要借鉴杨汝岱等(2011)衡量社会资本的方法,采用家庭在人情关系维系方面的"家庭礼金往来数额"来衡量家庭社会资本,包括礼金支出和礼金收入两部分。2014年的数据只有"人情礼支出"这一项,因此,2014年的数据仅选取人情礼支出部分。

是否从事农业生产($farming$)。当前制度下中国劳动力转移呈现"男多女少,壮年优先"的趋势(盖庆恩等,2014),这在一定程度上导致留守儿童、老年人和妇女的农业劳动供给时间的增加。随着农村经济生产方式的改变以及农村生产经营组织创新,农村生产要素潜能被激发(李宾和马九杰,2014),促进了农户农业生产经营及农民工返乡创业。由此可见,是否从事农业生产也是影响家庭经济收入与家庭贫困的影响因素之一。是否从事农业生产指标为哑变量,从事农业生产赋值为1,从事非农生产赋值为0。

第三,社区特征变量。少数民族集聚区($minority$)。长期以来，少数民族集聚区一直是中国贫困发生率、返贫率较高的区域（庄天慧等，2011），2014年民族八省区农村贫困发生率高出全国7.5个百分点（李秀芬和姜安印，2017）。因此，本书也将选取社区层面是否是少数民族集聚区来考察社区外部环境因素对家庭贫困发生率的影响。少数民族集聚区为哑变量，是为1，否为0。

离县城的距离（distance）。除经济社会因素影响之外，自然地理环境制约也是导致贫困尤其是农村地区贫困的主要因素之一（曲玮等，2012）。离县城距离越远，距离经济中心越远，由于信息、交通、生产和交易方面的障碍，经济越不发达，越容易造成贫困。本书用CFPS数据中的"距本县县城距离（里）"来衡量。

外出打工的劳动力占比（mig_workers）。劳动力外出务工及由迁移带来的汇款收入可以缓解家庭资金约束（Taylor等，2003）、推动家庭生产经营活动（Lucas和Stark，1985）、促进家庭收入增加（Zhao，1999；王子成，2012），并进一步对输出地经济发展产生影响（Stark和Bloom，1985；Taylor和Martin，2001）。本书采用社区层面外出打工的劳动力占比指标来研究社区特征对个体及家庭贫困的影响。

农业总产值占比（struc）。农业总产值占比反映了当地社区或者村庄的产业结构和当地居民的就业结构，农业总产值占比较高的地区主要从事农业生产，农业总产值占比较低的地区则以非农就业和劳动力迁移为主。本书农业总产值占比用农业总产值/（农业总产值+非农业总产值）来表示。

6.1.2 数据来源及描述性统计

(1) 数据来源说明

本书主要选取2010年、2014年"中国家庭追踪调查数据"（CFPS）来进行有关实证研究，通过对比2010年、2011年、2012年和2014年四年的CFPS数据，2011年和2012年因缺少社区层面的统计数据而被放弃使用，2010年和2014年的数据指标匹配度较为完美，因此本书使用2010年及2014年两期数据合成的面板数据进行研究，合成方法主要根据个体编号、家庭编号及社区编号进行数据的横向及纵向合并。

"中国家庭追踪调查数据"（CFPS）属于全国性的社会跟踪调查数据，由北京大学中国社会科学调查中心（ISSS）实施，涵盖社会、经济、人口、教育和健康等内容，由个人、家庭和社区三个层次的数据组成，样本覆盖除香港、澳门、台湾、新疆、青海、内蒙古、宁夏和海南之外的25个省/市/自治区，目前有2010年、2011年、2012年和2014年四期数据[①]。CFPS的问卷分为个体问卷、家庭问卷和社区问卷三个层级，其中根据年龄特征又将个人问卷区分为成人问卷和少儿问卷。在CFPS2010年调查项目中，共包含635个社区、14798户家庭、57155个个体样本数据，其中城镇社区和农村社区分别为220个和415个，城镇家庭和农村家庭分别为7104户和7694户。CFPS2014年数据为2010年的追访数据和部分新增样本数据，共包含616个社区、13946户家庭、37147个成年人及8617个儿童样本数据，其中城镇社区和农村社区均为308个，城镇家庭和农村家庭分别为6616户和7214户。本书使用CFPS2010年和2014年的面板数据，以城乡居民为研究对象，着重考察了农村普惠金融对贫困发生率、收入增长的福利效应。在剔除有相关变量缺失值样本后，得到本书最终研究的2010年的有效样本数为32905个，2014年的有效样本数为23838个，全样本数为56743个。

（2）基本描述统计分析

选用Stata13.1软件进行分析，得到各变量在2010年和2014

---

① CFPS采用了内隐分层的、多阶段、多层次、与人口规模成比例的概率抽样方式，相关细节详见CFPS用户手册说明。

年的描述性统计,具体如表6-1所示。可以看出,全样本的贫困发生率为37.9%,2010年为42.8%,2014年为31.0%,比2010年下降11.8个百分点,年均降幅达6.8%。这说明我国的扶贫成效较为显著,有效地帮助贫困人口脱离了贫困,但贫困规模仍然较大,仍有近1/3的居民处于贫困状态,扶贫难度增加,如何实现精准扶贫将是接下来较长时期内的重要挑战。家庭人均收入方面实现了稳定的增长。从家庭普惠金融水平来看,全样本普惠金融水平为0.710,2010年为0.548,2014年为0.934,由此可知,我国家庭普惠金融水平不断得到提升,但整体水平偏低。民间借贷方面,2010年的民间借贷率为25.4%,2014年的民间借贷率为15.8%,下降了9.6个百分点。这说明家庭普惠金融水平的提升能有效降低民间借贷的发生率,能改善居民正规信贷获得及信贷渠道偏好。

个体特征方面,在年龄上,全部受访者的平均年龄在45岁左右,这在一定程度上说明青壮年劳动力是家庭的主要经济支撑,特别是农村地区,农村青壮年劳动力普遍离开农业外出务工,农村劳动力出现老化现象。从健康状况来看,2010年居民平均健康水平为0.830,2014年平均健康水平为0.692,居民整体健康水平呈现恶化趋势,除受收入水平的影响之外,可能还与社会经济、生活环境、人文习惯及社会保障等方面有关。在性别上,各样本间无太大差别,男性所占比例为48%—50%,男女比例较为均衡。从受教育水平来看,各样本均值均小于3,说明受访者主要以初中及以下文化程度为主,这在一定程度上反映出我国目前主要劳动力的文化程度普遍较低,需进一步加大教育投资力度,提高居民特别是贫困地区和贫困居民的教育人力资本,通过教育提升人力资本水平,提高居民的生存能力,增强创收能力,并促使贫困人群脱贫。家庭特征方面,家庭规模有小幅上涨,从事农业生产的家庭占比为58.9%,2010年为56.6%,2014年为61.5%,说明近年来农村经济生产方式的改变、农村生产经营组织创新以及农民工返乡创业等对农业经济产生了一定的影响。社区特征方面,少数民族集聚区所占比例较少,仅为9.8%;离县城的平均距离全样本为24.62里,2010年的平均距离为19.11里,2014年为37.03里,说明2014年CFPS数据在调查样本选取中新增了更加边远地区的样本,这样能更加全面地反映边远地区和贫困地区的社会经济现状;虽然从事农业劳动家庭比例有所上升,但从社区层面来看,外出打工所占比例从2010年的22.92%上升至2014年的27.50%;农业总产值占比从2010年的0.220上升至0.665,近年来农村经济发展方式的创新及农村产业发展对农村经济产生了较大的影响。

表6-1 相关变量的描述性统计

指标类型	指标名称	全部样本	2010年	2014年
福利指标	贫困发生率	0.379 (0.485)	0.428 (0.495)	0.310 (0.461)
	ln家庭人均纯收入(元)	8.812 (1.128)	8.631 (1.073)	9.058 (1.155)
解释变量	家庭普惠金融	0.710 (0.652)	0.548 (0.669)	0.934 (0.556)
	民间借贷	0.214 (0.410)	0.254 (0.435)	0.158 (0.365)
个体特征	年龄	45.58 (16.56)	45.54 (16.39)	45.65 (16.80)
	年龄的平方	2352 (1578)	2343 (1563)	2366 (1589)
	健康状况	0.772 (0.419)	0.830 (0.375)	0.692 (0.461)
	婚姻状况	0.788 (0.408)	0.795 (0.403)	0.778 (0.415)

续表

指标类型	指标名称	全部样本	2010年	2014年
个体特征	性别	0.491 (0.499)	0.484 (0.499)	0.498 (0.500)
	教育水平	2.366 (0.990)	2.001 (0.039)	2.629 (1.233)
家庭特征	家庭规模（个）	4.300 (1.856)	4.233 (1.811)	4.392 (1.915)
	ln 社会资本（元）	4.790 (2.955)	6.714 (2.509)	2.148 (0.142)
	是否从事农业生产	0.586 (0.492)	0.566 (0.495)	0.615 (0.486)
社区特征	少数民族集聚区	0.098 (0.298)	0.098 (0.298)	0.098 (0.298)
	离县城的距离（里）	24.62 (32.69)	19.11 (22.57)	37.03 (40.71)
	外出打工占比（%）	24.85 (24.64)	22.92 (23.98)	27.50 (25.29)
	农业总产值占比（%）	0.411 (0.355)	0.220 (0.258)	0.655 (0.309)

注：括号内数据为标准差。

6.1.3 实证结果与分析

（1）家庭普惠金融对贫困发生率的影响

表 6-2 为家庭普惠金融影响贫困发生概率的 probit 回归结果。probit 模型是非线性回归模型，回归系数仅代表作用方向，遵循通常做法，我们依据更有经济学意义的平均边际效应来解释回归结果。从普惠金融对贫困发生率的影响结果来看，伪拟合优度 R^2 和 Wald 卡方值分别为 0.082 和 3323.67，且通过 1% 的显著性水平，

这说明该模型整体拟合效果较好。家庭普惠金融变量在 1% 显著性水平上为正,说明了家庭普惠金融显著降低了居民的贫困发生概率。平均而言,家庭普惠金融水平每提升 1 个单位,居民贫困发生的概率降低 4.7 个百分点,由此可知,家庭普惠金融具有显著的减贫效应。民间借贷的估计系数为负,但未通过显著性检验,说明尽管民间借贷对居民贫困发生率的影响为负,但减贫效应并不显著,这一结果与许庆等(2016)的研究结论保持一致。

控制变量方面,从个体特征来看,居民年龄与贫困发生率呈现"U"形特征,年轻或者年老表现出更高的贫困发生率。因此需注意青年人的教育人力资本培训及职业技能培训,提供更多就业和创业机会,提高老年人的社会保障力度,以防这类群体陷入贫困;健康状况与贫困发生率呈负向相关关系,健康状况每提升 1 个单位,居民贫困发生的概率降低 2.1 个百分点,健康状况也具有显著的减贫效应,CFPS2010 年问卷中涉及致贫原因的问题为"您家主要致贫原因是什么",3.67% 的受访者回答"因疾病或者损伤",慢性病或者残疾均将增大个体陷入贫困的概率(何泱泱和周钦,2016)。CFPS2014 年问卷中涉及家庭困难的问题为"您家面临的主要困难是什么?",受访者从"经济困难""住房困难""子女教育难""赡养照顾老人""家庭病人的医疗与照顾""家庭关系紧张""家庭成员失业/待业"与"其他"等选项中选择,4.54% 的受访者选择了"家庭病人的医疗与照顾",这是家庭所面临的四大困难之一;稳定的婚姻也会使得贫困发生率下降($\varphi = -0.051$,$p < 0.001$),良好的婚姻状态(在婚—有配偶)能使贫困发生概率下降 5.1%;性别方面,男性能使贫困发生概率下降 5.2%,与男性相比,女性更易陷入贫困,由于家庭社会地位、教育水平、医疗保障、歧视及其就业等社会和行为因素,女性更易发生贫困,这一点验证了前文的分析,研究结论也与许庆等(2016)保持一致;在 1% 显著性水平下,教育水平对贫困发生率的影响大小为 -0.095,

这说明教育水平每提高 1 个单位，居民贫困发生率将下降 9.5%，这与预期相符，研究结论也与 Gustafsson 等（2004）以及高艳云和王曦璟（2015）保持一致。从家庭特征来看，家庭规模会使得贫困发生率上升（$\varphi = -0.003$，$p < 0.05$），这说明家庭人口数每增加 1 人，能使贫困发生概率上升 0.3%，影响作用较为微弱；社会资本的估计系数在 1% 的水平下显著性为负，即社会资本每提升 1 个单位，居民陷入贫困的概率将下降 1%，这进一步验证了前文所分析的社会资本能够为家庭提供物质资本、信息资源、情感支撑及技术经验等，从而增强家庭尤其是贫困人口的资源配置能力和对抗风险的能力，对缓解贫困有一定的促进作用；家庭是否从事农业生产对贫困发生率的影响并不显著，估计系数为 -0.008，可见从事农业生产并未对居民的贫困发生率产生显著影响，主要是农业生产投入产出比较低，限于地理环境、土地规模以及天气、气候灾害等自然条件等因素，从事农业生产收入具有不确定性，风险系数较大，因此，较难体现显著的减贫效应。从社区层面来看，少数民族集聚区显著提高了家庭贫困发生率（$\varphi = -0.027$，$p < 0.01$），该结论也验证了前文的分析，研究结论与已有研究结果如樊士德和江克忠（2016）保持一致；离县城的距离并未对居民的贫困发生率产生显著影响，估计系数为 0.000，可见最近几年国家大力投资农村基础设施建设特别是"村村通工程"所涉及的道路、电力、信息、生活基础设施建设缩短了经济体的空间距离，空间经济溢出效应能对贫困发生概率产生一定的抑制作用；外出打工占比每提升 1 个单位，家庭陷入贫困的概率将降低 0.07%，虽然影响效果不是很显著，可能是由于此数据是基于村庄层面，如果数据来源于家庭层面，可能结果会更加显著。也可以从另一个角度解释，借鉴 Wouterse（2010）的研究结果，他认为外出务工会导致输出地的家庭劳动力和资本外流，从而不利于农户农业生产或者从事自我雇用、村集体经济等非农经营活动，从而不利于输出地的经济发展，

落后的当地经济发展水平会在一定程度上抑制家庭脱贫；农业总产值占比在一定程度上反映了一个地区的产业结构，农业总产值占比的估计系数为 -0.003，但并未通过显著性检验，即农业总产值占比及产业结构并未对家庭贫困发生率产生显著影响。

表6-2　普惠金融对贫困发生率的影响（N =32681）

解释变量	回归系数	平均边际效应
$Financial\_inclusion$	-0.135 *** (-9.57)	-0.047 *** (-9.57)
p_loan	-0.018 (-1.02)	-0.006 (-1.02)
age	-0.050 *** (-17.70)	-0.017 *** (-17.70)
age^2	0.0004 *** (15.15)	0.0002 *** (15.15)
$health$	-0.061 *** (-3.34)	-0.021 *** (-3.34)
$marriage$	-0.147 *** (-6.44)	-0.051 *** (-6.44)
$gender$	-0.151 *** (-10.20)	-0.052 *** (-10.20)
edu	-0.272 *** (-26.89)	-0.095 *** (-26.89)
$familysize$	0.009 * (2.06)	0.003 * (2.06)
$social$	-0.030 *** (-6.91)	-0.010 *** (-6.91)
$farming$	-0.023 (-1.12)	-0.008 (-1.12)

续表

解释变量	回归系数	平均边际效应
minority	0.078** (-3.02)	0.027** (-3.02)
distance	0.0003 (1.04)	0.0000 (1.04)
mig_workers	-0.002*** (5.58)	-0.0007*** (5.58)
struc	-0.008 (-0.27)	-0.003 (-0.27)
2014	-0.775*** (-26.33)	-0.270*** (-26.33)
_cons	2.241*** (28.89)	—
Pseudo R^2	0.082	
Wald chi^2 (16)	3323.67	

注：括号内为聚类异方差稳健标准误（为避免异方差和组内自相关，本书按家庭聚类分析），其中 $*p<0.05$，$**p<0.01$，$***p<0.001$。

(2) 家庭普惠金融对收入的影响

表6-3为家庭普惠金融影响家庭收入的OLS基准回归结果。从普惠金融对家庭收入水平即绝对贫困水平的影响结果来看，家庭普惠金融显著地提高了家庭人均纯收入水平、工资性收入水平及财产性收入水平，对经营性收入水平及转移性收入水平的影响并不显著，从估计系数结果来看，家庭普惠金融水平每提升1个单位，家庭人均纯收入、工资性收入及财产性收入将分别增加13.8%、16.8%和14.3%，并分别通过了1%、5%和1%的显著性水平检验，家庭普惠金融对经营性收入的估计系数为-0.004，但并未通过显著性检验，对转移性收入的估计系数为0.057，这说明家庭普惠金融虽然能正向影响转移性收入，但并未通过显著性检验。从民

间借贷对家庭收入水平的影响结果来看，民间借贷不利于家庭人均纯收入、工资性收入、经营性收入和转移性收入的增长，对财产性收入影响并不显著，从 CFPS2010 统计数据可知，家庭通过银行、亲戚朋友以及民间借贷组织进行贷款或者借款，借贷款比例分别为 8.41%、20.04% 和 0.74%，家庭平均贷款额或者借款额分别为 4985.4 元、5209.8 元和 426.7 元，可见，向亲戚朋友借款是现在居民解决信贷约束的主要方式。从借款用途来看，7.91% 的家庭将借款或者贷款用于建房或者购房，3.85%、5.03% 和 3.54% 的家庭分别用于教育、家庭成员治病以及家庭日常生活开支，由此可看出，家庭通过借款或者贷款这种信贷意义上的正规信贷和非正规信贷主要用来解决家里的资金约束，多数以临时应急为主，对家庭收入的影响较难显现。而家庭普惠金融不再单指传统意义上银行信贷服务，它意在有效便捷地为社会所有阶层提供多元化的金融产品和服务，不仅包括信贷，还包括存款、支付、保险、养老金和股票、基金等证券市场领域的产品和服务，它能够提高家庭投融资理财的意识，通过储蓄平滑消费，通过保险应对风险，通过贷款用于生产经营、创业及医疗教育服务，通过这种主动意识积极创造财富增加收入。因此，家庭普惠金融能显著促进家庭收入的增加，而民间借贷反而加剧了家庭的债务压力，对家庭收入的增长呈现负向影响作用。

  控制变量方面，从个体特征来看，年龄与家庭收入呈现"U"形关系，可见年轻时因工作不稳定或者收入不稳定对家庭收入的影响不显著，老年人因退出劳动力市场或者身体健康问题也难以对家庭收入产生正向影响作用，但转移性收入的影响作用不同，非中间年龄层的人群反而容易显著影响转移性收入；健康状况方面，良好的身体健康状况能显著促进家庭人均纯收入、工资性收入、经营性收入的增加，对财产性收入的影响并不显著，此外，与转移性收入呈现显著的负向相关关系，这说明，家庭人均纯收入、工资性收入、经营性收入与个体自身健康状况的关系较为密切，身体越健康，越容易促进上述收入的增加，但财产性收入则与个体自身健康状况联系并不密切，因为财产性收入受家庭净资产、家庭金融资产总量及个体投融资理财水平影响更大，健康状况越好，所能接受的救济或者补助的机会就更少，由此可知，健康状况会造成转移性收入的减少；婚姻状况对家庭人均纯收入、经营性收入和转移性收入的影响并不显著，可见，良好的婚姻并不是家庭收入的主要影响因素；性别方面，男性并未表现出更强的家庭创收能力，性别对家庭人均纯收入的估计系数为 0.008，虽然能正向影响家庭人均纯收入，但并未通过显著性检验；在教育水平变量上，一方面教育水平每提高 1 个单位，家庭人均纯收入、工资性收入、财产性收入和转移性收入分别提高 11.5%、32.1%、6.4% 和 13.0%，由此可见，教育水平对家庭收入增长有显著的正向影响作用，且对工资性收入的影响作用最为显著，可见，良好的教育能有效提高家庭成员的就业数量和就业质量、投资理财意识以及社会网络关系，从而提高工作收入的总量及稳定性，促进投资收入的增加，通过社会网络关系的拓展能得到社会更多的支持和帮助。另外，教育水平与经营性收入呈现负向相关关系，教育水平每提高 1 个单位，经营性收入将下降 8.7%，且通过 1% 的显著性水平检验，这在一定程度上反映出高学历人群更多选择就业渠道，较少选择创业渠道，因此，对经营性收入影响呈负向相关关系。从家庭特征方面来看，家庭规模越大，家庭人均纯收入越少，家庭人口数不利于家庭人均纯收入的增加，但家庭规模却与工资性收入、经营性收入、财产性收入及转移性收入呈现正向相关关系，家庭规模每增加 1 个单位，工资性收入、经营性收入、财产性收入及转移性收入分别增加 5.3%、5.1%、3.0% 和 8.9%；社会资本对家庭人均纯收入、工资性收入、经营性收入和财产性收入呈现显著的正向相关关系，社会资本每提升 1%，家庭人均纯收入、工资性收入、经营性收入和财产性收入分别提升

11.7%、19.2%、9.5%、6.8%，这说明家庭社会关系越强，社会网络越大，对家庭的增收效应越显著，但社会资本并不能显著影响转移性收入；从事农业生产对家庭人均纯收入、工资性收入及财产性收入有显著的负向影响，因此，从事农业生产不利于家庭人均纯收入、工资性收入及财产性收入的增加，但从事农业生产有利于经营性收入的增加，从社区特征变量来看，少数民族集聚区、离县城的距离及农业生产总值占比均与家庭人均纯收入、工资性收入和经营性收入呈负向相关关系，其中前两者均通过显著性检验，后者仅家庭人均纯收入通过显著性检验，由此可知，少数民族集聚区、离县城距离越远及农业生产总值占比越高的社区会显著降低家庭人均纯收入及工资性收入；外出打工占比对家庭人均纯收入的影响并未通过显著性检验，因此，其影响效果并不显著，外出打工占比与工资性收入呈显著的正向相关关系，但外出打工占比越高的社区越不利于家庭经营性收入、财产性收入及转移性收入的增加。

表 6-3　普惠金融对家庭收入的影响（N=32681）

解释变量	家庭人均纯收入	工资性收入	经营性收入	财产性收入	转移性收入
$Financial\_inclusion$	0.138 *** (10.63)	0.168 ** (3.29)	-0.004 (-0.11)	0.143 *** (4.25)	0.057 (1.54)
p_loan	-0.210 *** (-11.71)	-0.372 *** (-5.90)	-0.171 *** (-3.31)	0.025 (0.66)	-0.135 ** (-2.95)
age	0.025 *** (10.28)	0.122 *** (13.99)	0.018 ** (3.08)	0.014 ** (2.74)	-0.054 *** (-8.07)
age^2	-0.0003 *** (-11.37)	-0.002 *** (-17.31)	-0.0002 *** (-4.10)	-0.0001 * (-2.54)	0.001 *** (13.36)
$health$	0.161 *** (10.36)	0.306 *** (5.37)	0.174 *** (4.16)	0.046 (1.44)	-0.124 ** (-2.92)

续表

解释变量	家庭人均纯收入	工资性收入	经营性收入	财产性收入	转移性收入
marriage	-0.035 (-1.75)	-0.553*** (-7.71)	0.029 (0.58)	-0.095* (-2.27)	-0.009 (-0.17)
gender	0.008 (0.80)	-0.053 (-1.35)	0.053* (1.98)	-0.008 (-0.36)	0.059* (2.00)
edu	0.115*** (15.52)	0.321*** (11.13)	-0.087*** (-5.15)	0.0639*** (3.71)	0.130*** (5.53)
familysize	-0.055*** (-12.22)	0.0525*** (30.54)	0.051*** (4.18)	0.030** (3.25)	0.089*** (7.20)
social	0.117*** (29.39)	0.192*** (13.49)	0.095*** (12.60)	0.068*** (9.10)	0.007 (0.64)
farming	-0.227*** (-11.06)	-0.902*** (-13.10)	7.143*** (120.53)	-1.316*** (-22.97)	-0.112 (-1.65)
minority	-0.254*** (-9.76)	-0.665*** (-6.47)	-0.297*** (-3.49)	0.264*** (4.25)	0.134* (2.28)
distance	-0.002*** (-8.02)	-0.007*** (-6.90)	-0.001 (-1.44)	-0.003*** (-4.81)	0.003*** (4.46)
mig_workers	-0.0002 (-0.49)	0.012*** (8.91)	-0.006*** (-5.80)	-0.006*** (-7.52)	-0.004*** (-4.03)
struc	-0.194*** (-6.47)	-0.513*** (-4.87)	-0.133 (-1.47)	-0.336*** (-5.03)	0.098 (1.14)
2014	1.149*** (40.01)	1.427*** (13.82)	-0.603*** (-8.08)	0.835*** (13.90)	4.716*** (58.61)
_cons	7.314*** (110.42)	2.430*** (10.20)	0.506** (3.13)	0.954*** (6.93)	0.955*** (5.04)
R^2	0.1653	0.1270	0.5249	0.0701	0.0493
Obs	31181	32633	32107	32619	32391

注：括号内为聚类异方差稳健标准误（为避免异方差和组内自相关，本书按家庭聚类分析），其中 $*p<0.05$，$**p<0.01$，$***p<0.001$。

6.1.4 进一步讨论：异质性与作用机制的探讨

（1）家庭普惠金融影响贫困的异质性

①区域减贫效应差异。表6-4显示了家庭普惠金融的区域减贫效应差异，将地区变量设置为哑变量，东部地区=1，中部地区=2，西部地区=3。由于我国地理环境及经济环境的差异性，三大区域的经济社会发展处于非均衡状态，呈现东部地区经济发达贫困发生率较低、西部地区经济落后贫困发生率较高的由东向西逐渐递减的"俱乐部收敛"现象。那么，不同的区域中普惠金融的减贫效应又将如何？

由表6-4可知，东部地区、中部地区和西部地区三大区域中家庭普惠金融均对贫困发生率有显著的负向影响作用，估计系数分别为-0.044、-0.047和-0.054，且均通过了1%的显著性水平检验，这说明东部地区的家庭普惠金融水平每提升1个单位，家庭贫困发生概率将下降4.4%，中部地区的家庭普惠金融水平每提升1个单位，家庭贫困发生概率将下降4.7%，西部地区的家庭普惠金融水平每提升1个单位，家庭贫困发生概率将下降5.4%。上述结果表明，普惠金融的减贫效应呈现由东向西逐渐递增的特征，即普惠金融对经济落后地区的减贫效应更加显著。东部地区、中部地区和西部地区三大区域中家庭普惠金融均对家庭人均纯收入有显著的正向影响作用，估计系数分别为0.179、0.199和0.071，且分别通过了1%、1%和5%的显著性水平检验，这说明三个区域的家庭普惠金融每提升1个单位，家庭人均纯收入分别提升17.9%、19.9%和7.1%，可见，普惠金融对家庭人均纯收入的影响与对贫困发生率的影响作用稍有差别，普惠金融对中部地区家庭的家庭人均纯收入的促进效果最为显著，对西部地区的影响效果最小。民间借贷方面，三大区域的民间借贷和全国样本回归结果一样，均不对家庭贫困发生率产生显著的影响，但都显著负向影响家庭人均纯收入，对中部地区的影响效果最微弱,对西部地区家庭的影响最为强烈。

表6-4　　　　　普惠金融的区域减贫效应差异

区域	东部地区=1		中部地区=2		西部地区=3	
解释变量	pov	fincome_per	pov	fincome_per	pov	fincome_per
Financial_inclusion	-0.044*** (-5.34)	0.179*** (9.08)	-0.047*** (-4.95)	0.199*** (8.69)	-0.054*** (-6.89)	0.071** (2.98)
p_loan	-0.005 (-0.48)	-0.204*** (-7.87)	-0.014 (-1.16)	-0.183*** (-5.68)	-0.004 (-0.34)	-0.229*** (-6.80)
控制变量	YES	YES	YES	YES	YES	YES
Pseudo R^2	0.0546		0.0693		0.1486	
Wald检验P值	0.0000		0.0000		0.0000	
R^2		0.2264		0.1435		0.1195
估计方法	probit	OLS	probit	OLS	probit	OLS
obs	12896	12199	9108	8759	10677	10223

注:(1)括号内为聚类异方差稳健标准误(为避免异方差和组内自相关,本书按家庭聚类分析);(2)其中 *$p<0.05$, **$p<0.01$, ***$p<0.001$;(3)报告中probit模型的估计系数为解释变量的平均边际效应。

②城乡减贫效应差异。表6-5显示了家庭普惠金融的城乡减贫效应差异,将城乡类别变量设置为哑变量,城镇=1,农村=0。由表6-5可知,城镇和农村家庭的家庭普惠金融均对贫困发生率有显著的负向影响作用,估计系数分别为-0.041和-0.049,且均通过了1%的显著性水平检验,这说明城镇家庭的家庭普惠金融水平每提升1个单位,城镇家庭贫困发生概率将下降4.1%,农村家庭的家庭普惠金融水平每提升1个单位,农村家庭贫困发生概率将下降4.9%,普惠金融对农村经济落后地区的减贫效应更加显著。城镇家庭和农村家庭中家庭普惠金融均对家庭人均纯收入有显著的正向影响作用,估计系数分别为0.227和0.094,且分别通过了1%的显著性水平检验,这说明城镇和农村家庭的家庭普惠金融

每提升 1 个单位，家庭人均纯收入分别提升 22.7% 和 9.4%，可见，普惠金融对家庭人均纯收入的影响与对贫困发生率的影响作用稍有差别，普惠金融对城镇家庭的家庭人均纯收入的促进效果更为显著。民间借贷方面，城镇家庭和农村家庭的民间借贷和全国样本回归结果一样，均不对两类家庭的贫困发生率产生显著的影响，但都显著负向影响两类家庭的家庭人均纯收入，民间借贷对农村地区的家庭人均纯收入的减收效应更加明显。

表 6-5　　　　　普惠金融的城乡减贫效应差异

区域	城镇 = 1		农村 = 0	
解释变量	*pov*	*fincome_per*	*pov*	*fincome_per*
Financial_inclusion	-0.041*** (-4.78)	0.227*** (11.48)	-0.049*** (-8.30)	0.094*** (5.64)
p_loan	-0.016 (-1.48)	-0.187*** (-7.44)	-0.0004 (-0.06)	-0.218*** (-9.15)
控制变量	YES	YES	YES	YES
Pseudo R^2	0.0715		0.0961	
Wald 检验 P 值	0.0000		0.0000	
R^2		0.2146		0.1490
估计方法	probit	OLS	probit	OLS
obs	10966	10395	21715	20786

注：(1) 括号内为聚类异方差稳健标准误（为避免异方差和组内自相关，本书按家庭聚类分析）；(2) 其中 $*p<0.05$，$**p<0.01$，$***p<0.001$；(3) 报告中 probit 模型的估计系数为解释变量的平均边际效应。

③性别减贫效应差异。表 6-6 显示了家庭普惠金融的性别减贫效应差异，将性别变量设置为哑变量，男性 = 1，女性 = 0。由表 6-6 可知，家庭普惠金融对男性贫困发生率和女性贫困发生率均有显著的负向影响作用，估计系数分别为 -0.053 和 -0.042，且均通过了 1% 的显著性水平检验，这说明家庭普惠金融水平每提升

1 个单位,男性贫困发生概率将下降 5.3% ,女性贫困发生概率将下降 4.2% ,普惠金融对男性群体的减贫效应更加显著。民间借贷方面,民间借贷对男性贫困发生率不产生显著的影响($\varphi = -0.007$, $p < 0.79$),但能影响女性贫困发生率,其估计系数为 -0.020 ,且通过了 10% 的显著性检验水平,这说明民间借贷不能显著降低男性贫困发生概率,民间借贷每提高 1 个单位,女性贫困发生概率将下降 2% ,可见,民间借贷对女性的减贫效应更加明显。

表 6-6　　　　　普惠金融的性别减贫效应差异

区域	男性 = 1		女性 = 0	
解释变量	pov	fincome_per	pov	fincome_per
$Financial\_inclusion$	-0.053*** (-7.68)	—	-0.042*** (-6.57)	—
p_loan	0.007 (0.79)	—	-0.020* (-2.44)	—
控制变量	YES		YES	
Pseudo R^2	0.0428		0.1830	
Wald 检验 P 值	0.0000		0.0000	
R^2	—		—	
估计方法	probit		probit	
obs	16200	—	16481	—

注:(1)括号内为聚类异方差稳健标准误(为避免异方差和组内自相关,本书按家庭聚类分析);(2)其中 * $p < 0.05$, ** $p < 0.01$, *** $p < 0.001$;(3)报告中 probit 模型的估计系数为解释变量的平均边际效应。

④年龄减贫效应差异。表 6-7 显示了家庭普惠金融的性别减贫效应差异,本书根据受访者的实际年龄将受访者分为三组:年龄小于 45 岁为一组,年龄在 45 岁到 60 岁为一组,年龄大于 60 岁为一组。由表 6-7 可知,家庭普惠金融对年龄小于 45 岁组别、年龄在 45 岁到 60 岁组别和年龄大于 60 岁组别的受访者的贫困发生率均有

显著的负向影响作用，估计系数分别为 -0.059、-0.032 和 -0.036，且均通过了 1% 的显著性水平检验，这说明家庭普惠金融水平每提升 1 个单位，年龄小于 45 岁组别、年龄在 45 岁到 60 岁组别和年龄大于 60 岁组别的受访者的贫困发生概率将分别下降 5.9%、3.2% 和 3.6%，由此可知，普惠金融对年轻群体的减贫效应更加显著，对中老年人的减贫效应相对较弱。家庭普惠金融对年龄小于 45 岁组别、年龄在 45 岁到 60 岁组别和年龄大于 60 岁组别的受访者的家庭人均纯收入均有显著的正向影响作用，估计系数分别为 0.101、0.153 和 0.178，且分别通过了 1%、1% 和 5% 的显著性水平检验，这说明家庭普惠金融水平每提升 1 个单位，年龄小于 45 岁组别、年龄在 45 岁到 60 岁组别和年龄大于 60 岁组别的受访者的家庭人均纯收入将分别提升 10.1%、15.3% 和 17.8%，由此可知，普惠金融对中老年群体的增收效应更加显著，对年轻人的增收效应相对较弱。民间借贷方面，民间借贷对年龄小于 45 岁组别的人群产生了正向的影响，但未通过显著性水平的检验，民间借贷对年龄在 45 岁到 60 岁组别的群体产生了负向影响作用，民间借贷每提升 1 个单位，年龄在 45 岁到 60 岁组别的群体的贫困发生概率将下降 2.4%，民间借贷对年龄大于 60 岁组别的群体产生了正向影响作用，估计系数为 0.030，且通过了 10% 的显著性水平检验，这说明民间借贷会加剧老年人陷入贫困的概率；民间借贷对三类不同年龄组人群的家庭人均纯收入均产生了显著的负向影响作用，估计系数分别为 -0.219、-0.182 和 -0.280，且均通过了显著性水平检验，这说明民间借贷不利于家庭收入的增长。

表 6-7　　　　普惠金融的年龄减贫效应差异

区域	age < 45		45 ≤ age ≤ 60		age > 60	
解释变量	*pov*	*fincome_per*	*pov*	*fincome_per*	*pov*	*fincome_per*
Financial_inclusion	-0.059 *** (-8.03)	0.101 *** (6.26)	-0.032 *** (-3.90)	0.153 *** (7.75)	-0.036 *** (-3.97)	0.178 ** (6.16)

续表

区域	age<45		45≤age≤60		age>60	
解释变量	pov	fincome_per	pov	fincome_per	pov	fincome_per
p_loan	0.012 (1.29)	-0.219*** (-9.98)	-0.024* (-2.27)	-0.182*** (-6.63)	0.030* (2.39)	-0.280*** (-6.76)
控制变量	YES	YES	YES	YES	YES	YES
Pseudo R^2	0.0400		0.0800		0.3427	
Wald检验P值	0.0000		0.0000		0.0000	
R^2		0.1966		0.1613		0.1386
估计方法	probit	OLS	probit	OLS	probit	OLS
obs	15718	15004	10455	10015	6508	6162

注：(1) 括号内为聚类异方差稳健标准误（为避免异方差和组内自相关，本书按家庭聚类分析）；(2) 其中 $*p<0.05$，$**p<0.01$，$***p<0.001$；(3) 报告中 probit 模型的估计系数为解释变量的平均边际效应。

⑤不同收入组的减贫效应差异。运用分位数回归技术，本书选取10％、25％、50％、75％和90％这5个具有代表性的分位点，估计了家庭普惠金融对不同收入水平的家庭人均纯收入的影响效果，结果如表6-8所示。从表6-8的结果可以看出，家庭普惠金融和民间借贷对家庭人均纯收入的影响会随着收入水平的提高而变化。具体来说，除75％分位数水平之外，随着收入水平的提高，家庭普惠金融对家庭人均纯收入的促进作用越明显，民间金融对家庭人均纯收入的抑制作用也越来越明显。当10％的最低收入组的家庭普惠金融提高1个单位时，他们的家庭人均纯收入将会平均增加9.9％，当10％的最高收入组的家庭普惠金融提高1个单位时，他们的家庭人均纯收入将会平均增加19.0％，从这可以看出，同时提高1个单位的家庭普惠金融，最穷的10％的人平均增加的家庭人均纯收入将会比最富的10％的人平均增加的家庭人均纯收入低9.1个百分点，这意味着银行金融服务与证券市场服务的同时供给将在一定程度上造成"穷者愈穷、富者愈富"的"马太效应"。

当 10% 的最低收入组的民间借贷提高 1 个单位时，他们的家庭人均纯收入将会平均下降 27.4%，当 10% 的最高收入组的民间借贷提高 1 个单位时，他们的家庭人均纯收入将会平均下降 14.7%，从这可以看出，同时提高 1 个单位的民间借贷，最穷的 10% 的人平均减少的家庭人均纯收入将会比最富的 10% 的人平均减少的家庭人均纯收入高出 12.7 个百分点，这说明最穷的人群组更易受到民间借贷的冲击，民间借贷后其抵御风险的能力要差于最富的人群组。

表 6-8　　　　不同收入组的普惠金融减贫效应差异

解释变量	分位点及回归结果				
	$q=0.1$	$q=0.25$	$q=0.5$	$q=0.75$	$q=0.9$
$Financial\_inclusion$	0.099*** (0.027)	0.120*** (0.014)	0.164*** (0.011)	0.146*** (0.010)	0.190*** (0.013)
p_loan	-0.274*** (0.034)	-0.178*** (0.018)	-0.166*** (0.013)	-0.193*** (0.012)	-0.147*** (0.016)
控制变量	YES	YES	YES	YES	YES
Pseudo R^2	0.0678	0.0996	0.1306	0.1468	0.1484
obs	31181	31181	31181	31181	31181

注：（1）被解释变量是家庭人均纯收入的对数；（2）括号内为设计矩阵重复抽样（Bootstrap）估计出来的标准误差，Bootstrap 为 400 次；（3）其中 *$p<0.05$，**$p<0.01$，***$p<0.001$。

（2）可能的作用机制

①人力资本效应。人力资本是影响家庭贫困和家庭收入的重要影响因子，由前文分析可知，受教育水平与家庭贫困与家庭人均纯收入呈显著的积极影响作用。家庭普惠金融通过两种渠道影响人力资本的提升：一是提升受教育水平。普惠金融可以缓解家庭信贷约束，解决暂时性资金短缺难题，提高家庭的风险抵御能力，促进家庭对子女等家庭成员的教育投资，从而整体提升家庭成员受教育水

平；二是提升家庭成员的金融素养和生存能力。普惠金融不再单指以前简单的小额信贷，它在提供多元化金融服务和产品的同时，还配套提供金融知识、正确的投资理念和生产经营的培训服务，进一步增加家庭生产经营与投资理财的能力，降低生产经营与投资失败的概率，从而降低无法偿还债款的违约风险。因此，可以推断，人力资本的提升是普惠金融影响家庭贫困发生率的重要机制。受教育水平越高，越可能获得正规的工作，得到稳定的收入来源，也越可能对家庭兼业行为及离农决策产生积极的正向影响作用（陈浩和毕永魁，2013）；金融素养和生存能力越强，生产经营及投资理财的成功率将会越高，促进家庭正确适当地使用信贷资金，从而扩大生产及投资，增加收入，抵抗陷入贫困陷阱的风险。表6-9为对人力资本效应的检验结果，被解释变量为受访者的受教育水平，作为人力资本的替代变量。表第2列、第3列和第4列分别报告的是全样本、城镇家庭和农村家庭的有序probit（Ordered Probit）模型估计结果，结果显示全样本、城镇家庭和农村家庭的普惠金融回归系数分别为0.035、0.051和0.026，且均通过1%显著性水平检验，由此可知，全样本、城镇家庭和农村家庭的普惠金融每提升1个单位，人力资本将分别提升3.5%、5.1%和2.6%，城镇家庭的普惠金融人力资本效应大于农村家庭的普惠金融人力资本效应。上述结果意味着，提高人力资本水平的确可能是普惠金融影响家庭贫困和家庭人均纯收入的重要影响机制。

表6-9 普惠金融的城乡人力资本效应差异

区域	全样本	城镇=1	农村=0
解释变量	教育水平	教育水平	教育水平
$Financial\_inclusion$	0.035*** (12.94)	0.051*** (10.68)	0.026*** (7.84)
p_loan	0.008 (0.24)	0.009 (0.15)	-0.001 (-0.25)

续表

区域	全样本	城镇 = 1	农村 = 0
解释变量	教育水平	教育水平	教育水平
控制变量	YES	YES	YES
Pseudo R^2	0.0967	0.1194	0.0942
Wald 检验 P 值	0.0000	0.0000	0.0000
obs	32681	10966	21715

注：(1) 被解释变量是受教育水平；(2) 括号内为聚类异方差稳健标准误（为避免异方差和组内自相关，本书按家庭聚类分析）；(3) 其中 $*p<0.05$，$**p<0.01$，$***p<0.001$；(4) 报告中 probit 模型的估计系数为解释变量的平均边际效应。

②健康效应。健康的正外部性也可能是影响家庭贫困和家庭收入的又一重要机制。由前文分析可知，健康状态与家庭贫困与家庭人均纯收入呈显著的积极影响作用。家庭普惠金融通过两种渠道影响健康水平的改善：一是间接渠道，通过提升儿童的健康与营养水平，从而提高其成年时期的健康水平，Smith 等 (2012) 的研究结果认为儿童的健康与营养水平显著正向影响其成年时期的健康水平，尤婧等 (2014) 研究得出小额信贷能在短期影响儿童健康和营养水平；二是直接渠道，通过改善医疗和保健状况从而提高健康水平。"预防性储蓄"动机和正规信贷均能在一定程度上促进医疗和保健消费，从而提升居民健康水平（余泉生和周亚虹，2014）。因此，可以推断，健康水平的提升是普惠金融影响家庭贫困发生率的重要机制。表 6-10 显示了对健康效应的检验结果，被解释变量为受访者的健康水平。表第 2 列、第 3 列和第 4 列分别报告的是全样本、城镇家庭和农村家庭的 probit 模型估计结果，结果显示全样本、城镇家庭和农村家庭的普惠金融回归系数分别为 0.008、0.017 和 0.003，且均通过 1% 显著性水平检验，由此可知，全样本、城镇家庭和农村家庭的普惠金融每提升 1 个单位，健康水平将分别提升 0.8%、1.7% 和 0.3%，城镇家庭的普惠金融健康效应大于农村家庭

的普惠金融健康效应。上述结果意味着,提高健康水平的确可能是普惠金融影响家庭贫困和家庭人均纯收入的重要影响机制。

表6-10　　　　普惠金融的城乡健康效应差异

区域	全样本	城镇=1	农村=0
解释变量	健康水平	健康水平	健康水平
$Financial\_inclusion$	0.008*	0.017*	0.003*
	(2.09)	(2.22)	(2.48)
p_loan	-0.057***	-0.064***	-0.052***
	(-10.70)	(-7.18)	(-0.57)
控制变量	YES	YES	YES
Pseudo R^2	0.1173	0.1254	0.1367
Wald检验 P 值	0.0000	0.0000	0.0000
obs	31248	10966	21715

注:(1) 被解释变量是受教育水平;(2) 括号内为聚类异方差稳健标准误(为避免异方差和组内自相关,本书按家庭聚类分析);(3) 其中 $*p<0.05$, $**p<0.01$, $***p<0.001$;(4) 报告中 probit 模型的估计系数为解释变量的平均边际效应。

6.1.5　结论与启示

本书利用"中国家庭追踪调查数据"(CFPS)2010年和2014年两期数据,从贫困发生率和家庭收入两个层面考察了普惠金融的减贫效应,得出以下主要结论:(1) 家庭普惠金融显著降低了家庭贫困发生率和提高了家庭人均纯收入,平均而言,家庭普惠金融每提升1个单位,家庭贫困发生的概率会降低4.7个百分点,家庭人均纯收入会提高13.8个百分点;(2) 家庭普惠金融对贫困发生率及家庭人均纯收入的影响效应存在异质性。具体而言,从区域来看,东部地区、中部地区和西部地区三大区域中家庭普惠金融均对贫困发生率有显著的负向影响作用,并且减贫效应呈现由东向西逐渐递增的特征,东部地区、中部地区和西部地区三大区域中家庭普惠金融均对家庭人均纯收入有显著的正向影响作用,其中中部地区家庭的普惠金融促收效应最为显著，对西部地区的影响效果最小；从城乡来看，城镇和农村家庭的家庭普惠金融均对贫困发生率有显著的负向影响作用，普惠金融对农村经济落后地区的减贫效应更加显著，城镇家庭和农村家庭中家庭普惠金融均对家庭人均纯收入有显著的正向影响作用，但普惠金融对城镇家庭的家庭人均纯收入的促进效果更为显著；从性别角度来看，家庭普惠金融对男性贫困发生率和女性贫困发生率均有显著的负向影响作用，并且对男性群体的减贫效应更加显著；从年龄组来看，家庭普惠金融对年龄小于45岁组别、年龄在45岁到60岁组别和年龄大于60岁组别的受访者的贫困发生率均有显著的负向影响作用，对家庭人均纯收入均有显著的正向影响作用，其中普惠金融对年轻群体的减贫效应更加显著，而对中老年群体的增收效应则更加显著；从不同收入组来看，除75%分位数水平之外，随着收入水平的提高，家庭普惠金融对家庭人均纯收入的促进作用越明显；（3）普惠金融对贫困发生率及家庭人均纯收入的作用机理可能是普惠金融改善了人力资本水平和健康状况。

上述结论对中国实现精准扶贫、精准脱贫尤其是农村地区的精准扶贫、精准脱贫具有重要的政策意义。根据以上可知，普惠金融显著促进了贫困减缓，特别是对西部地区等经济落后地区及农村地区的减贫效应更加显著，而这些地区又是我国贫困发生率较高的地区，贫困程度深，贫困规模较大，因此，提高这些地区的普惠金融水平将有助于实现这些地区精准扶贫及精准脱贫。此外，我们更应加大对女性贫困的关注，通过加大对女性金融赋权的力度，提升普惠金融对女性的减贫效应。同时，应关注普惠金融对中老年群体的减贫效应，通过加强技能培训、宣传金融知识和增加授信额度等形式提高该类群体的减贫效应，同时还需防范普惠金融在一定程度上因资产投资效应产生的收入不平等现象出现。最后，通过普惠金融是改善人力资本和健康水平的有力渠道，对减贫及增收起着非常重要的作用，因此，应加大农村地区或者贫困地区的普惠金融服务供给，为其加大教育投资和医疗保健提供有利的条件，从而进一步通过人力资本效应和健康效应实现贫困人口脱贫及区域性整体贫困问题。

6.2 普惠金融的微观影响因素分析

由第一节的实证研究可知，家庭普惠金融水平的提高可显著降低贫困发生率和提升家庭人均纯收入，可见，推进家庭普惠金融的发展，破解家庭金融排斥问题，对于家庭贫困问题的解决、家庭福利的增进以及收入分配的改善至关重要。因此，基于家庭层面同时结合宏观数据厘清影响家庭普惠金融发展水平的宏微观关键因素，并有效促进家庭普惠金融水平的提高，对我国家庭贫困减少及收入增加具有非常重要的作用。此外，基于家庭数据将更加便于研究者从收入维度及收入、健康、教育、生活条件、社会保障等维度进行贫困家庭的单维贫困识别与多维贫困识别，从微观视角将普惠金融与贫困结合起来研究，并探讨二者之间的相互作用关系，研究视角的拓展、研究内容及研究层次的细化与深入，更有利于在"精准扶贫、精准脱贫"战略背景下为扶贫工作提供理论指导及现实参考依据。

6.2.1 模型构建与变量说明

（1）模型构建

为实证分析影响家庭普惠金融的诸多因素，本节拟构建如下计量基本模型：

$$IFI_i = age_i + age_i^2 + health_i + edu_i + marri_i + gender_i + party_i \\ + risk_i + literacy_i + family_i + social_i + produc_i + lny_i \\ + lnasset_i + finance_i + lnpgdp_i + \varepsilon \qquad (6.3)$$

其中，i 表示观测个体；被解释变量 IFI_i 为家庭普惠金融，普惠金融水平 IFI 为大于两类的有序离散变量，反映家庭使用存款、股票、基金、债券、银行理财产品、外汇、金融衍生品、黄金等家庭投资类金融产品和银行贷款等家庭融资类等正规金融产品和服务的程度，使用的种类越多，普惠金融水平越高；解释变量包括三个层次：一是个体层面的解释变量，具体包括户主的年龄（age）、户主年龄的平方（age^2）、户主的健康状况（health）、户主的受教育水平（edu）、户主的婚姻状况（marri）、户主的性别（gender）、户主的党员身份（party）及户主的风险态度（risk）；二是家庭层面的解释变量，具体包括家庭金融知识（literacy）、家庭人口规模（family）、家庭社会资本（social）、家庭从事农业或工商业生产经营（produc）、家庭收入（y）和家庭净资产（asset）；三是地区层面的解释变量，具体包括金融发展水平（finance）和地区人均GDP（pgdp）；ε 为随机扰动项。

（2）变量说明

①被解释变量。家庭普惠金融（IFI）。为了满足不同的研究需求，从是否有金融账户及拥有金融账户的累积数量两个角度来衡量家庭普惠金融，本节将采取两种赋值方法来对家庭普惠金融进行赋值。第一种方法使用类别变量，0 表示家庭没有受到普惠金融服务，1 表示家庭受到投资类普惠金融服务或者融资类普惠金融服务中的任意一项或几项，2 表示家庭既受到投资类普惠金融服务任意一项或几项又受到融资类普惠金融服务任意一项或几项。通过整理2013 年中国家庭金融调查（CHFS）数据，其中投资类普惠金融产品和服务包括活期存款、定期存款、股票、债券、基金、金融衍生品、银行理财产品及其他金融理财产品、外汇、黄金等。若家庭拥有其中任意一项及以上的金融账户，则赋值为 1，没有任何金融账户则赋值为 0。融资类普惠金融产品和服务包括农工商银行贷款、住房银行贷款、汽车银行贷款、教育银行贷款、信用卡及其他银行

贷款，若家庭发生其中任意一项或几项正规信贷负债行为，则取值为1，没有发生任何正规信贷负债行为则取值为0；第二种方法使用种数变量，家庭没有金融账户，则普惠金融取值为0。若拥有任意一项或几项金融账户，普惠金融的程度根据该家庭使用正规金融产品和服务的种类赋值累加，只要使用其中任意一种均赋值为1，然后对所有种类进行累加。这种情况与本章第一节的处理方式相同。家庭投资类普惠金融和家庭融资类普惠金融的衡量也分别与家庭普惠金融的衡量方法一样，没有投资类金融账户或者融资类金融账户，则家庭投资类普惠金融和家庭融资类普惠金融分别为0，有投资类金融账户或者融资类金融账户，则分别进行累加。

②解释变量。包括户主特征变量、家族特征变量和地区特征变量。

第一，户主特征变量。户主的年龄。中国家庭金融调查（CHFS）数据给出了户主的出生年份，为得到户主的年龄，本节将用"2013"减去户主的出生年份。同时，本书还将户主的年龄进行平方，以检验户主的年龄是否会对家庭普惠金融产生非线性影响。

户主的健康状况（health）。健康状况为虚拟变量，CHFS问卷中衡量个体健康状况的问题为"与同龄人相比，现在的身体状况如何？"（问题编号：A2025b），要求受访者在"非常好""很好""好""一般""不好"五个选项中进行选择。借鉴第一节的处理方法，将"非常好""很好""好"归并为"自评健康良好"，赋值为1，"一般""不好"纳入"自评健康较差"，赋值为0。

户主的受教育水平（edu）。CHFS数据将受教育水平分为没上过学、小学、初中、高中、中专/职高、大专/高职、大学本科、硕士研究生和博士研究生，并分别赋值为1、2、3、4、5、6、7、8和9，本书将借鉴吴雨等（2016）的处理方法，将各阶段所受的教育折算成相应的受教育年限来衡量户主的受教育水平。处理后的受教育水平依次为0、6、9、12、15、16、19和22年。

户主的婚姻状况（marri）。CHFS 数据中婚姻状况有"未婚""在婚（有配偶）""同居""离婚"和"丧偶"五种情况。参考本章第一节的处理方法，将婚姻状态设置为哑变量，当婚姻状态处于"在婚（有配偶）"时赋值为 1，其余均赋值为 0。

户主的性别（gender）。户主的性别为哑变量，男性 = 1，女性 = 0。

户主的党员身份（party）。户主的党员身份也为哑变量，当户主为中国共产党或者其他党派人士时，则取值为 1，其他则取值为 0。采用户主是否是党员身份这一变量是用以反映农户政治资本的影响。

户主的风险态度（risk）。CHFS 数据中关于风险态度的问题为"如果你有一笔资产，将选择哪种投资项目？"，要求受访者在"高风险、高回报项目""略高风险、略高回报项目""平均风险、平均回报项目""略低风险、略低回报项目""不愿意承担任何风险"五个选项中进行选择。参考吴雨等（2016）、张号栋和尹志超（2016）的研究，本书将"高风险、高回报项目"和"略高风险、略高回报项目"两个选项取值为 1，定义为风险偏好；其他则取值为 0，包括选择"略低风险、略低回报项目""不愿意承担任何风险"的风险厌恶及选择"平均风险、平均回报项目"的风险中性。

第二，家庭特征变量。家庭金融知识（literacy）。金融知识的概念最早由 Noctor 等（1992）提出，他们认为，金融知识是在使用和管理资金上所表现出来的、能够做出明智判断和有效决策的能力。金融知识是影响家庭金融决策行为的重要因素（Bernheim 和 Garrett，2003；Jappelli 和 Padula，2013；尹志超等，2014），在投资决策的信息筛选和分析的过程中具有非常重要的作用。丰富的金融知识一方面有助于居民理解金融市场和金融产品，另一方面有利于减少投资时的信息搜寻和信息处理成本。总结已有研究成果，学术界主要采用两种方法衡量金融知识水平：第一种方法是通过简单的询问了解受访者的主观金融知识,这种方法由于主观性太强,偏误较大,如过度自信的投资者容易高估自己的金融知识;第二种方法则通过问卷设计让受访者作答与金融相关的题目,根据受访者的作答情况采取相应的衡量方法进行衡量。Agnew 和 Szyman（2005）、Hung 等（2009）使用正确回答问题的个数或者正确回答问题个数所占的比例衡量金融知识水平,尹志超等（2014）、Rooij 等（2011）则采用因子分析方法构建金融知识衡量指标。本书借鉴 Agnew 和 Szyman（2005）、Hung 等（2009）的研究方法,使用正确回答问题的个数构建金融知识水平的衡量指标。CHFS 问卷从"利率计算、通货膨胀理解和投资风险"三个方面设计了三个问题①来考察居民的客观金融知识水平,答对一题为 1 分,最后使用得分衡量金融知识水平。

家庭人口规模（family）。本书家庭规模用家庭中所有居住在一起的人口数来衡量。

家庭社会资本（social）。不同的学者通过选取不同的指标来反映家庭社会资本,严太华和刘志明（2015）认为通信费用的支出能反映出维系家庭社会网络的自发性,因此,选取通信费用支出衡量家庭社会资本。吴雨等（2016）选用户主及配偶兄弟姐妹数量以控制社会网络因素的影响。胡金焱和张博（2014）则遵循大多数学者的选取原则,选用"家庭在春节、中秋节等节假日（包括

---

① 中国家庭金融调查设计的三个问题为:【利率计算问题】假设您现在有 100 块钱,银行的年利率为 4%,如果您把这 100 元钱存 5 年定期,5 年后您获得的本金和利息为:1. 小于 120 元;2. 等于 120 元;3. 大于 120 元;4. 算不出来。具体处理,选择 3 则赋值为 1,选择其他则赋值为 0。【通货膨胀问题】假设您有 100 块钱,现在的银行利率为 5%,通货膨胀率每年为 3%,您的这 100 元钱存银行一年之后能够买到的东西将有如下几种情况:1. 比一年钱多;2. 跟一年前一样多;3. 比一年钱少;4. 算不出来。具体处理,选择 1 则赋值为 1,选择其他则赋值为 0。【投资风险问题】您认为一般而言,单独买一只公司的股票是否比买一只股票基金风险更大还是有以下几种情况:1. 是;2. 否;3. 没有听过股票;4. 没有听说过股票基金;5. 两者都没有听说过。具体处理,选择 1 则赋值为 1,选择其他则赋值为 0。

压岁钱与过节费）和红白喜事（包括做寿、庆生等）生日方面的现金或非现金收入与支出总和"以控制社会网络因素的影响。为了与本章第一节对应，此处，仍然选取能反映"家庭礼金往来数额"的"节假日或红白喜事礼金收支总额"作为家庭社会资本的代理变量，同时将其取对数。

家庭从事农业或工商业生产经营（produc）。家庭从事农业或者工商业经营主要包括家庭从事农业生产经营活动和家庭从事个体小手工业经营或企业经营等的工商业项目经营活动，若从事其中任意一项或两项，均赋值为1，若一项都不从事，则取值为0。

家庭收入（lny）。CHFS数据涉及工资薪金类收入、财产性收入、经营性收入与转移性收入，四大收入分别对应于CHFS问卷中的第一部分的工作信息部分、第二部分的资产部分、第三部分的农工商业部分和第四部分的保险及转移性收入部分，其中工资薪金类收入包括税收货币工资、税后奖金及税后补贴收入或实物收入，财产性收入包括非金融资产的住房收入、土地收入及金融资产的存款利息收入、股票买卖或分红收入、债券买卖或分红收入、基金买卖或分红收入、金融衍生品买卖收入、金融理财产品收入、外汇及黄金收入，农工商业收入包括农业生产经营收入和工商业生产经营项目收入，转移性收入包括社会和政府的现金资助、补助及非现金的实物帮助的收入总和。家庭收入则是将工资薪金类收入、财产性收入、经营性收入及转移性收入四大收入进行汇总加和。同样，此处家庭收入仍取对数。

家庭净资产（lnasset）。家庭净资产等于家庭资产总和与家庭负债总和的差值。家庭资产包括金融资产与非金融资产，其中金融资产由现金、活期存款、定期存款、政府债券等无风险资产和股票、基金、金融债券、企业债券、民间借出款、金融衍生品、银行理财产品与其他金融理财产品、外汇和黄金等风险资产组成，非金融资产包括农产品、农业机械和土地等农业资产、工商业资产、住房资产、汽车、耐用品及奢侈品等①。金融负债主要包括农工商负债、住房负债、汽车负债、教育负债、信用卡和其他负债（主要由婚丧嫁娶及看病等产生）。最后将家庭净资产取对数，以消除异方差。

第三，地区特征变量。地区层面的解释变量具体包括金融发展水平（finance）和地区人均 GDP（pgdp），其中金融发展水平（finance）用银行贷款余额占 GDP 的比重作为代理变量，地区人均 GDP（pgdp）则取对数。

6.2.2 数据来源及描述性统计

（1）数据来源说明

本节数据来源是 2013 年中国家庭金融调查（China Household Finance Survey，CHFS）数据、《中国统计年鉴 2013》、各省市《区域金融运行报告 2013》和《中国金融统计年鉴 2013》数据。中国家庭金融调查数据（CHFS）是西南财经大学中国家庭金融调查与研究中心于 2013 年在全国 29 个省（区、市）、262 个县、1048 个社区（村）开展的第二轮中国家庭金融调查项目，该项目采用分层、三阶段与人口规模成比例（PPS）的现代抽样方法，共收集了 28143 户家庭的家庭金融微观信息。这套数据为国内外研究者研究中国家庭金融问题及家庭资产配置问题提供了高质量的微观数据。2013 年的 CHFS 数据对 2011 年的 8438 户家庭样本进行了追访，并进一步将样本扩充至除新疆、西藏、港澳台之外的 28143 户家庭，其中城镇样本数为 18715 户，农村样本数为 9428 户。由于 CHFS

---

① 非金融资产的价值来自受访者对自有资产的估值。耐用品主要包括摄影机/照相机、电视机、洗衣机、冰箱、空调、电子计算机/电脑、音响、太阳能/电能热水器、家具、卫星接收器、乐器、手机等（问题编号：c8001），奢侈品包括金银首饰、高档衣服、高档皮包、游船、私人飞机、古董/古玩、珍稀动植物、珍贵邮票、字画等（问题编号：c8003）。

数据在人口年龄结构、城乡人口结构、性别结构等多个方面与国家统计局数据保持一致，因此数据的代表性较好（甘犁等，2015）。2013年第二轮中国家庭金融调查数据包括了家庭的人口特征及就业、主观态度、家庭的资产与负债、保险与保障和家庭的支出与收入等四部分的详细信息。在实证分析过程中，剔除了含有缺失值和无法匹配的样本，有效样本量将有所减少。

（2）基本描述统计分析

①家庭普惠金融整体情况分析。表6-11和表6-12列出了基于不同方法构建的家庭普惠金融状况的回归结果，其中表6-11采用了第一种方法，表6-12采用了第二种方法。

表6-11 家庭普惠金融情况（%）

	总比例	城乡差异		区域差异			教育差异			
		城镇	农村	东部	中部	西部	小学-	初中	高中	大专+
家庭普惠金融	40.47	46.69	26.02	46.41	32.16	39.11	21.79	36.91	46.37	65.32
家庭投资类普惠金融	28.21	34.80	12.91	36.33	20.78	21.13	12.73	24.08	33.53	50.22
家庭融资类普惠金融	18.21	19.76	14.59	17.89	15.16	22.93	9.99	16.00	19.16	31.12

由表6-11可知，从总样本来看，没有金融账户未享受到任何金融服务或产品的家庭比例占59.53%，有金融账户的家庭比例为40.47，还未达半。可见，我国家庭普惠金融水平整体偏低，有待进一步提高。其中有投资类金融账户的家庭占比为28.21%，有融资类金融账户的家庭占比为18.21%，家庭投资类普惠金融水平要高于家庭融资类普惠金融水平。从城乡角度来看，城镇家庭中拥有金融账户的比例为46.69%，农村地区仅为26.02%，城镇家庭的普惠金融水平是农村家庭普惠金融水平的1.79倍；家庭投资类普

惠金融方面，有投资类金融账户的城镇家庭占比为34.80%，有投资类金融账户的农村家庭占比为12.91%，城镇家庭的投资类普惠金融水平是农村家庭投资类普惠金融水平的2.70倍；家庭融资类普惠金融方面，有融资类金融账户的城镇家庭占比为19.76%，有融资类金融账户的农村家庭占比为14.59%，城镇家庭的融资类普惠金融水平是农村家庭融资类普惠金融水平的1.35倍。由此可知，城镇家庭的金融市场参与度高于农村家庭的金融市场参与度，投资类金融市场的参与度远高于农村家庭的投资类金融市场参与度。此外，城镇家庭的投资类普惠金融水平高于融资类普惠金融水平，农村家庭的融资类普惠金融水平高于投资类普惠金融水平，城镇家庭不再局限于发生正规信贷行为，主要表现为一种主动持有金融资产以增加财产性收入的投资行为，而农村地区投融资普惠金融水平均较低，主要以融资类普惠金融为主，主要处于努力突破信贷约束的阶段。从区域角度来看，东中西部三大地区家庭拥有金融账户的比例分别为46.41%、32.16%和39.11%，东部地区家庭普惠金融水平最高，西部地区略高于中部地区；东中西部三大地区家庭拥有投资类金融账户的比例分别为36.33%、20.78%和21.13%，东部地区家庭投资类普惠金融水平最高，西部地区与中部地区水平相当；东中西部三大地区家庭拥有融资类金融账户的比例分别为17.89%、15.16%和22.93%，西部地区家庭融资类普惠金融水平最高，东部地区略高于中部地区。由此可知，经济发达地区的家庭普惠金融水平较高，但同时经济落后地区的家庭由于融资类普惠金融水平较高从而使得整体普惠金融水平高于经济发展处于中等水平地区的家庭。从受教育水平来看，无论是家庭整体普惠金融水平还是家庭投资类普惠金融水平、家庭融资类普惠金融水平，均随受教育年限的增加而提高，受教育水平为小学及以下的家庭拥有金融账户的比例仅为21.79%，而大专及以上的家庭拥有金融账户的比例高达65.32%，受教育程度最高的群体还表现出投资类普惠金融水平高于融资类普惠金融水平，由此可知，受教育水平越高，金融市场参与度越高，不仅善于利用杠杆，而且还善于利用自身金融知识通过金融服务和产品进行投资实现自身财富的保值和增值。

由表6-12可知，从整体样本来看，没有任何金融服务和产品的家庭占比为59.53，其中没有投资类金融账户的家庭占比为71.79%，没有融资类金融账户的家庭占比为81.79%；拥有一种金融服务或产品的家庭占比为27.21%，其中拥有一种投资类金融服务或产品的家庭占比为20.54%，拥有一种融资类金融服务或产品的家庭占比为15.69%；拥有两种金融服务或产品的家庭占比为8.77%，其中拥有两种投资类金融服务或产品的家庭占比为5.07%，拥有两种融资类金融服务或产品的家庭占比为2.23%；拥有三种金融服务或产品的家庭占比为3.04%，其中拥有三种投资类金融服务或产品的家庭占比为1.89%，拥有三种融资类金融服务或产品的家庭占比为0.27%；拥有四种金融服务或产品的家庭占比为1.03%，其中拥有四种投资类金融服务或产品的家庭占比为0.58%，拥有四种融资类金融服务或产品的家庭占比为0.02%；拥有五种及以上金融服务或产品的家庭占比较少。由此可知，我国家庭普惠金融水平在金融服务和产品的多样化方面还有待进一步提高，多数家庭仅拥有一种或两种金融服务或产品，拥有三种以上的家庭比例较小。从城乡差异来看，城镇家庭的整体普惠金融水平要高于农村家庭的整体普惠金融水平，其中城镇家庭的投资类普惠金融水平要远高于农村家庭的投资类普惠金融水平，城镇家庭的融资类普惠金融水平则仅略高于农村家庭的融资类普惠金融水平，此外，农村家庭最多拥有四种金融服务或产品，而城镇家庭在产品的种类上要多于农村家庭，城镇家庭最多拥有七种金融服务或产品。

表 6-12　　家庭普惠金融情况（按使用种类）

城乡差异	样本数	家庭普惠金融水平（%）							
		0	1	2	3	4	5	6	7
城镇家庭普惠金融	16729	53.31	29.34	11.12	4.16	1.46	0.47	0.12	0.02
农村家庭普惠金融	7202	73.98	22.27	3.29	0.43	0.03			
合计 1	23931	59.53	27.21	8.77	3.04	1.03	0.33	0.08	0.01
城镇家庭投资类普惠金融	16678	65.20	24.06	7.06	2.69	0.83	0.14	0.02	0.01
农村家庭投资类普惠金融	7187	87.09	12.40	0.46	0.06				
合计 2	23865	71.79	20.54	5.07	1.89	0.58	0.10	0.01	0.00
城镇家庭融资类普惠金融	16729	80.24	17.04	2.37	0.33	0.02			
农村家庭融资类普惠金融	7202	85.41	12.55	1.89	0.14	0.01			
合计 3	23931	81.79	15.69	2.23	0.27	0.02			

②家庭普惠金融产品和服务使用情况。上面分析了中国家庭普惠金融的整体情况，接下来将对家庭普惠金融产品和服务使用的具体情况进行简单的描述。表 6-13 描述了我国家庭正规信贷的基本情况。由表 6-13 可知，我国家庭发生正规信贷的比例为 19.09%，其中农业生产负债比例为 7.17%，工商业经营负债比例为 12.10%，住房修建负债比例为 8.81%，汽车购买负债比例为 1.5%，教育负债比例为 1.73%，信用卡负债比例为 6.28%，其他（包括婚丧嫁娶、看病等）负债为 15.14%，除其他负债之外，我国家庭在金融负债方面，工商业经营负债比例最高，教育负债比例最低，整体看来我国金融负债水平较低。由此可知，信贷约束对家庭金融负债的影响较大，一方面，信贷约束导致家庭难以从正规渠道借到贷款；

另一方面，向亲戚朋友及民间组织借款或贷款等民间借贷对正规借贷产生了一定的挤出效应。从城乡差别来看，城镇家庭的总体信贷比例为21.40%，农村家庭的总体信贷比例为16.34%，城镇家庭的信贷水平高于农村家庭的信贷水平。从贷款用途来看，住房修建、汽车购买和信用卡方面，城镇家庭的信贷比例高于农村家庭的信贷比例，农业生产、工商业经营及教育方面，农村家庭的信贷比例高于城镇家庭的信贷比例，由此可知，城镇家庭正规信贷的主要用途是用于住房修建、汽车购买及其他消费，农村家庭正规信贷的主要用途是用于生产和教育。从区域差异来看，东中西部地区家庭获得正规信贷的比例分别为19.10%、16.60%和24.35%，由此可知，西部地区家庭发生正规信贷行为的比例最高，中部地区家庭最低，从贷款用途来看，西部地区家庭在农业生产、工商业经营、教育和住房修建方面表现了较为强烈的正规信贷需求，中部地区家庭在农业生产方面的正规信贷需求高于东部地区，在住房修建方面的正规信贷需求要低于东部地区。

表6-13 按贷款用途的正规信贷情况（%）

	总比例	城乡差异		区域差异		
		城镇	农村	东部	中部	西部
正规信贷	19.09	21.40	16.34	19.10	16.60	24.35
农业生产	7.17	4.54	8.10	3.48	7.97	10.49
工商业经营	12.10	11.76	13.45	10.57	11.11	16.42
住房修建	8.81	10.62	4.90	9.20	5.82	11.94
汽车购买	1.5	1.77	0.92	1.63	1.15	1.70
教育	1.73	1.13	3.02	1.04	1.82	3.01
信用卡	6.28	8.50	2.19	7.60	4.92	5.68
其他	15.14	15.42	14.85	14.54	12.28	19.55

表6-14呈现了我国家庭使用普惠金融服务和产品的具体情

况。由表6-14可知，整体而言，我国家庭拥有存款、股票、基金、债券、金融衍生品、金融理财、黄金和外汇的比例分别为63.38%、7.89%、4.25%、0.94%、0.21%、2.90%、1.14%和1.22%，平均持有规模分别为30795.21元、7512.82元、51687.57元、922.43元、130.08元、3608.79元、67524.08元和692.89元。从持有比例来看，银行存款所占比重最高，股票第二，基金第三，债券和金融衍生品所占比重最低。由此可知，我国家庭持有最多的无风险资产是存款，持有最多的风险资产是股票、基金和金融理财产品，从平均持有规模来看，持有规模最大的金融产品分别为银行存款、基金和黄金。从城乡差异来看，现阶段我国城乡家庭普惠金融产品和服务使用情况存在较大的差异：首先，城镇家庭有存款的比例为72.19%，农村家庭有存款的比例仅为34.45%，城镇家庭有存款账户的比例远高于农村家庭；其次，在股票、基金、债券、金融衍生品、金融理财、黄金和外汇等方面的持有比例，城镇家庭均高于农村家庭；最后，城镇家庭持有最多的分别是股票、基金和金融理财产品，农村家庭相对持有较多的股票、基金和黄金。

③相关变量的描述性统计。通过Stata13.1软件进行分析，得到各变量描述性统计，具体如表6-15所示。按照第一种方法衡量，可以看出，我国家庭普惠金融水平整体偏低，其中全样本的家庭平均普惠金融水平为0.463，城镇家庭的平均普惠金融水平为0.545，农村家庭的平均普惠金融水平为0.275，城镇家庭的普惠金融水平优于农村家庭，且将近高出1倍。从普惠金融类别来看，家庭投资类普惠金融平均水平优于家庭融资类普惠金融平均水平。城镇家庭的投资类普惠金融平均水平为0.348，农村家庭的投资类普惠金融平均水平为0.129，城镇地区是农村地区的2.70倍，但城镇家庭与农村家庭在融资类普惠金融方面差距较小。第二种方法结果显示，全样本的家庭平均普惠金融水平为0.602，城镇家庭的平均普惠金融水平为0.731，农村家庭的平均普惠金融水平为0.303。

表6-14 家庭普惠金融产品和服务使用情况

城乡差异	样本数	存款	股票	基金	债券	金融衍生品	金融理财	黄金	外汇
家庭普惠金融产品和服务使用情况									
城镇家庭	19207	72.19	11.43	6.08	1.24	0.34	4.17	1.52	1.67
农村家庭	8932	34.45	0.29	0.32	0.28	0.08	0.16	0.34	0.25
获得性(%)	28140	63.38	7.89	4.25	0.94	0.21	2.90	1.14	1.22
城镇家庭	19207	39906.49	10961.29	52364.58	1350.52	189.12	5265.93	73685.00	1007.99
农村家庭	8932	11204.55	98.19	18159.52	2.00	3.13	45.75	12075.78	15.39
平均规模(元)	28140	30795.21	7512.82	51687.57	922.43	130.08	3608.79	67524.08	692.89

219

可见,我国家庭在拥有金融服务或产品的数量及种类方面均有待进一步提高,目前拥有的金融服务或产品较为单一,多元化程度不够。

表 6-15　　　　　　相关变量的描述性统计

指标类型	指标名称	全部样本	城镇样本	农村样本
被解释变量	家庭普惠金融1	0.463 (0.605)	0.545 (0.635)	0.275 (0.478)
	家庭投资类普惠金融1	0.282 (0.450)	0.348 (0.476)	0.129 (0.335)
	家庭融资类普惠金融1	0.182 (0.386)	0.198 (0.398)	0.146 (0.353)
	家庭普惠金融2	0.602 (0.904)	0.731 (0.991)	0.303 (0.553)
	家庭投资类普惠金融2	0.393 (0.741)	0.504 (0.829)	0.135 (0.359)
	家庭融资类普惠金融2	0.210 (0.489)	0.228 (0.496)	0.168 (0.433)
户主特征	年龄	51.53 (14.495)	50.36 (15.10)	54.25 (12.57)
	年龄的平方	2865 (1544)	2764 (1592)	3101 (1402)
	健康状况	0.469 (0.499)	0.506 (0.500)	0.383 (0.486)
	婚姻状况	0.858 (0.349)	0.844 (0.363)	0.893 (0.309)
	性别	0.749 (0.433)	0.693 (0.461)	0.881 (0.324)
	教育水平	9.535 (4.260)	10.651 (4.061)	6.944 (3.520)
	党员身份	0.183 (0.387)	0.214 (0.410)	0.110 (0.313)
	风险态度	0.107 (0.309)	0.113 (0.317)	0.091 (0.288)

续表

指标类型	指标名称	全部样本	城镇样本	农村样本
家庭特征	家庭金融知识	0.686 (0.821)	0.800 (0.844)	0.421 (0.698)
	家庭人口规模	3.348 (1.575)	3.118 (1.380)	3.884 (1.846)
	ln 家庭社会资本	6.396 (3.26)	6.649 (3.176)	5.809 (3.379)
	家庭土地面积	12.99 (195.63)	11.39 (59.14)	13.98 (244.21)
	家庭从事农业或工商业生产经营	0.407 (0.491)	0.258 (0.437)	0.753 (0.431)
	ln 家庭收入	7.816 (3.765)	8.099 (3.108)	7.693 (4.010)
	ln 家庭净资产	8.496 (1.647)	8.756 (1.555)	7.804 (1.663)
社区特征	每万人银行网点机构数	1.569 (0.257)	1.586 (0.248)	1.531 (0.272)
	银行贷款余额占 GDP 的比重	1.191 (0.449)	1.239 (0.489)	1.077 (0.309)
	ln 地区人均 GDP	10.681 (0.416)	10.745 (0.426)	10.532 (0.349)

注：括号内数据为标准差。

户主特征方面，在年龄上，全部受访者的平均年龄在 51 岁左右，农村家庭户主的平均年龄稍微高于城镇家庭户主的平均年龄。从健康状况来看，户主的健康状况均值为 0.469，城镇地区的健康均值为 0.506，高于农村地区健康状况的均值 0.383，这说明，城镇地区户主的身体要比农村地区户主的身体健康；从户主性别来看，74.9%的户主是男性，可见，一家之主还是以男性为主，农村地区户主为男性的现象更为明显；从户主婚姻来看，已婚概率为85.8%，说明大多数户主拥有稳定的婚姻状况；从受教育水平来看，户主的平均受教育年限为9.535，说明户主主要以初中文化程度为主，这在一定程度上反映我国家庭目前主要劳动力的文化程度普遍较低，且农村地区户主的受教育水平要低于城镇地区户主的受教育水平；从党员身份来看，18.3%的户主拥有中国共产党或者其他党派身份，农村地区户主是党员身份的概率更低；从风险态度来看，仅10.7%的户主偏好风险，农村地区户主仅9.1%的户主偏好风险，农村地区户主与城镇地区户主相比，更加倾向于规避风险。家庭特征方面，金融知识方面，全样本的均值为0.686，城镇家庭的金融知识水平和农村家庭的金融知识水平分别为0.800和0.421，城镇家庭的金融知识水平远高于农村家庭的金融知识水平；家庭人口规模方面，平均规模为3.348；城镇家庭和农村家庭在家庭社会资本和家庭土地面积方面的差别不大，但在是否从事农业或工商业生产经营方面的差别较大，城镇地区仅有25.8%的家庭从事农业或工商业生产经营，而农村地区有75.3%的家庭从事农业或工商业生产经营，这在一定程度上反映了我国城乡二元经济结构；家庭收入和家庭净资产的平均对数值分别为7.816和8.496，且均表现为城镇家庭的收入和资产水平高于农村家庭的收入和资产。社区特征方面，每万人银行网点机构数、银行贷款余额占GDP的比重和地区人均GDP的对数值分别为1.569、1.191和10.681。

6.2.3 实证结果与分析

（1）基准回归结果

将两种方法衡量的普惠金融水平分别放入模型进行实证分析，结果发现，两种普惠金融的实证结果相差不大。因此，本书只列出用第一种方法衡量的家庭普惠金融进行实证分析的结果。本书从微观视角对影响家庭普惠金融的因素进行了有序probit模型估计，对影响家庭投资类普惠金融和家庭融资类普惠金融的因素进行了probit模型估计，表6-16报告了模型估计的结果。表6-16中第（1）—（3）列分别报告了各影响因素对家庭普惠金融、家庭投资类普惠金融和家庭融资类普惠金融影响的有序probit和probit回归结果。

表6-16中第（1）列回归结果表明，从户主特征来看，户主年龄对家庭普惠金融有非线性影响作用，这与Shum和Faig（2006）金融市场参与随年龄先增大后下降的结论一致；健康状况的估计系数为0.001，但未通过显著性检验，可见，户主健康状况对家庭普惠金融影响不显著；婚姻状况的估计系数为0.207，在1%水平上显著，说明户主稳定的婚姻对家庭普惠金融有正向影响，能显著提高家庭普惠金融水平；性别的估计系数为-0.994，在1%水平上显著，说明女性户主相对于男性户主更利于家庭普惠金融水平的提高，女性户主对家庭普惠金融产生显著的正向影响；教育水平的估计系数为0.067，通过1%显著性水平检验，说明户主受教育程度越高，家庭普惠金融水平越高，受教育水平对家庭普惠金融有显著的正向影响；党员身份的估计系数为0.082，在1%水平上显著，说明户主是党员身份能通过政治资本优势提高家庭金融市场参与度，从而增加金融服务和产品的获得，提高家庭普惠金融水平；风险态度的估计系数为0.082，在5%水平上显著，说明风险偏好型户主能对家庭普惠金融产生正向影响。从家庭特征来看，金融知识的估计系数为0.139，通过1%显著性水平检验，说明缺乏金融知识是导致家庭普惠金融水平较低的重要原因，金融知识能综合反映一个家庭的经济决策能力，金融知识水平越高的家庭参与金融市场的意愿越强，其资产配置及财富管理能力也越强，因此，金融知识能对家庭普惠金融产生积极的正向影响；家庭人口规模的

估计系数为-0.015，在10%水平上显著。家庭人口规模与家庭普惠金融负向相关关系；家庭社会资本的估计系数为0.016，在1%水平上显著，社会资本包括社会网络，是影响家庭经济活动的重要因素，中国是一个非常重视"关系"的传统国家，社会资本源于其信息发送和隐性担保功能（张博等，2015），能提高家庭获得正规信贷的可能性及促进其参与金融市场进行资产配置；从事农业或工商业生产经营的估计系数虽然为正，但未通过显著性检验，说明家庭是否从事农业或工商业生产经营并不能对家庭普惠金融产生显著的影响；家庭收入变量和家庭净资产的系数估计值均在1%水平上显著为正，均对家庭金融具有显著的正向影响，家庭收入和家庭净资产反映了一个家庭的财富水平，说明家庭收入水平越高、家庭净资产越多，家庭财富水平越高，家庭普惠金融水平越高。地区特征变量上，金融发展水平和地区人均GDP的估计系数均在1%水平上显著为正，均对家庭普惠金融具有显著的正向影响，说明一个地区的金融发展水平越高，金融生态环境越好，越有利于家庭参与金融市场提高家庭普惠金融程度，一个地区的经济发展水平越好，经济基础和市场完善度越优越，越能有效促进家庭普惠金融水平的提高。

在表6-16中第（2）和第（3）列家庭投资类普惠金融和家庭融资类普惠金融影响因素的回归结果中，个体特征变量上，各变量估计系数基本与家庭普惠金融的估计系数符号保持一致，各变量对因变量的影响方向一致，具体来看，年龄对家庭投资类普惠金融和家庭融资类普惠金融均产生了非线性影响，健康状况的影响不显著，婚姻状况和教育水平的估计系数均在1%水平上显著为正，婚姻状况和教育水平均对家庭投资类普惠金融和家庭融资类普惠金融产生了显著的正向影响，党员身份和风险态度的估计系数也均为正，但党员身份和风险态度对家庭投资类普惠金融并未产生显著的影响，其估计系数未通过显著性检验，而党员身份和风险态度对家庭融资类普惠金融却产生了显著的正向影响,可见,党员身份和风险偏好对家庭金融市场参与和家庭资产选择的影响作用不明显,但对家庭负债影响较为显著,李涛等(2010)认为更强的风险规避程度会增加居民在贷款方面受到金融排斥的可能性。

家庭特征变量方面,家庭金融知识、家庭收入和家庭净资产均在1%水平上显著为正,这说明家庭收入和家庭净资产均能显著促进家庭持有投资类金融产品和融资类金融产品,家庭收入越高、家庭净资产越富裕,越能做到"有钱可理",善于经营和投资,对金融产品需求也就越大,投资类普惠金融和融资类普惠金融水平就越高。家庭人口规模、家庭社会资本、家庭是否从事农业或工商业生产经营三个变量对投资类普惠金融和融资类普惠金融的影响存在异质性,家庭规模越大的家庭,投资类普惠金融水平越低,融资类普惠金融水平越高,这与张号栋和尹志超(2016)的研究结论一致。社会资本促进家庭普惠金融水平的提高主要是通过促进投资类普惠金融水平的提高。从回归结果来看,家庭社会资本在1%水平上显著正向促进投资类普惠金融,而社会资本与融资类普惠金融呈负向相关关系,估计系数为-0.003,但未通过显著性检验,可知家庭社会资本对融资类普惠金融水平的作用并不显著,这与胡金焱和张博(2014)的研究结论一致。地区层面,金融发展水平的估计系数均为正,且都通过了1%的显著性水平检验,说明金融发展水平越高的地区,金融服务网点密度越大,地理渗透性越强,提供的金融服务和产品越多也越丰富,越有利于家庭持有投资类金融产品和融资类金融产品,从而提高家庭投资类普惠金融程度和融资类普惠金融程度。地区人均GDP的估计系数分别为0.349和-0.226,均通过了1%的显著性水平检验,这说明经济发展水平越高的地方,越有利于家庭持有投资类金融产品,经济发展水平越落后的地方,对正规信贷的需求越强烈。

表6-16　　　家庭普惠金融的影响因素实证结果

被解释变量	家庭普惠金融（1）	家庭投资类普惠金融（2）	家庭融资类普惠金融（3）
age	0.015*** (3.91)	0.031*** (7.00)	0.020** (2.98)
age^2	-0.0001*** (-3.50)	-0.0001** (-3.28)	-0.0004** (-5.49)
health	0.001 (0.06)	-0.005 (-0.25)	0.003 (0.13)
marri	0.207*** (7.18)	0.190*** (5.78)	0.138*** (3.62)
gender	-0.094*** (-4.66)	-0.093*** (-4.01)	-0.051* (-2.04)
edu	0.067*** (24.90)	0.067*** (21.49)	0.044*** (12.44)
party	0.082*** (3.68)	0.026 (1.01)	0.101*** (3.62)
risk	0.082** (3.08)	0.040 (1.29)	0.090** (2.92)
literacy	0.139*** (13.32)	0.157*** (13.00)	0.063*** (4.91)
family	-0.015* (-2.44)	-0.061*** (-8.32)	0.044*** (5.96)
lnsocial	0.016*** (5.53)	0.026*** (7.77)	-0.003 (-0.72)
produc	0.002 (0.09)	-0.176*** (-7.92)	0.204*** (8.75)
lny	0.053*** (20.76)	0.067*** (23.00)	0.018*** (5.71)

续表

被解释变量	家庭普惠金融（1）	家庭投资类普惠金融（2）	家庭融资类普惠金融（3）
ln$asset$	0.163 ***	0.162 ***	0.111 ***
	(22.59)	(19.94)	(12.28)
$finance$	0.210 ***	0.120 ***	0.189 ***
	(9.42)	(4.68)	(6.73)
ln$pgdp$	0.085 ***	0.349 ***	-0.226 ***
	(3.37)	(12.02)	(-7.18)
Pseudo R^2	0.1394	0.1843	0.1135
obs	23522	23460	23522
估计方法	有序 probit	probit	probit

注：括号内为 t 统计量（为避免异方差和组内自相关，本书按家庭聚类分析），其中 $*p<0.05$，$**p<0.01$，$***p<0.001$。

（2）进一步的边际概率分析

值得注意的是，上述有序 probit 模型回归的估计参数含义不直观，只能在参数符号和显著性方面给出有限的信息。因此，此处基于上述检验选择的有序 probit 参数模型的估计进一步计算各影响因素对家庭普惠金融的边际概率影响。表 6-17 报告了由参数模型估计的各因素的平均边际概率效应。当 IFI=0 时，表示家庭受到完全金融排斥。个体特征方面，户主年龄与家庭普惠金融水平呈"倒 U"形特征，年轻人和老年人受到金融排斥的可能性较高；户主健康状况每提升 1 个单位，家庭受到金融排斥的概率下降 0.03%，但并不显著；已婚户主比其他婚姻状况的户主受到金融排斥的概率要低 6.7%，男性受到金融排斥的概率要比女性受到金融排斥的概率高出 3.1%；教育水平的边际效应为 -0.022，且在 1% 水平上显著，说明教育水平每提升 1 个单位，家庭受金融排斥的概率就会下降 2.2%；党员身份代表政治资本，其边际效应为 -0.027，且在 1% 水平上显著，表明户主拥有党员身份可以使家庭受金融排斥概率下降 2.7%，这说明有政治倾向的家庭社会资源越丰富，从而有利于改善家庭金融排斥状况；风险态度每提升 1 个单位，家庭金融排斥将下降 2.7% 的概率，这说明风险偏好有利于降低家庭受金融排斥的程度。

家庭特征方面，家庭金融知识、家庭社会资本、家庭收入和家庭净资产的边际影响都为负：家庭金融知识为 -0.045，家庭社会资本为 -0.005，家庭收入为 -0.017，家庭净资产为 -0.053，且都在 1% 统计水平上显著，这说明家庭净资产和家庭金融知识对家庭金融排斥的影响程度最大，其每提高 1 个单位，家庭金融排斥概率分别降低 5.3% 和 4.5%，家庭收入次之，每提高 1 个单位，家庭金融排斥概率降低 1.7%，家庭社会资本的影响最小，每提高 1 个单位，家庭金融排斥概率降低 0.5%；家庭人口规模的边际效应为 0.005，在 10% 水平上显著，说明家庭人口规模每提高 1 个单位，家庭金融排斥概率将增加 0.5%；家庭是否从事农业或工商业生产经营的边际效应为 -0.0006，但未通过显著性检验。

地区特征变量方面，金融发展水平和地区人均 GDP 的边际效应分别为 -0.069 和 -0.028，表明金融发展水平和地区人均 GDP 每提高 1 个单位，家庭金融排斥概率分别下降 6.9% 和 2.8%。由上述可知，首先，地区金融发展水平、婚姻状况、家庭净资产、家庭金融知识是影响家庭金融排斥的重要因素；其次，性别、地区人均 GDP、党员身份、风险态度、教育水平和家庭收入对家庭金融排斥的影响也较大；最后，年龄、健康状况、家庭人口规模、家庭社会资本、家庭是否从事农业或工商业生产经营对家庭金融排斥有微弱的影响。

当 IFI = 1 和 IFI = 2 时，表示家庭破除了金融排斥问题，被纳入了金融包容体系，个体特征方面，年龄、健康状况、婚姻状况、性别、教育水平、党员身份和风险态度对只拥有投资类金融账户或只拥有融资类金融账户中的一种的低普惠金融水平（IFI = 1）的边际效应绝对值大于对既拥有投资类金融账户又拥有融资类金融账户的高普惠金融水平（IFI = 2）的边际效应绝对值，可见，这些变量每提升 1 个单位，对 IFI = 1 时的低普惠金融水平提升的概率影响大于对 IFI = 2 时的高普惠金融水平提升的概率影响。家庭特征变量和地区特征变量表现了和个体特征变量相同的特征，即家庭金融知识、家庭人口规模、家庭社会资本、从事农业或工商业生产经营、家庭收入和家庭净资产等家庭影响因素，金融发展水平和地区人均 GDP 等地区影响因素的边际效应绝对值表现为 IFI = 1 时的大于 IFI = 2 时的，这些变量每提升 1 个单位，对 IFI = 1 时的低普惠金融水平提升的概率影响大于对 IFI = 2 时的高普惠金融水平提升的概率影响。由此可知，如果只增加家庭的投资类或融资类金融账户中的一种较为容易，若要同时增加家庭的投资类金融账户和融资类金融账户则较为困难。

表 6-17　　　　　　　　　边际概率的影响效应

家庭普惠金融	IFI = 0	IFI = 1	IFI = 2
age	-0.0048 *** (0.000)	0.003 *** (0.000)	0.0015 *** (0.000)
age^2	0.00004 *** (0.000)	-0.00003 *** (0.000)	-0.00001 *** (0.000)
$health$	-0.0003 (0.953)	0.0002 (0.953)	0.0001 (0.953)
$marri$	-0.067 *** (0.000)	0.047 *** (0.000)	0.020 *** (0.000)
$gender$	0.031 *** (0.000)	-0.021 *** (0.000)	-0.009 *** (0.000)
edu	-0.022 *** (0.000)	0.015 *** (0.000)	0.007 *** (0.000)

续表

家庭普惠金融	IFI = 0	IFI = 1	IFI = 2
$party$	-0.027***	0.019***	0.008***
	(0.000)	(0.000)	(0.000)
$risk$	-0.027**	0.019**	0.008**
	(0.002)	(0.002)	(0.002)
$literacy$	-0.045***	0.032***	0.014***
	(0.000)	(0.000)	(0.000)
$family$	0.005*	-0.003*	-0.001*
	(0.015)	(0.015)	(0.015)
$lnsocial$	-0.005***	0.004***	0.002***
	(0.000)	(0.000)	(0.000)
$produc$	-0.0006	0.0004	0.0002
	(0.925)	(0.925)	(0.925)
lny	-0.017***	0.012***	0.005***
	(0.000)	(0.000)	(0.000)
$lnasset$	-0.053***	0.037***	0.016***
	(0.000)	(0.000)	(0.000)
$finance$	-0.069***	0.048***	0.021***
	(0.000)	(0.000)	(0.000)
$lnpgdp$	-0.028***	0.019***	0.008***
	(0.001)	(0.001)	(0.001)

注：括号内为 p 统计量（为避免异方差和组内自相关，本书按家庭聚类分析），其中 $*p<0.05$, $**p<0.01$, $***p<0.001$。

(3) 异质性分析

①家庭普惠金融影响因素的城乡差异。表 6-18 显示了家庭普惠金融影响因素的城乡差异，将城乡类别变量设置为哑变量，城镇=1，农村=0。由表 6-18 可知，个体特征方面，年龄在城镇家庭中表现出非线性特征，在农村家庭不呈现"倒 U"形特征；婚姻状况

对城镇家庭和农村家庭均产生显著的正向影响，对城镇家庭的影响作用更大；城镇家庭的普惠金融水平易受到户主性别的影响，户主性别为女性更有利于家庭普惠金融水平的提升，但这个特征在农村家庭不明显；教育水平对城镇家庭普惠金融和农村家庭普惠金融均产生了显著的正向影响，教育水平对城镇家庭的影响作用更为积极；党员身份和风险态度对城镇家庭普惠金融均产生了显著的正向影响，对农村家庭普惠金融的影响均不显著，一方面，可能农村家庭的政治资本效应并未显现出来，另一方面，农村家庭因家庭收入及家庭净资产偏少经济实力不足更倾向于风险规避。

家庭特征方面，家庭金融知识对城镇家庭普惠金融和农村家庭普惠金融均产生了显著的正向影响，家庭金融知识对城镇家庭的影响作用更为积极；家庭人口规模对城镇家庭普惠金融和农村家庭普惠金融均不产生显著的影响；家庭社会资本对城镇家庭普惠金融产生了显著的正向影响，对农村家庭普惠金融的影响不显著，这与已有研究结论稍有不同，社会资本未对农村家庭普惠金融产生显著影响可能原因是农村的人情礼金来往更多是出于被动的习俗文化所致，尚未体现出社会网络的真正价值；从事农业或工商业生产经营对城镇家庭普惠金融和农村家庭普惠金融均产生了显著的正向影响，但对农村家庭的影响作用更为积极；家庭收入和家庭净资产对城镇家庭普惠金融和农村家庭普惠金融均产生了显著的正向影响，且对城镇家庭的影响作用更为明显。

地区特征变量方面，金融发展水平对城镇家庭普惠金融和农村家庭普惠金融均产生了显著的正向影响，但金融发展水平对农村家庭普惠金融水平的促进作用更为显著，因此，我国应加大金融基础设施建设及金融生态环境建设，构建多层次、广覆盖、有差异的银行机构体系，增加金融机构网点分布，积极发展村镇银行等多形式农村金融机构，以推动农村尤其欠发达地区的普惠金融发展；地区人均 GDP 对城镇家庭普惠金融产生了显著的正向影响，对农村家庭普惠金融的影响并不显著,可见,经济发达地区城镇经济效应并未对农村经济产生空间溢出效应,城镇和农村地区的金融资源配置呈不均衡特征。

表 6-18　　家庭普惠金融影响因素的城乡差异

被解释变量	家庭普惠金融	
	城镇家庭	农村家庭
age	0.018 *** (4.23)	0.016 (1.56)
age^2	-0.0001 *** (-3.38)	-0.0002 * (-3.28)
health	0.0006 (0.03)	0.002 (0.06)
marri	0.206 *** (6.37)	0.174 ** (2.59)
gender	-0.077 *** (-3.51)	-0.037 (-0.65)
edu	0.072 *** (22.55)	0.033 *** (6.04)
party	0.067 ** (2.70)	0.085 (1.68)
risk	0.096 ** (3.13)	0.024 (0.46)
literacy	0.145 *** (12.18)	0.087 *** (3.83)
family	-0.005 (-0.65)	-0.013 (-1.31)
lnsocial	0.018 *** (5.19)	0.010 (1.91)

续表

被解释变量	家庭普惠金融	
	城镇家庭	农村家庭
$produc$	0.055 * (2.27)	0.134 ** (3.11)
$\ln y$	0.056 *** (19.74)	0.048 *** (7.50)
$\ln asset$	0.163 *** (19.45)	0.130 *** (9.10)
$finance$	0.139 *** (5.45)	0.394 *** (7.32)
$\ln pgdp$	0.145 *** (4.82)	-0.042 (-0.85)
Pseudo R^2	0.1358	0.1843
obs	16496	7026
估计方法	有序 probit	有序 probit

注：括号内为 t 统计量（为避免异方差和组内自相关，本书按家庭聚类分析），其中 $*p<0.05$，$**p<0.01$，$***p<0.001$。

②家庭普惠金融影响因素的区域差异。表 6-19 显示了家庭普惠金融影响因素的区域差异，将地区变量设置为哑变量，东部地区 =1，中部地区 =2，西部地区 =3。由表 6-19 可知，个体特征方面，年龄对东部地区和西部地区家庭普惠金融呈现显著的非线性特征，中部地区户主年龄并未对家庭普惠金融产生显著影响；健康状况的回归结果较为稳健，在三大地区均未对家庭普惠金融产生显著影响；户主已婚对东部地区、中部地区和西部地区家庭普惠金融产生显著的正向影响，可见稳定的家庭可以实现稳定的家庭财富积累，对家庭普惠金融产生积极的促进作用；三大区域女性户主均能对家庭普惠金融产生积极的正向影响，但东部家庭这种影响作用最弱；东部发达地区户主党员身份并未对家庭普惠金融产生显著的正

向影响，可见，经济发达地区市场机制较为完善，居民接触金融服务的机会较为公平，不易形成"权力寻租"；中部地区户主风险态度并未对家庭普惠金融产生显著的影响，可见，经济发展适中的地区家庭更倾向于风险规避和风险中性，不愿承担过多风险。

表6-19　　家庭普惠金融影响因素的区域差异

被解释变量	家庭普惠金融		
	东部=1	中部=2	西部=3
age	0.015 ** (2.93)	0.002 (0.30)	0.030 *** (3.69)
age^2	-0.0001 * (-2.08)	-0.00004 (-0.55)	-0.0003 *** (-3.68)
health	-0.00008 (-0.00)	0.018 (0.55)	-0.018 (-0.47)
marri	0.205 *** (5.05)	0.189 *** (3.31)	0.237 *** (3.91)
gender	-0.058 * (-2.05)	-0.151 *** (-3.73)	-0.129 ** (-2.97)
edu	0.075 *** (19.36)	0.062 *** (11.96)	0.064 *** (11.74)
party	0.050 (1.61)	0.101 * (2.36)	0.118 * (2.40)
risk	0.126 ** (3.26)	0.058 (1.20)	0.034 ** (0.61)
literacy	0.143 *** (9.45)	0.140 *** (7.24)	0.124 *** (5.56)
family	-0.019 * (-2.01)	-0.001 (-0.11)	-0.023 (-1.79)

续表

被解释变量	家庭普惠金融		
	东部 = 1	中部 = 2	西部 = 3
ln$social$	0.024*** (5.90)	0.013* (2.18)	0.003 (0.51)
$produc$	−0.008 (−0.30)	−0.019 (−0.54)	0.049 (1.22)
ln$y$	0.056*** (16.11)	0.043*** (8.46)	0.058*** (10.37)
ln$asset$	0.173*** (17.24)	0.162*** (11.65)	0.133*** (8.61)
$finance$	−0.018 (−0.54)	0.038 (0.29)	0.364*** (3.40)
ln$pgdp$	0.355*** (6.59)	−0.108 (−1.19)	0.048 (0.68)
Pseudo R^2	0.1555	0.1124	0.1159
obs	11127	7096	5299
估计方法	有序 probit	有序 probit	有序 probit

注：括号内为 t 统计量（为避免异方差和组内相关，本书按家庭聚类分析），其中 *$p<0.05$，**$p<0.01$，***$p<0.001$。

家庭特征方面，金融知识是家庭普惠金融的重要影响因素，对三大地区家庭普惠金融均产生了显著的正向影响作用；家庭人口规模对东部地区家庭普惠金融产生了一定的消极作用；家庭社会资本对东部地区和中部地区家庭普惠金融产生了积极的正向影响作用，对西部地区家庭普惠金融未产生显著作用；与金融知识一样，家庭收入和家庭净资产是影响家庭普惠金融的显著因素，在三大区域的估计系数均为正，且均通过了1%的显著性水平检验。

金融发展水平并未对东部地区家庭和中部地区家庭产生显著影响，但对西部地区家庭普惠金融的估计系数为0.364，且在1%水平上显著，与城乡差异结果一样，金融发展水平对经济落后地区的家庭普惠金融促进作用更为显著；同理，经济发展水平越高的地方越有利于家庭普惠金融水平的提升，"马太效应"较为明显，经济发展水平越好的地方，家庭普惠金融水平越高，优者越优，劣者越劣。

6.2.4 结论与启示

本书使用中国家庭金融调查（CHFS 2013）数据，从个人、家庭和社区层面研究了家庭普惠金融、家庭投资类普惠金融和家庭融资类普惠金融的影响因素。研究发现：(1) 首先，金融发展水平、婚姻状况、家庭净资产、家庭金融知识是影响家庭普惠金融的重要因素；其次，性别、地区人均GDP、党员身份、风险态度、教育水平和家庭收入对家庭普惠金融的影响也较大；最后，年龄、健康状况、家庭人口规模、家庭社会资本、家庭是否从事农业或工商业生产经营对家庭普惠金融有微弱的影响。(2) 家庭投资类普惠金融和家庭融资类普惠金融的影响因素与家庭普惠金融大致相同，但党员身份、风险态度、家庭人口规模、家庭社会资本、家庭是否从事农业或工商业生产经营、地区人均GDP对投资类普惠金融和融资类普惠金融的影响存在显著差异。(3) 如果只增加家庭的投资类或融资类金融账户中的一种较为容易，若要同时增加家庭的投资类金融账户和融资类金融账户则较为困难。(4) 分城乡来看，年龄、性别、婚姻状况、教育水平、党员身份、风险态度、家庭金融知识、家庭社会资本、家庭收入、家庭净资产和地区人均GDP对城镇家庭普惠金融的影响作用大于对农村家庭普惠金融的影响作用，从事农业或工商业生产经营和地区金融发展水平对农村家庭普惠金融水平的促进作用更为显著；分区域来看，婚姻状况、性别、教育水平、家庭金融知识、从事农业或工商业生产经营、健康状况、家庭收入和家庭净资产对家庭普惠金融的影响作用没有太大的区域性差别，但东部发达地区户主党员身份并未对家庭普惠金融产生显著的正向影响，经济发展适中的地区家庭更倾向于风险规避和风险中性，金融发展水平对经济落后地区的家庭普惠金融促进作用更为显著，经济发展水平越高的地方越有利于家庭普惠金融水平的提升。

本书研究为从微观视角认识影响家庭普惠金融的因素提供了一个全新的角度，并为推动家庭普惠金融水平提高，促进家庭利用金融服务和产品政策的制定提供了参考。由上述结论可知，金融发展水平、婚姻状况、家庭净资产、家庭金融知识是影响家庭普惠金融的重要因素，性别、地区人均GDP、党员身份、风险态度、教育水平和家庭收入对家庭普惠金融的影响也较大，因此，提高居民受教育水平和金融知识，增加家庭净资产、家庭收入，促进金融发展和地区经济增长可提高家庭金融市场参与度，增加投资类金融产品和融资类金融产品的账户持有，利于家庭普惠金融水平的提升。此外，我国应加大金融基础设施建设及金融生态环境建设，构建多层次、广覆盖、有差异的银行机构体系，增加金融机构网点分布，积极发展村镇银行等多形式农村金融机构，以推动农村尤其欠发达地区的普惠金融发展。

本章小结

本章使用2010年和2014年中国家庭追踪调查数据（CFPS），分析了普惠金融的微观减贫效应和收入效应等福利效应，考虑了普惠金融福利效应的异质性。回归结果表明，家庭普惠金融显著降低了家庭贫困发生率和提高了家庭人均纯收入，家庭普惠金融对贫困发生率及家庭人均纯收入的影响效应存在异质性。文章进一步分析了普惠金融缓解贫困的影响机制，发现普惠金融通过改善人力资本水平和健康状况提高了人均收入,降低了贫困发生率。此外,本章基于 2013 年中国家庭金融调查数据(CHFS)对家庭普惠金融的影响因素展开了探讨。研究结果表明,金融发展水平、婚姻状况、家庭净资产、家庭金融知识是影响家庭普惠金融的重要因素,性别、地区人均 GDP、党员身份、风险态度、教育水平和家庭收入对家庭普惠金融的影响也较大,年龄、健康状况、家庭人口规模、家庭社会资本、家庭是否从事农业或工商业生产经营对家庭普惠金融有微弱的影响。研究结论在一定程度上为提升家庭普惠金融水平提供了有益的参考依据。

第7章

结论与政策建议

本章梳理前面章节的研究内容，归纳和概括出本书的主要研究结论。根据这些结论联系中国普惠金融扶贫发展实际，提出相应的对策与建议。最后根据本书研究过程中的一些不足与局限性，提出未来研究进一步努力的方向。

7.1 主要结论

本书基于金融发展理论、农村金融发展理论、贫困理论及其他相关理论，首先阐述了普惠金融减缓贫困的作用机制及其渠道，然后深入分析了我国普惠金融发展与农村贫困的现状，以及农村普惠金融与农村经济发展之间的耦合互动关系；同时，基于宏观数据和微观调研数据从宏观和微观两个层面对普惠金融减贫的作用机制及其减贫效应进行了实证检验研究，进一步探讨了普惠金融的微观影响因素。通过研究得出了以下主要结论。

第一，贫困是多维的，因而减少贫困的手段也应该是多样的，普惠金融发展无疑有助于减少贫困。理论研究表明，完善金融中介和金融市场，创造丰富多样的金融工具及充分利用各种手段动员社会储蓄，将有利于普惠金融的实现，更好地满足消费者对金融服务的需求，提高资本配置效率及投资生产率，从而有利于减少贫困。

第二，普惠金融的发展主要通过促进经济增长、影响金融服务的资源配置、降低收入不平等程度以及通过向社会所有阶层提供多元化的金融服务等途径来减少贫困。本书的研究表明，普惠金融主要通过资本积累渠道和技术进步渠道促进经济增长。一方面，经济增长通过整体财富的增加、提供更多就业或其他经济机会、创造更好的经济环境惠及低收入群体，提高低收入群体的收入水平，实现减贫；另一方面，普惠金融可以促进农村经济增长，从而使低收入群体获得更大比例的经济增长，促进贫困减少。收入分配主要通过影响经济增长和低收入群体收入水平来影响贫困减缓。普惠金融的直接减贫途径主要是通过金融机构扩张及金融服务和产品创新，向社会所有阶层尤其是金融体系中处于弱势地位的家庭、个人和中小微企业家提供可负担和及时有效的金融服务和产品，以满足人们特别是低收入群体的多元化金融需求，从而缓解贫困。

第三，中国普惠金融发展水平在不同地区之间存在较大差异。本书通过构建普惠金融指数的综合评价模型，基于熵值法测算出中国省域普惠金融发展水平，并运用 Kernel 密度估计及空间 Markov 链等非参数估计方法对我国普惠金融发展的分布动态及趋同演变进行了研究。结果表明：（1）金融服务的渗透度和使用度是影响普惠金融发展的重要因素；（2）中国普惠金融主要集聚在中低水平区，呈由东向西梯度递减分布，存在明显的多极分化格局和"俱乐部收敛"现象；（3）全国30个省份普惠金融发展水平整体呈小幅下降趋势，东部地区普惠金融发展越来越发散，地区差距增大，中西部地区普惠金融发展虽越发收敛，但中部地区逐渐呈现极化现象，而西部地区两极分化逐渐消失；（4）趋同俱乐部转移多发生在相邻类型之间，不存在跨越式的趋同俱乐部转移。考虑空间效应时，中高水平和高水平的周边邻居将对本地的普惠金融水平（尤其是低水平和中低水平趋同俱乐部）产生积极的辐射带动效应。

第四，农村普惠金融发展水平滞后于农村经济的发展，应积极推进农村普惠金融发展，以更好为农村经济发展服务。本书基于2005—2014年中国大陆30个省份（西藏除外）数据，构建农村普惠金融与农村经济发展的系统协调模型和耦合模型，分别测算出农村普惠金融指数、农村经济发展指数及两大系统的耦合度值，以研究两系统相互依赖、协调与促进的动态关联关系。结果表明：（1）农村普惠金融指数和农村经济发展指数均呈现小幅上涨趋势，但农村普惠金融指数的总平均值为0.180，远远低于农村经济发展指数的总平均值0.378，农村普惠金融发展水平滞后于农村经济的发展；（2）农村普惠金融指数表现为东北、中西部地区大部分省份位于中低水平及低水平梯队，农村经济发展指数表现为由东到西依次递减格局，"俱乐部收敛"现象明显；（3）从省级层面看，农村普惠金融方面，西部地区的重庆、新疆和中部地区的江西在区域内增速最快，而中部地区河南与湖北垫底；农村经济发展方面，贵州、黑龙江和湖北增速最快，西部地区的广西和甘肃垫底；（4）农村普惠金融与农村经济发展的关系一直处于濒临失调衰退型阶段，耦合协调关系亟须改善。分区域看，东部和东北耦合度较高，处于勉强协调发展型正向耦合阶段，中部和西部相当，处于濒临失调衰退型负向耦合阶段；分省来看，东部地区大部分省份处于中高水平梯队，海南则落于低水平梯队。此外，大多数省份位于高高集聚区（H-H）和低低集聚区（L-L）典型区域，且主要集聚在低低集聚区（L-L）。

第五，普惠金融对经济增长、收入不平等和贫困具有积极的影响作用，直接减贫效应和间接减贫效应明显。本书基于2005—2014年中国30个省份的省级面板数据，通过构建普惠金融指数，检验普惠金融宏观层面的直接减贫效应和间接减贫效应，以考察普惠金融发展与贫困之间的关系以及普惠金融与经济增长、收入分配和贫困之间的相互作用关系。此外，在研究普惠金融、经济增长和收入不平等三者之间的作用关系时,将收入不平等作为一个间接变量引入模型,研究三个层面的问题:一是检验收入不平等与经济增长的关系;二是研究普惠金融对收入不平等的影响;三是估计普惠金融与收入不平等的交互作用对经济增长的影响,以检验普惠金融对经济增长的作用效果。从宏观层面对普惠金融减贫的直接效应研究得知,一个地区的贫困水平受前期贫困程度的影响,"马太效应"明显,普惠金融发展水平及经济发展水平的提高能够显著改善一个地区的贫困状况,降低贫困水平,而收入不平等则对贫困减缓不利。此外,普惠金融与贫困之间不存在明显的"倒U"形特征。从宏观层面对普惠金融减贫的间接效应研究得知:(1)收入不平等对经济增长具有消极影响,经济越不发达的地区,收入不平等抑制经济增长的作用更强;(2)对低收入地区而言,转移支付并不是导致收入不平等降低的因素,而普惠金融却能有效地促进收入不平等的降低;(3)转移支付不能改变收入不平等与经济增长的负向关系。相反,普惠金融可以通过降低收入不平等程度来改变收入不平等与经济增长的关系,使其从原来的负向消极关系变成正向促进关系,这种作用效果在低收入地区更加显著。

第六,家庭普惠金融水平增加能显著降低家庭贫困水平和提高家庭收入水平。本书利用"中国家庭追踪调查数据"(CFPS)2010年和2014年两期数据,从贫困发生率和家庭收入两个层面考察了普惠金融的减贫效应,得出以下主要结论:(1)家庭普惠金融显著降低了家庭贫困发生率和提高了家庭人均纯收入,平均而言,家庭普惠金融每提升1个单位,家庭贫困发生的概率会降低4.7个百分点,家庭人均纯收入会提高13.8个百分点。(2)家庭普惠金融对贫困发生率及家庭人均纯收入的影响效应存在异质性。具体而言,从区域来看,东部地区、中部地区和西部地区三大区域中家庭普惠金融均对贫困发生率有显著的负向影响作用,并且减贫效应呈现由东向西逐渐递增的特征,东部地区、中部地区和西部地区三大区域中家庭普惠金融均对家庭人均纯收入有显著的正向影响作用,其中中部地区家庭的普惠金融促收效应最为显著,对西部地区的影响效果最小;从城乡来看,城镇和农村家庭的家庭普惠金融均对贫困发生率有显著的负向影响作用,普惠金融对农村经济落后地区的减贫效应更加显著,城镇家庭和农村家庭中家庭普惠金融均对家庭人均纯收入有显著的正向影响作用,但普惠金融对城镇家庭的家庭人均纯收入的促进效果更为显著;从性别角度来看,家庭普惠金融对男性贫困发生率和女性贫困发生率均有显著的负向影响作用,并且对男性群体的减贫效应更加显著;从年龄组来看,家庭普惠金融对年龄小于45岁组别、年龄在45岁到60岁组别和年龄大于60岁组别的受访者的贫困发生率均有显著的负向影响作用,对家庭人均纯收入均有显著的正向影响作用,其中普惠金融对年轻群体的减贫效应更加显著,而对中老年群体的增收效应则更加显著;从不同收入组来看,除75%分位数水平之外,随着收入水平的提高,家庭普惠金融对家庭人均纯收入的促进作用越明显。(3)普惠金融对贫困发生率及家庭人均纯收入的作用机理可能是普惠金融改善了人力资本水平和健康状况。

第七,家庭普惠金融水平不仅受个人特征和家庭特征的影响,还受地区层面的特征影响,其中金融发展水平、婚姻状况、家庭净资产、家庭金融知识是最关键的影响因素。本书使用中国家庭金融调查(CHFS 2013)数据,从个人、家庭和社区层面研究了家庭普惠金融、家庭投资类普惠金融和家庭融资类普惠金融的影响因素。研究发现:(1)首先,金融发展水平、婚姻状况、家庭净资产、家庭金融知识是影响家庭普惠金融的重要因素;其次,性别、地区人均GDP、党员身份、风险态度、教育水平和家庭收入对家庭普惠金融的影响也较大;最后,年龄、健康状况、家庭人口规模、家庭社会资本、家庭是否从事农业或工商业生产经营对家庭普惠金融有微弱的影响。(2)家庭投资类普惠金融和家庭融资类普惠金融的影响因素与家庭普惠金融大致相同，但党员身份、风险态度、家庭人口规模、家庭社会资本、家庭是否从事农业或工商业生产经营、地区人均GDP对投资类普惠金融和融资类普惠金融的影响存在显著差异。(3) 如果只增加家庭的投资类或融资类金融账户中的一种较为容易，若要同时增加家庭的投资类金融账户和融资类金融账户则较为困难。(4) 分城乡来看，年龄、性别、婚姻状况、教育水平、党员身份、风险态度、家庭金融知识、家庭社会资本、家庭收入、家庭净资产和地区人均GDP对城镇家庭普惠金融的影响作用大于对农村家庭普惠金融的影响作用，从事农业或工商业生产经营和地区金融发展水平对农村家庭普惠金融水平的促进作用更为显著；分区域来看，婚姻状况、性别、教育水平、家庭金融知识、从事农业或工商业生产经营、健康状况、家庭收入和家庭净资产对家庭普惠金融的影响作用没有太大的区域性差别，东部发达地区户主党员身份并未对家庭普惠金融产生显著的正向影响，经济发展适中的地区家庭更倾向于风险规避和风险中性，金融发展水平对经济落后地区的家庭普惠金融促进作用更为显著，经济发展水平越高的地方越有利于家庭普惠金融水平的提升。

7.2　政策建议

基于前述章节的分析以及相应的研究结论，我们可知普惠金融对贫困减少有显著的影响，但我国目前普惠金融发展水平较低，且呈现非均衡特征。因此，提高普惠金融发展水平，创新普惠金融扶贫新模式、新产品，增强普惠金融扶贫的精准性和有效性，对我国扶贫尤其是精准扶贫、精准脱贫具有重要作用。据此，本书提出以下政策建议。

第7章 结论与政策建议

7.2.1 健全普惠金融扶贫体制机制，完善普惠金融扶贫政策

坚持市场调节机制为主、政府干预为辅的原则，不断健全普惠金融扶贫体制机制，持续完善普惠金融扶贫政策。如果完全按照市场化运作，容易导致市场失灵，信息不对称及交易成本问题的存在会造成金融服务很难渗透到农村地区、贫穷地区及弱势群体。因此，需通过政府适度干预，完善政策协调机制，加快建立财税、金融、监管政策相结合、正向激励的普惠金融扶持政策体系，以在一定程度上弥补市场机制的不足。

货币信贷政策方面，综合利用多种货币政策工具，不断拓宽普惠金融机构特别是农村金融机构资金来源。首先，积极运用差别化存款准备金政策工具，对支持"三农"和小微企业及涉农贷款比例较高的农村商业银行、农村合作银行、农村信用合作社等农村中小金融机构和尚处于发展初期的新型农村金融机构予以倾斜支持，通过降低存款准备金率优化其信贷结构。其次，加大再贷款、再贴现支持力度，充分发挥支农、支小再贷款和再贴现的正向激励作用。最后，完善涉农贷款统计制度，实施信贷政策导向评估，加强对农村信用社改革进展情况的动态监测；

财政税收政策方面，加强财税与金融的协调配合，引导金融资源倾斜配置。首先，综合运用奖励、补贴、税收优惠等方式，重点支持金融机构开展农户小额贷款、新型农业经营主体贷款、农业及农业重点产业贷款、大宗农产品保险，以及银行卡助农取款、汇款、转账等支农惠农政策性支付业务，缓解金融机构提供普惠金融服务的成本高、收益低、风险大、低收入人群贷款难等问题。其次，创新财政支农模式，通过引导社会资本参与，建立扶贫产业基金，重点投资新型农业经营主体和重点产业，带动农户增收，促进产业优化升级。然后，积极开发多种类型的农业保险产品，以降低小额信贷业务风险。最后，形成多部门综合参与的普惠金融体制。

差异化监管方面，通过加强信贷投放监管、加强差异化监督考核及加强风险防控，提高涉农贷款服务效率和质量，对农村普惠金融机构的贷款给予更大的容忍度。

7.2.2 完善普惠金融服务体系，提高金融服务覆盖率

首先，降低准入门槛，发展包括银行、保险、证券、期货、租赁、信托等在内的多层次广覆盖的普惠金融服务市场体系。充分发挥不同金融机构之间的协同效应，增加贫困地区的活期存款、定期存款、股票、债券、基金、金融衍生品、金融理财产品、外汇、黄金等投资类金融产品和农工商银行贷款、教育银行贷款、信用卡及其他银行贷款等融资类金融产品的供给。其次，进一步扩大金融服务的广度和深度。通过各种政策支持及引导，鼓励金融机构将网点布局、信贷资源及服务设施等向中西部经济落后地区、少数民族集聚区、边远地区、连片特困地区、贫困地区等欠发达地区及贫困群体倾斜和扩展。促进资金的使用和自由合理流动，提高欠发达地区和小微企业、农民、低收入人群等低收入阶层享受现代金融服务的机会和途径，提升普惠金融发展的均衡性和有效性。再次，积极培育新型农村金融机构，支持和鼓励金融资本和社会资本以参股或控股方式参与农村信用社改革，以及设立小额贷款公司、村镇银行、资金互助社和金融租赁公司等新型农村金融机构。优先支持在以上地区设立村镇银行、小额贷款公司、农村资金互助社等机构，增强直接服务低收入群体、弱势群体和小微企业的力度。最后，下沉金融服务网点，疏通农村金融毛细血管。支持金融机构网点不断向县域以及乡镇下沉，充分发挥电话银行、网上银行、手机银行、自助设备等新兴金融服务手段对物理网点的补充作用，以拓展农村金融服务网络，延伸金融服务辐射范围。

7.2.3 推进投融资机制创新，创新金融产品和服务方式

投融资机制创新方面。一是加快培育农村资本市场，扩大直接

融资规模。首先，推动涉农企业和扶贫新型农业经营主体通过发行私募债券、债券信托、供应链票据、股票融资等多种债务融资工具，扩大直接融资的规模和比重。其次，支持涉农企业和扶贫新型农业经营主体通过区域性股权交易市场进行股权质押融资和定向私募融资。最后，积极开展涉农信贷资产证券化试点。二是探索建立"互联网＋普惠金融＋农业项目＋信用"创新融资平台，通过P2P网络贷款、众筹融资、基于大数据小额贷款融资等方式拓宽融资渠道。三是支持金融资本、社会资本设立PPP项目投资基金、扶贫产业发展基金及开展涉农金融租赁业务，重点支持扶贫新型农业经营主体发展，促进贫困地区居民就业及增收。

创新金融产品和服务方式方面。精准对接贫困地区发展规划、扶贫企业、扶贫产业及重点项目、扶贫户等多样化的金融服务需求，丰富及创新金融产品和服务。一是创新信贷产品和服务。首先，针对扶贫龙头企业、农民合作社、种养大户、家庭农场等新型农业经营主体，创新推出切合实际的信贷产品，重点支持新型扶贫产业。其次，推广创新针对农户、低收入群体、特殊群体、妇女、高校毕业生、小微企业的小额贷款，尤其对建档立卡的精准贫困对象开发"无抵押、无担保、低利率"的扶贫小额信贷产品。最后，积极引进国外先进的小额贷款技术，构建小额信用贷款、抵押担保贷款、担保机构保证贷款"三位一体"的普惠信贷产品体系，有效破解"贷款难、难贷款"的困局。二是创新保险产品和服务。开拓农村小额信贷保证保险产品，发展特色优势农业保险和特色农产品价格保险，创新发展天气指数保险、产量保险、收入保险等新兴产品，关注特殊人群的保险保障等。从生产、财产、意外、健康和教育等方面加强扶贫企业及贫困户的保障力度。三是创新担保方式，尤其创新精准扶贫担保模式。首先，在稳妥试点基础上，发展农村土地承包经营权、农民住房财产权抵押贷款。其次，鼓励和引导金融机构结合地区产业特点和扶贫项目融资需求，创新开展农机具抵押、林权抵押、应收账款质押等信贷业务。最后，尝试搭建银政、银协、银保、银担、银企等合作平台，破解低收入群体及贫困人群的担保难题。四是基于互联网、大数据和云计算等一系列技术的支撑在支付结算、信贷产品、征信服务等领域持续创新，以电子化和自助手段积极拓展金融服务半径，弥补物理网点布设的不足。此外，向低收入群体及建档立卡贫困户提供多种等级的小额储蓄、小额租赁、小额转账、小额汇兑以及进一步衍生创新的金融服务。在提供多样化产品满足客户需求时，通过范围经济和规模经济实现普惠金融机构的可持续经营。

7.2.4 创新金融模式助力精准扶贫，提高金融扶贫精准性和有效性

一是创新政府主导的金融扶贫模式。政府通过发起设立风险补偿基金、提供以财政贴息和央行扶贫再贷款支持、分配民生贷款指标等，鼓励金融机构向建档立卡贫困户发放"两免"小额贷款，打造"风险补偿基金+贴息+扶贫再贷款+银行+贫困户"的"五位一体"政府兜底"两免"模式。二是创新金融机构主导的金融扶贫模式。首先，创新"政银保"合作模式，通过政银保合作，引入"小贷险"等保险手段为贫困户和小微企业提供征信，增加其融资的可获得性。其次，通过公司担保、贫困户互保、协会担保等担保形式，促进金融机构向贫困农户提供贷款。再次，用扶贫专项资金、扶贫互助金、帮扶单位支持资金和社会捐助资金等成立扶贫担保基金及扶贫贴息基金，由金融机构向贫困户发放多倍于担保金和贴息额的贷款。最后，开展以户参股的"银企农"红利分享模式。这种模式是贫困户将银行机构发放的扶贫小额贷款以各种形式参股到农业产业化龙头企业和农民专业合作社、家庭农场、能人大户等实施主体，以"入股分红+劳务收入"的形式实现增收脱贫。三是创新产业金融扶贫模式。基于"资金跟着穷人走，穷人

跟着能人走,能人穷人跟着产业项目走,产业项目跟着市场走"
(简称"四跟四走")的产业扶贫方式,重点推广企业直接带动模式、就业带动模式、资产收益带动模式及企业对接带动、就业带动、资产收益分红等多种模式结合的混合模式四种模式。通过"金融机构+新型农业经营主体+基地+贫困农户"形式,新型农业经营主体与贫困户形成利益连接机制,让贫困户在土地流转、利润返还、务工就业、股份合作中获得收益。四是推动"金融+电商"产业扶贫"链式服务"扶贫模式发展。首先,开启金融精准扶贫"P2P""众筹"等模式,通过互联网金融满足项目与资金的对称需求,促进农村产业扶贫的发展。其次,推行金融扶贫服务站、电商服务站和村级事务服务站"三站合一",将金融扶贫项目从生产融资端向产品销售端延伸,形成项目—融资—生产—销售一条龙的全流程扶贫服务模式。此外,还可以积极探索"优势产业平台+金融信贷+扶贫帮困资金+贫困户"四级联动的村级资产收益扶持模式、"易地搬迁贷款+移民搬迁"的金融扶贫模式、"旅游+金融"扶贫模式等新的金融扶贫模式。

7.2.5 加强金融科技支持,推动数字普惠金融发展

利用信息技术、互联网、云计算以及大数据方面的技术克服金融服务的空间障碍和实现金融服务创新,可推动普惠金融发展,进而实现精准扶贫、精准脱贫。一是支持贫困地区第三方支付、P2P网贷、大数据金融、众筹、信息化金融机构、互联网金融门户等互联网金融发展。二是在有效防范风险的前提下,支持贫困地区金融机构建设创新型互联网平台,开展网络银行、网络保险、网络基金销售和网络消费金融等业务。三是可借助互联网思维,发展"互联网+"多种扶贫模式,其中"互联网+电商"扶贫模式就是农村精准扶贫的重要发力点。四是利用互联网+大数据可提高扶贫精准性和有效性。大数据技术在确定扶贫对象、制订扶贫方案等方面

可以发挥很好的作用。比如通过大数据可获取扶贫对象生活环境，劳力状况，知识状况，家庭状况等信息，然后为其量身定制一套脱贫方案。大数据对中小企业、农户进行征信和信用评估奠定了基础。五是利用信息技术、互联网、云计算以及大数据方面的技术，构建良好的数字普惠金融生态环境。

7.2.6 加强金融知识普及，强化消费者权益保护

由于数字鸿沟、知识鸿沟的存在，贫困人群常常陷于自我排斥、评估排斥、工具排斥等金融排斥境地，可能降低扶贫效果。因此，有必要通过普及金融知识和保护消费者权益，提高贫困地区金融消费者的金融素养和风险识别能力，维护金融消费者合法权益。一是开展多渠道、深层次、广覆盖的"金融消费者权益日""金融知识普及月""金融惠民工程"等活动，普及金融消费者日常生活所必需的金融基础知识、金融风险防范知识、金融新业态、新业务，不断提高人民群众的维权意识、风险防范意识和自我保护能力。二是建立消费者权益保护制度，切实保障金融消费者的信息知情权、消费自由权、公平交易权、保密安全权、求偿求助权和金融服务权等合法权利。

7.2.7 加强金融基础设施建设，助推普惠金融持续健康发展

一是推进农村支付环境建设，通过建设金融服务便民网点（或农村金融综合服务站）和银行卡助农取款服务点，布设ATM机和POS机等金融自助服务终端设备，推广电子金融、移动金融、网上金融、无分支网点银行等互联网金融，深化助农汇款和转账服务等多种形式，尽早实现基础金融服务空白乡镇的全覆盖，打通基础金融服务"最后一公里"，建成覆盖贫困地区各阶层和弱势群体的基础金融服务体系。二是建立健全普惠金融信用信息体系。加快建立多层级的小微企业和农户信用信息基础数据库，有效解决信息

不对称问题，为发展普惠金融奠定基础。三是积极培育信用评级、土地评估、资产评估等中介组织，并鼓励其进行服务创新。四是应用大数据技术，实现对普惠金融发展的监督、管理及其绩效考核。互联网时代大数据机器深层次数据挖掘技术可以降低信息甄别成本、搜集成本，更加准确地评估企业、个人的信用水平，提高风险管理的效率。大数据技术下的风险控制具有覆盖广泛、数据多维、数据实时鲜活等特征，可以有效提升资源的配置效率，缓解金融营利性和普惠性之间的矛盾。五是设立扶贫贷款风险补偿基金和担保基金，建立健全风险分散和补偿机制，有效分担贫困地区金融风险。

7.3 研究展望

伴随着宏微观数据获取可能性的提高，本书将在以下四个方面进行拓展研究：

第一，结合宏微观指标，构建能更加全面、更加科学反映普惠金融真正内涵的评价指标体系，从宏观层面、微观层面多层次多角度展开普惠金融与经济增长、收入不平等及贫困之间的关系。

第二，从系统论角度基于微观行为主体，探究普惠金融减贫的微观作用机制，从而更加明晰普惠金融减贫的途径及作用机制，基于微观数据展开多层次多角度研究。

第三，微观层面上，一方面，本书仅检验了普惠金融的收入减贫效应，并未对普惠金融的多维减贫效应进行研究，本书后续将进一步对普惠金融的多维减贫效应进行实证检验研究；另一方面，基于微观多期面板数据，利用反事实分析框架和倾向得分匹配法（PSM），测算拥有金融账户的居民与没有金融账户的居民的福利差异，即普惠金融对居民特别是穷人福利的净影响。

第四，我国普惠金融发展及金融扶贫实践提供了很多准自然实验事件，比如金融机构扩张特别是新型农村金融机构的扩张、"宽带中国"试点等都可视为准自然实验，基于不同的研究目的，可采用双重差分（DID）、倾向得分匹配法（PSM）、断点回归（RD）等方法对普惠金融减贫效应进行深入细致的研究，从而丰富普惠金融减贫的理论与实证研究结果。

参考文献

[1] [印] 阿玛蒂亚·森. 以自由看待发展 [M]. 北京：中国人民大学出版社，2002.

[2] 爱德华·S. 肖. 经济发展中的金融深化 [M]. 上海：上海三联书店，1997.

[3] 白永秀，马小勇. 农户个体特征对信贷约束的影响：来自陕西的经验证据 [J]. 中国软科学，2010（9）.

[4] 庇古. 福利经济学 [M]. 北京：商务印书馆，1932.

[5] 蔡洋萍. 湘鄂豫中部三省农村普惠金融发展评价分析 [J]. 农业技术经济，2015（2）.

[6] 蔡洋萍. 中国农村普惠金融发展的差异分析以中部六省为例 [J]. 财经理论与实践，2015（6）.

[7] 陈飞，翟伟娟. 农户行为视角下农地流转诱因及其福利效应研究 [J]. 经济研究，2015（10）.

[8] 陈浩，毕永魁. 人力资本对农户兼业行为及其离农决策的影响研究——基于家庭整体视角 [J]. 中国人口·资源与环境，2013（8）.

[9] 陈军，曹远. 农村金融深化和发展评析 [M]. 北京：中国人民大学出版社，2008.

[10] 陈三毛，钱晓萍. 中国各省金融包容性指数及其测算 [J]. 金融论坛，2014（9）.

[11] 陈绍华，王燕. 中国经济增长与减轻贫困1990—1999年的趋势研究 [J]. 财经科学，2001（9）.

[12] 陈银娥, 何雅菲. 中国微型金融发展与反贫困问题研究 [M]. 北京: 中国人民大学出版社, 2016.

[13] 陈银娥, 孙琼, 徐文赟. 中国普惠金融发展的分布动态与空间趋同研究 [J]. 金融经济学研究, 2015 (6).

[14] 陈银娥, 孙琼. 中国基础设施发展水平测算及影响因素——基于省级面板数据的实证研究 [J]. 经济地理, 2016 (8).

[15] 陈银娥, 王丹, 曾小龙. 女性贫困问题研究热点透视——基于SSCI数据库女性研究权威文献的统计分析 [J]. 经济学动态, 2015 (6).

[16] 陈银娥, 王毓槐. 微型金融与贫困农民收入增长——基于社会资本视角的实证分析 [J]. 福建论坛 (人文社会科学版), 2012 (2).

[17] 程郁, 韩俊, 罗丹. 供给配给与需求压抑交互影响下的正规信贷约束——来自1874户农户金融需求行为考察 [J]. 世界经济, 2009 (5).

[18] 褚保金, 卢亚娟, 张龙耀. 贷配给下农户借贷的福利效果分析 [J]. 中国农村经济, 2009 (6).

[19] 丁志国, 张洋, 覃朝晖. 中国农村金融发展的路径选择与政策效果 [J]. 农业经济问题, 2016 (1).

[20] 杜强, 潘怡. 普惠金融对我国地区经济发展的影响研究——基于省际面板数据的实证分析 [J]. 经济问题探索, 2016 (3).

[21] 杜志雄, 肖卫东, 詹琳. 包容性增长理论的脉络、要义与政策内涵 [J]. 中国农村经济, 2010 (11).

[22] 樊胜根. 增长、地区差距与贫困——中国农村公共投资研究 [M]. 北京: 中国农业出版社, 2002.

[23] 樊士德, 江克忠. 中国农村家庭劳动力流动的减贫效应研究——基于CFPS数据的微观证据 [J]. 中国人口科学, 2006 (5).

[24] 冯海红. 小额信贷、农民创业与收入增长——基于中介

效应的实证研究［J］．审计与经济研究，2016（8）．

［25］盖庆恩，朱喜，史清华．劳动力转移对中国农业生产的影响［J］．经济学（季刊），2014（3）．

［26］甘犁，尹志超，谭继军．中国家庭金融报告（2014）［M］．成都：西南财经大学出版社，2015．

［27］高梦滔，姚洋．健康风险冲击对农户收入的影响［J］．经济研究，2005（12）．

［28］高艳云，王曦璟．教育改善贫困效应的地区异质性研究［J］．统计研究，2016（9）．

［29］郭田勇，丁潇．普惠金融的国际比较研究——基于银行服务的视［J］．国际金融研究，2015（2）．

［30］郭熙保．论贫困概念的内涵［J］．山东社会科学，2005（12）．

［31］国家统计局．《中国城镇居民贫困问题研究》课题组和《中国农村贫困标准》课题组研究报告，1990．

［32］国家统计局住户调查办公室．中国住户调查年鉴（2015）［M］．北京：中国统计出版社，2015．

［33］何广文．从农村居民资金借贷行为看农村金融抑制与金融深化［J］．中国农村经济，1999（10）．

［34］何泱泱，周钦．"新农保"对农村居民主观福利的影响研究［J］．保险研究，2006（3）．

［35］胡鞍刚．中国经济增长与减轻贫困（1978—2004年）［J］．清华大学学报（哲学社会科学版），2006（5）．

［36］胡兵，胡宝娣，赖景生．经济增长、收入分配对农村贫困变动的影响［J］．财经研究，2005（8）．

［37］胡枫，陈玉宇．社会网络和农户借贷行为——来自中国家庭动态跟踪调查（CFPS）的证据［J］．金融研究，2012（12）．

［38］胡宗义，李佳曼，唐李伟．农村小额信贷与农民收入增

长——基于 STAR 模型的实证研究 [J]. 软科学, 2014 (4).

[39] 黄承伟, 刘欣. "十二五" 时期我国反贫困理论研究述评 [J]. 云南民族大学学报 (哲学社会科学版), 2016 (3).

[40] 黄晶, 薛东前, 马蓓. 西安市微区域收入及贫困空间格局研究 [J]. 人文地理, 2015 (2).

[41] 黄文平, 卢新波. 贫困问题的经济学解释 [J]. 上海经济研究, 2002 (8).

[42] 黄祖辉, 刘西川, 程恩江. 贫困地区农户正规信贷市场低参与程度的经验解释 [J]. 经济研究, 2009 (4).

[43] 加尔布雷思. 经济学和公共目标 [M]. 北京: 商务印书馆, 1980.

[44] 焦瑾璞, 黄亭亭, 汪天都, 等. 中国普惠金融发展进程及实证研究 [J]. 上海金融, 2015 (4).

[45] 金烨, 李宏彬. 非正规金融与农户借贷行为 [J]. 金融研究, 2009 (4).

[46] 孔祥智, 方松海, 庞晓鹏, 等. 西部地区农户禀赋对农业技术采纳的影响分析 [J]. 经济研究, 2004 (12).

[47] 朗特里. 贫困: 城镇生活研究 [M]. 英国: 麦克米伦出版社, 1901.

[48] 乐章, 刘二鹏. 社会福利与农村老年贫困研究 [J]. 农业经济问题, 2016 (8).

[49] 李宾, 马九杰. 劳动力转移、农业生产经营组织创新与城乡收入变化影响研究 [J]. 中国软科学, 2004 (7).

[50] 李春霄, 贾金荣. 我国金融排斥程度研究——基于金融排斥指数的构建与测算 [J]. 当代经济科学, 2012 (2).

[51] 李刚, 程砚秋, 董霖哲, 等. 基尼系数客观赋权方法研究 [J]. 管理评论, 2014 (1).

[52] 李建, 李树生, 胡斌. 具有普惠金融内涵的金融发展与

城乡收入分配的失衡调整——基于VEC模型的实证研究［J］. 云南财经大学学报, 2015（1）.

［53］李建军, 卢盼盼. 中国居民金融服务包容性测度与空间差异［J］. 经济地理, 2016（3）.

［54］李江一, 李涵, 甘犁. 家庭资产—负债与幸福感: "幸福—收入"之谜的一个解释［J］. 南开经济研究, 2015（5）.

［55］李娜. 我国区域金融发展指数的构建与比较研究［D］. 成都: 西南财经大学, 2013.

［56］李庆海, 李锐, 汪三贵. 农户信贷配给及其福利损失——基于面板数据的分析［J］. 数量经济技术经济研究, 2012（8）.

［57］李锐, 李宁辉. 农户借贷行为及其福利效果分析［J］. 经济研究, 2004（12）.

［58］李锐, 朱喜. 农户金融抑制及其福利损失的计量分析［J］. 经济研究, 2007（2）.

［59］李实, K. John. 中国城市中的三种贫困类型［J］. 经济研究, 2002（10）.

［60］李涛, 王志芳, 王海港, 等. 中国城市居民的金融排斥状况研究——基于微观调查数据的经验证据［J］. 经济研究, 2010（7）.

［61］李涛, 徐翔, 孙硕. 普惠金融与经济增长［J］. 金融研究, 2016（4）.

［62］李晓明. 贫困代际传递理论述评［J］. 广西青年干部学院学报, 2006（2）.

［63］李秀芬, 姜安印. 亲贫式增长刍议: 论少数民族地区的扶贫政策取向［J］. 中国人口·资源与环境, 2017（1）.

［64］李莹星. 小额信贷能改善穷人福利吗？——微观影响评估研究综述［J］. 农业经济问题, 2015（10）.

［65］林伯强. 中国的经济增长、贫困减少与政策选择［J］.

经济研究，2003（12）.

[66] 林毅夫，姜烨.经济结构、银行业结构与经济发展：基于分省面板数据的实证分析 [J].金融研究，2006（1）.

[67] 刘波，王修华，彭建刚.金融包容水平与地区收入差距——基于湖南省 87 个县（市）2008—2012 年的经验数据 [J].当代财经，2014（11）.

[68] 刘合波.富裕社会中的贫困：加尔布雷思的政治经济思想研究.[J].哲学研究，2013（9）.

[69] 刘华军，鲍振，杨骞.中国二氧化碳排放的分布动态与演进趋势 [J].资源科学，2013（10）.

[70] 刘西川，黄祖辉、程恩江.贫困地区农户的正规信贷需求：直接识别与经验分析 [J].金融研究，2009（4）.

[71] 罗楚亮.经济增长、收入差距与农村贫困 [J].经济研究，2012（2）.

[72] 罗纳德·I.麦金农.经济自由化的顺序——向市场经济过渡中的金融控制 [M].北京：中国金融出版社，1993.

[73] 罗斯丹，陈晓，姚悦欣.我国普惠金融发展的减贫效应研究 [J].当代经济研究，2016（12）.

[74] 吕勇斌，李仪.金融包容对城乡收入差距的影响研究——基于空间模型简 [J].财政研究，2016（7）.

[75] 宓泽锋，曾刚，尚勇敏，等.中国省域生态文明建设评价方法及空间格局演变 [J].经济地理，2016（4）.

[76] 曲玮，涂勤，牛叔文，等.自然地理环境的贫困效应检验——自然地理条件对农村贫困影响的实证分析 [J].中国农村经济，2012（2）.

[77] 世界银行.1981 年世界银行发展报告 [M].北京：中国财政出版社，1981.

[78] 世界银行.2000/2001 年世界发展报告：与贫困作斗争

[M]．北京：中国财政经济出版社，2001．

[79] 舒小林，高应蓓，张元霞，等．旅游产业与生态文明城市耦合关系及协调发展研究［J］．中国人口·资源与环境，2015（3）．

[80] 帅传敏，李文静，程欣，等．联合国 IFAD 中国项目减贫效率测度——基于7省份1356农户的面板数据［J］．管理世界，2016（3）．

[81] 斯坦利·L．布鲁．经济思想史［M］．北京：机械工业出版社，2003．

[82] 粟勤，肖晶．金融包容视角下中国家庭金融服务分布的不平等性及中小金融机构作用［J］．金融经济学研究，2015（6）．

[83] 孙天琦，汪天都，蒋智渊．国际普惠金融指标体系调查、进展、比较与启示［J］．金融监管研究，2016（4）．

[84] 孙文凯，王乙杰．父母外出务工对留守儿童健康的影响——基于微观面板数据的再考察简［J］．经济学（季刊），2016（3）．

[85] 谭崇台．发展经济学概论［M］．武汉：武汉大学出版社，2001．

[86] 汤森．英国的贫困：关于家庭经济来源和生活标准的调查［M］．阿伦莱思和培根图书公司，1979．

[87] 唐礼智．农村非正规金融对农民收入增长影响的实证分析——以福建省泉州市为例［J］．农业经济问题，2009（4）．

[88] 唐晓光．中国贫困与反贫困理论［M］．南宁：广西人民出版社，1995．

[89] 田霖．金融包容：新型危机背景下金融地理学视阈的新拓展［J］．经济理论与经济管理，2013（3）．

[90] 田霖．我国金融排除空间差异的影响要素分析［J］．财经研究，2007（4）．

[91] 童星，林闵钢．我国农村贫困标准线研究［J］．中国社会科学，1993（3）．

[92] 万广华, 张茵. 收入增长与不平等对我国贫困的影响 [J]. 经济研究, 2006 (6).

[93] 万广华, 章元. 我们能够在多大程度上准确预测贫困脆弱性 [J]. 数量经济技术经济研究, 2009 (6).

[94] 王定祥, 田庆刚, 李伶俐, 等. 贫困型农户信贷需求与信贷行为实证研究 [J]. 金融研究, 2011 (11).

[95] 王婧, 胡国晖. 中国普惠金融的发展评价及影响因素分析 [J]. 金融论坛, 2013 (6).

[96] 王曙光, 王东宾. 双重二元金融结构、农户信贷需求与农村金融改革——基于11省14县市的田野调查 [J]. 财贸经济, 2011 (5).

[97] 王曙光. 农村金融学 [M]. 北京: 北京大学出版社, 2015.

[98] 王文成, 周津宇. 农村不同收入群体借贷的收入效应分析——基于农村东北地区的农户调查数据 [J]. 中国农村经济, 2012 (5).

[99] 王修华, 关键, 谷溪. 中国农村金融包容的省际差异及影响因素 [J]. 经济评论, 2016 (4).

[100] 王修华, 关键. 中国农村金融包容水平测度与收入分配效应 [J]. 中国软科学, 2014 (8).

[101] 王修华, 何梦, 关键. 金融包容理论与实践研究进展 [J]. 经济学动态, 2014 (11).

[102] 王修华, 邱兆祥. 农村金融发展对城乡收入差距的影响机理与实证研究 [J]. 经济学动态, 2011 (2).

[103] 王修华, 谭开通. 农户信贷排斥形成的内在机理及其经验检验——基于中国微观调查数据 [J]. 中国软科学, 2012 (6).

[104] 王颖, 曾康霖. 论普惠: 普惠金融的经济伦理本质与史学简析 [J]. 金融研究, 2016 (2).

[105] 王兆旭. 金融排斥到普惠金融: 基于特定对象的路径

设计［J］．金融理论与实践，2015（12）．

［106］王子成．外出务工/汇款对农户家庭收入的影响——来自中国综合社会调查的证［J］．中国农村经济，2012（4）．

［107］吴雨，宋全云，尹志超．农户正规信贷获得和信贷渠道偏好分析——基于金融知识水平和受教育水平视角的解释［J］．中国农村经济，2016（5）．

［108］伍旭川，肖翔．基于全球视角的普惠金融指数研究［J］．南方金融，2014（6）．

［109］西斯蒙第．政治经济学新原理［M］．北京：商务印书馆，1964．

［110］鲜祖德，王萍萍，吴伟．中国农村贫困标准与贫困监测［J］．统计研究，2016（9）．

［111］星焱．普惠金融：一个基本理论框架［J］．国际金融研究，2016（9）．

［112］徐敏，张小林．普惠制金融对城乡居民收入差距的影响［J］．金融论坛，2014（9）．

［113］许清正．我国农村金融供给模式研究［D］．天津：南开大学，2009．

［114］许庆，刘进，杨青．农村民间借贷的减贫效应研究——基于健康冲击视角的分析［J］．中国人口科学，2016（3）．

［115］严太华，刘志明．信贷需求、借贷行为与农户社会网络的关联度［J］．改革，2015（9）．

［116］尹志超，宋全云，吴雨．金融知识，投资经验与家庭资产选择［J］．经济研究，2014（4）．

［117］杨菊华，陈志光．老年绝对经济贫困的影响因素：一个定量和定性分析［J］．人口研究，2010（5）．

［118］杨汝岱，陈斌开，朱诗娥．基于社会网络视角的农户民间借贷需求行为研究［J］．经济研究，2011（11）．

[119] 姚铮, 胡梦婕, 叶敏. 社会网络增进小微企业贷款可得性作用机理研究 [J]. 管理世界, 2013 (4).

[120] 易小兰. 农户正规借贷需求及其正规贷款可获性的影响因素 [J]. 中国农村经济, 2012 (2).

[121] 尤婧, 韩维春, 封岩. 正式小额信贷对农村儿童健康与营养水平的影响 [J]. 中国农村经济, 2014 (3).

[122] 于晓虹, 楼文高, 余秀荣. 中国省际普惠金融发展水平综合评价与实证研究 [J]. 金融论坛, 2016 (5).

[123] 余泉生, 周亚虹. 信贷约束强度与农户福祉损失——基于中国农村金融调查截面数据的实证分析 [J]. 中国农村经济, 2014 (3).

[124] 张博, 胡金焱, 范辰辰. 社会网络、信息获取与家庭创业收入——基于中国城乡差异视角的实证研究 [J]. 经济评论, 2015 (2).

[125] 张国俊, 周春山, 许学强. 中国金融排斥的省际差异及影响因素 [J]. 地理研究, 2014 (12).

[126] 张号栋, 尹志超. 金融知识和中国家庭的金融排斥——基于CHFS数据的实证研究 [J]. 金融研究, 2016 (7).

[127] 张立军, 湛泳. 金融发展与降低贫困——基于中国1994—2004年小额信贷的分析 [J]. 当代经济科学, 2006 (11).

[128] 张宁, 张兵. 农村非正规金融、农户内部收入差距与贫困 [J]. 经济科学, 2015 (1).

[129] 张琦, 冯丹萌. 我国减贫实践探索及其理论创新: 1978—2016年 [J]. 改革, 2016 (4).

[130] 张爽, 陆铭, 章元. 社会资本的作用随市场化进程减弱还是加强？——来自中国农村贫困的实证研究 [J]. 经济学（季刊）, 2009 (6).

[131] 张彤进, 任碧云. 包容性金融发展与劳动收入份额的

关系：来自中国的经验证据［J］．南开经济研究，2016（3）．

［132］张晔，程令国，刘志彪．"新农保"对农村居民养老质量的影响研究［J］．经济学（季刊），2016（1）．

［133］张振，徐雪高，吴比．新常态下农户家庭社会关系网络的收入效应研究——基于 CHARLS 数据的实证分析［J］．经济问题，2016（6）．

［134］章元，陆铭．社会网络是否有助于提高农民工的工资水平［J］．管理世界，2009（3）．

［135］钟春平，徐长生，孙焕民．信贷约束、信贷需求与农户借贷行为：安徽的经验证据［J］．金融研究，2010（12）．

［136］周华林，李雪松．Tobit 模型估计方法与应用［J］．经济学动态，2012（5）．

［137］庄天慧，张海霞，傅新红．少数民族地区村级发展环境对贫困人口返贫的影响分析——基于四川、贵州、重庆少数民族地区 67 个村的调查［J］．农业技术经济，2011（2）．

［138］Ackerly B A. Testing the tools of development: credit programmes, loan involvement, and women's empowerment［J］. IDS bulletin, 1995, 26（3）: 56 – 68.

［139］Agnew J R, Szykman L R. Asset allocation and information overload: The influence of information display, asset choice, and investor experience［J］. The Journal of Behavioral Finance, 2005, 6（2）: 57 – 70.

［140］Ahlin C, Lin J, Maio M. Where does microfinance flourish? Microfinance institution performance in macroeconomic context［J］. Journal of Development Economics, 2011, 95（2）: 105 – 120.

［141］Aizcorbe A M, Kennickell A B, Moore K B. Recent changes in US family finances: Evidence from the 1998 and 2001 Survey of Consumer Finances［J］. Fed. Res. Bull, 2003, 89: 1.

[142] Ajide F M. Financial inclusion and rural poverty reduction: Evidence from Nigeria [J]. *Browser Download This Paper*, 2015.

[143] Angelucci M, Karlan D, Zinman J. Microcredit impacts: Evidence from a randomized microcredit program placement experiment by Compartamos Banco [J]. *American Economic Journal: Applied Economics*, 2015, 7 (1): 151 – 182.

[144] Araar A, Duclos J Y. DASP: Distributive Analysis Stata Package. User Manual, DASP version 2.2 [J]. 2012.

[145] Arellano M, Bover O. Another look at the instrumental variable estimation of error – components models [J]. *Journal of Econometrics*, 1995, 68 (1): 29 – 51.

[146] Arora R U. Access to finance: an empirical analysis [J]. *The European Journal of Development Research*, 2014, 26 (5): 798 – 814.

[147] Asian Development Bank. Reducing poverty: major findings and implications Asian Development Bank [R]. *Asian Development Bank Report*, 1999.

[148] Aslanbeigui N, Oakes G, Uddin N. Assessing microcredit in Bangladesh: A critique of the concept of empowerment [J]. *Review of Political Economy*, 2010, 22 (2): 181 – 204.

[149] Atkinson A B. Income maintenance and social insurance [J]. *Handbook of Public Economics*, 1987, 2: 779 – 908.

[150] Ayyagari M, Demirgüç – Kunt A, Maksimovic V. Firm innovation in emerging markets: The role of finance, governance, and competition [J]. *Journal of Financial and Quantitative Analysis*, 2012, 46 (6): 1545 – 1580.

[151] Babajide A A, Adegboye F B, Omankhanlen A E. Financial inclusion and economic growth in Nigeria [J]. *International Jour-*

nal of Economics and Financial Issues, 2015, 5 (3).

[152] Banerjee A, Duflo E, Glennerster R, et al. The miracle of microfinance? Evidence from a randomized evaluation [J]. American Economic Journal: Applied Economics, 2015, 7 (1): 22 -53.

[153] Banerjee A, Karlan D, Zinman J. Six randomized evaluations of microcredit: Introduction and further steps [J]. American Economic Journal: Applied Economics, 2015, 7 (1): 1 -21.

[154] Barslund M, Tarp F. Formal and informal rural credit in four provinces of Vietnam [J]. The Journal of Development Studies, 2008, 44 (4): 485 -503.

[155] Bauer M, Chytilová J, Morduch J. Behavioral foundations of microcredit: Experimental and survey evidence from rural India [J]. The American Economic Review, 2012, 102 (2): 1118 -1139.

[156] Bauer S. Does credit access affect household income homogeneously across different groups of credit recipients? Evidence from rural Vietnam [J]. Journal of Rural Studies, 2016, 47: 186 -203.

[157] Bazzi S, Sumarto S, Suryahadi A. It's all in the timing: Cash transfers and consumption smoothing in a developing country [J]. Journal of Economic Behavior and Organization, 2015, 119: 267 -288.

[158] Beck T, Demirguc - Kunt A, Laeven L, et al. Finance, firm size, and growth [J]. Journal of Money, Credit and Banking, 2008, 40 (7): 1379 -1405.

[159] Beck T, Demirgüç - Kunt A, Levine R. Finance, inequality and the poor [J]. Journal of Economic Growth, 2007, 12 (1): 27 -49.

[160] Beck T, Demirguc - Kunt A, Peria M S M. Reaching out: Access to and use of banking services across countries [J]. Journal of Financial Economics, 2007, 85 (1): 234 -266.

[161] Beck T, Levine R, Levkov A. Big bad banks? The impact of US branch deregulation on income distribution [R]. *National Bureau of Economic Research*, 2007.

[162] Behrman J R. The action of human resources and poverty on one another: what we have yet to learn [M]. 1990.

[163] Bencivenga V R, Smith B D. Financial intermediation and endogenous growth [J]. *The Review of Economic Studies*, 1991, 58 (2): 195 – 209.

[164] Bernheim BD, Garrett D M. The effects of financial education in the workplace: evidence from a survey of households [J]. *Journal of Public Economics*, 2003, 87 (7): 1487 – 1519.

[165] Bhatt N, Tang S Y. Delivering microfinance in developing countries: Controversies and policy perspectives [J]. *Policy Studies Journal*, 2001, 29 (2): 319 – 333.

[166] Blundell R, Bond S. Initial conditions and moment restrictions in dynamic panel data models [J]. *Journal of Econometrics*, 1998, 87 (1): 115 – 143.

[167] Boucher S R, Carter M R, Guirkinger C. Risk rationing and wealth effects in credit markets: Theory and implications for agricultural development [J]. *American Journal of Agricultural Economics*, 2008, 90 (2): 409 – 423.

[168] Bourguignon F. The growth elasticity of poverty reduction: explaining heterogeneity across countries and time periods [J]. *Inequality and growth: Theory and Policy Implications*, 2003, 1 (1).

[169] Brehanu A, Fufa B. Repayment rate of loans from semi – formal financial institutions among small – scale farmers in Ethiopia: two – limit Tobit analysis. *Journal of Socio – Economics*, 2008, 37 (6): 2221 – 2230.

[170] Brown M, Guin B, Kirschenmann K. Microfinance banks and financial inclusion [J]. Review of Finance, 2015, 26 (3): 1 -40.

[171] Bruhn M, Love I. The real impact of improved access to finance: Evidence from Mexico [J]. The Journal of Finance, 2014, 69 (3): 1347 -1376.

[172] Burgess R, Pande R. Do rural banks matter? Evidence from the Indian social banking experiment [J]. The American Economic Review, 2005, 95 (3): 780 -795.

[173] Buss T F. Microenterprise in international perspective: an overview of the issues [J]. International Journal of Economic Development, 1999, 1 (1): 1 -29.

[174] Carbó S, Gardener E P M, Molyneux P. Financial exclusion in developing countries [M]. Financial Exclusion. Palgrave Macmillan UK, 2005: 145 -168.

[175] Cashin P, Sahay R, Pattillo C A. Macroeconomic policies and poverty reduction: Stylized facts and an overview of research [M]. International Monetary Fund, 2001.

[176] Catubig M C, Villano R, Dollery B. Payment Schemes in Conditional Cash Transfer Programs: The Case of 4Ps in the Davao Region, Philippines [J]. Administrative Sciences, 2015, 5 (4): 240 -259.

[177] Chakravarty S R, Pal R. Financial inclusion in India: An axiomatic approach [J]. Journal of Policy Modeling, 2013, 35 (5): 813 -837.

[178] Chakravarty S R, Pal R. Measuring financial inclusion: an axiomatic approach [J]. Indira Gandhi Institute of Development Research, Mumbai, 2010.

[179] Chaudhuri S, Jalan J, Suryahadi A. Assessing household vulnerability to poverty from cross - sectional data: A methodology and

estimates from Indonesia [R]. *Discussion paper*, 2002.

[180] Christopoulos D K, Tsionas E G. Financial development and economic growth: evidence from panel unit root and cointegration tests [J]. *Journal of Development Economics*, 2004, 73 (1): 55 – 74.

[181] Claessens S. Access to financial services: A review of the issues and public policy objectives [J]. *World Bank Research Observer*, 2006, 21 (2): 207.

[182] Coleman B E. Microfinance in Northeast Thailand: Who benefits and how much? [J]. *World Development*, 2006, 34 (9): 1612 – 1638.

[183] Cragg J G. Some statistical models for limited dependent variables with application to the demand for durable goods [J]. *Econometrica: Journal of the Econometric Society*, 1971: 829 – 844.

[184] Crépon B, Devoto F, Duflo E, et al. Estimating the impact of microcredit on those who take it up: Evidence from a randomized experiment in Morocco [J]. *American Economic Journal: Applied Economics*, 2015, 7 (1): 123 – 150.

[185] Crepon B, Devoto F, Duflo E, et al. Estimating the impact of microcredit on those who take it up: evidence from a randomized experiment in Mocorro [R]. *Working Paper*, 2012.

[186] Dasgupta P, Ray D. Inequality as a determinant of malnutrition and unemployment: theory [J]. *The Economic Journal*, 1986, 96 (384): 1011 – 1034.

[187] DeLoach S B, Lamanna E. Measuring the impact of microfinance on child health outcomes in Indonesia [J]. *World Development*, 2011, 39 (10): 1808 – 1819.

[188] Demirgüç – Kunt A, Beck T, Honohan P. Finance for all? Policies and Pitfalls in Expanding Access [M]. *World Bank*, 2008.

[189] Demirgüç - Kunt A, Klapper L F. Measuring financial inclusion: The global findex database [J]. 2012.

[190] Demirgüç - Kunt A, Klapper L F, Singer D, and Van Oudheusden P. (2015). The global findex database 2014: Measuring financial inclusion around the world. *World Bank Policy Research Working Paper*.

[191] Dineen K, Le Q V. The impact of an integrated microcredit program on the empowerment of women and gender equality in rural Vietnam [J]. *The Journal of Developing Areas*, 2015, 49 (1): 23 -38.

[192] Dollar D, Kraay A. Growth is good for the poor, The World Bank, Washington [R]. *DC, Mimeo*, 2000.

[193] Duong P B, Izumida Y. Rural development finance in Vietnam: A microeconometric analysis of household surveys [J]. *World Development*, 2002, 30 (2): 319 -335.

[194] Durrani M K K, Usman A, Malik M I, et al. Role of micro finance in reducing poverty: A look at social and economic factors [J]. *International Journal of Business and Social Science*, 2011, 2 (21).

[195] Dutta, J., and Kapur, S. Liquidity preference and financial intermediation [J]. *The Review of Economic Studies*, 1998, 65 (3), 551 -572.

[196] Edgcomb E, Garber C. Practitioner - led impact assessment: Atest in Honduras [J]. *Washington, DC: AIMS*, 1998.

[197] Feder G, Lau L J, Lin J Y, et al. The relationship between credit and productivity in Chinese agriculture: A microeconomic model of disequilibrium [J]. *American Journal of Agricultural Economics*, 1990, 72 (5): 1151 -1157.

[198] Field E, Pande R, Papp J, et al. Does the classic microfinance model discourage entrepreneurship among the poor? Experimen-

tal evidence from India [J]. *The American Economic Review*, 2013, 103 (6): 2196 – 2226.

[199] Fischer S. The role of macroeconomic factors in growth [J]. *Journal of Monetary Economics*, 1993, 32 (3): 485 – 512.

[200] Foltz J D. Credit market access and profitability in Tunisian agriculture [J]. *Agricultural Economics*, 2004, 30 (3): 229 – 240.

[201] Galor O, Zeira J. Income distribution and macroeconomics [J]. *The Review of Economic Studies*, 1993, 60 (1): 35 – 52.

[202] García M J R, José M. Can financial inclusion and financial stability go hand in hand? [J]. *Economic Issues Journal Articles*, 2016, 21 (2): 81 – 103.

[203] Garikipati S. Microcredit and women's empowerment: Through the lens of time – use data from rural India [J]. *Development and Change*, 2012, 43 (3): 719 – 750.

[204] Garretsen, H., Lensink, R., and Sterken, E. Growth, financial development, societal norms and legal institutions [J]. *Journal of International Financial Markets, Institutions and Money*, 2004, 14 (2), 165 – 183.

[205] Gertler P, Levine D I, Moretti E. Do microfinance programs help families insure consumption against illness? [J]. *Health Economics*, 2009, 18 (3): 257 – 273.

[206] Grasmuck S, Espinal R. Market success or female autonomy? Income, ideology, and empowerment among microentrepreneurs in the Dominican Republic [J]. *Gender and society*, 2000, 14 (2): 231 – 255.

[207] Greenwood J, Jovanovic B. Financial development, growth, and the distribution of income [J]. *Journal of Political Economy*, 1990, 98 (5, Part 1): 1076 – 1107.

[208] Gupte R, Venkataramani B, Gupta D. Computation of financial inclusion index for India [J]. *Procedia - Social and Behavioral Sciences*, 2012, 37: 133 - 149.

[209] Gustafsson B, Shi L. Expenditures on education and health care and poverty in rural China [J]. *China Economic Review*, 2004, 15 (3): 292 - 301.

[210] Hannig A, Jansen S. Financial inclusion and financial stability: Current policy issues [J]. 2010.

[211] Hariharan G, Marktanner M. The growth potential from financial inclusion [J]. 2013.

[212] Harrison T S. Mapping customer segments for personal financial services [J]. *International Journal of Bank Marketing*, 1994, 12 (8): 17 - 25.

[213] Hashemi S M, Schuler S R, Riley A P. Rural credit programs and women's empowerment in Bangladesh [J]. *World development*, 1996, 24 (4): 635 - 653.

[214] Helms B. Access for all: building inclusive financial systems [J]. *Washington, DC, C - GAP*, 2006.

[215] Hermes N, Lensink R. Microfinance: its impact, outreach, and sustainability [J]. *World Development*, 2011, 39 (6): 875 - 881.

[216] Hertzman C, Power C, Matthews S, et al. Using an interactive framework of society and lifecourse to explain self - rated health in early adulthood [J]. *Social Science and Medicine*, 2001, 53 (12): 1575 - 1585.

[217] Hicks J R. A theory of economic history [J]. *OUP Catalogue*, 1969.

[218] Hisako K A I, Shigeyuki H. Microfinance and inequality

[J]. 2009.

[219] Hobson J A. Imperialism: a study [M]. Spokesman Books, 1968.

[220] Honohan P. Cross – country variation in household access to financial services [J]. *Journal of Banking and Finance*, 2008, 32 (11): 2493 – 2500.

[221] Honohan P. Financial Development, Growth and Poverty: How Close are [J]. *Financial development and economic growth*: Explaining the links, 2004: 1.

[222] Hung A, Parker A M, Yoong J. Defining and measuring financial literacy [J]. 2009.

[223] HYUN K. Economic Growth and Poverty Reduction: Initial Conditions and Poverty Reduction [R]. *UNDP Working Paper*, 2004.

[224] Imai K S, Gaiha R, Thapa G, et al. Microfinance and poverty—a macro perspective [J]. *World Development*, 2012, 40 (8): 1675 – 1689.

[225] Ishfaq S, Khan I, Shah T A, et al. The Role of Microfinance in Poverty Reduction: Evidence from South Asia [J].

[226] Islam A, Maitra P. Health shocks and consumption smoothing in rural households: Does microcredit have a role to play? [J]. *Journal of Development Economics*, 2012, 97 (2): 232 – 243.

[227] Jaffee D, Levonian M. The structure of banking systems in developed and transition economies [J]. *European Financial Management*, 2001, 7 (2): 161 – 181.

[228] Jappelli T, Padula M. Investment in financial literacy and saving decisions [J]. *Journal of Banking and Finance*, 2013, 37 (8): 2779 – 2792.

[229] Kaboski J P, Townsend R M. A Structural Evaluation of a

Large-Scale Quasi-Experimental Microfinance Initiative [J]. Econometrica, 2011, 79 (5): 1357-1406.

[230] Kakwani N. On a class of poverty measures [J]. Econometrica: Journal of the Econometric Society, 1980: 437-446.

[231] Karlan D S. Microfinance impact assessments: The perils of using new members as a control group [J]. Journal of Microfinance ESR Review, 2001, 3 (2): 75-85.

[232] Karlan D, Zinman J. Expanding credit access: Using randomized supply decisions to estimate the impacts [J]. Review of Financial Studies, 2009: hhp092.

[233] Karlan D, Zinman J. Microcredit in theory and practice: Using randomized credit scoring for impact evaluation [J]. Science, 2011, 332 (6035): 1278-1284.

[234] Kempson E, Crame M, Finney A. Financial services provision and prevention of financial exclusion [J]. Eurobarometer Report, University of Bristol, 2007.

[235] Kempson E, Whyley C. Kept out or opted out [J]. Understanding and, 1999.

[236] Khalily M A. Quantitative approach to impact analysis of microfinance programmes in Bangladesh-what have we learned? [J]. Journal of International Development, 2004, 16 (3): 331-353.

[237] Khan H R. Financial inclusion and financial stability: are they two sides of the same coin [J]. Speech at Bancon, 2011.

[238] Khandker S R, Faruqee R R. The impact of farm credit in Pakistan [J]. Agricultural Economics, 2003, 28 (3): 197-213.

[239] Khandker S R. Microfinance and poverty: Evidence using panel data from Bangladesh [J]. The World Bank Economic Review, 2005, 19 (2): 263-286.

[240] Kim J H. A Study onthe Effect of Financial Inclusion on the Relationship Between Income Inequality and Economic Growth [J]. *Emerging Markets Finance and Trade*, 2016, 52 (2): 498 – 512.

[241] King R G, Levine R. Finance and growth: Schumpeter might be right [J]. *The Quarterly Journal of Economics*, 1993, 108 (3): 717 – 737.

[242] Kochar A. An empirical investigation of rationing constraints in rural credit markets in India [J]. *Journal of Development Economics*, 1997, 53 (2): 339 – 371.

[243] Kraay A. When is growth pro – poor? Cross – country evidence [J]. 2004.

[244] Kulkarni M M, Warke P. The framework for assessment of ICT based financial inclusion management by nationalized banks with special reference to marathwada region [J]. *Journal of Commerce and Management Thought*, 2015, 6 (4): 684.

[245] Leeladhar V. Taking banking services to the common man – financial inclusion [J]. *Reserve Bank of India Bulletin*, 2006, 60 (1): 73 – 77.

[246] Lensink R, Pham T T T. The impact of microcredit on self – employment profits in Vietnam [J]. *Economics of Transition*, 2012, 20 (1): 73 – 111.

[247] Levine R, Loayza N, Beck T. Financial intermediation and growth: Causality and causes [J]. *Journal of Monetary Economics*, 2000, 46 (1): 31 – 77.

[248] Levine R, Zervos S. Stock markets, banks, and economic growth [J]. *The American Economic Review*, 1998: 537 – 558.

[249] Levine R. Finance and growth: theory and evidence [J]. *Handbook of Economic Growth*, 2005, 1: 865 – 934.

[250] Leyshon A, Thrift N. Geographies of financial exclusion: financial abandonment in Britain and the United States [J]. Transactions of the Institute of British Geographers, 1995: 312 - 341.

[251] Li X, Gan C, Hu B. The welfare impact of microcredit on rural households in China [J]. The Journal of Socio - Economics, 2011, 40 (4): 404 - 411.

[252] Lucas R E B, Stark O. Motivations to remit: Evidence from Botswana [J]. Journal of Political Economy, 1985, 93 (5): 901 - 918.

[253] Lucas R E. On the mechanics of economic development [J]. Journal of Monetary Economics, 1988, 22 (1): 3 - 42.

[254] Mbutor M O, Uba I A. The impact of financial inclusion on monetary policy in Nigeria [J]. Journal of Economics and International Finance, 2013, 5 (8): 318.

[255] McKinnon R I. Money and capital in economic development [M]. Brookings Institution Press, 2010.

[256] Mill J S, Robson J M. Collected works of John Stuart Mill. Vol. 3, Principles of political economy with some of their applications to social philosophy, 2: books 3 - 5 and appendices [M]. Routledge, 1965.

[257] MkNelly B, Lippold K. Practitioner - led impact assessment: A test in Mali [J]. International Journal of Economic Development, 1999, 1 (2): 120 - 165.

[258] Mohan R. Economic growth, financial deepening, and financial inclusion [J]. 2006.

[259] Mookerjee R, Kalipioni P. Availability of financial services and income inequality: The evidence from many countries [J]. Emerging Markets Review, 2010, 11 (4): 404 - 408.

[260] Morduch J, Haley B. Analysis of the effects of microfinance on poverty reduction [J]. New York: NYU Wagner Working Paper, 2002, 1014.

[261] Morduch J. Does microfinance really help the poor?: New evidence from flagship programs in Bangladesh [M]. Research Program in Development Studies, Woodrow School of Public and International Affairs, 1998.

[262] Mosley P. Microfinance and poverty in Bolivia [J]. Journal of Development Studies, 2001, 37 (4): 101 – 132.

[263] Narayan D, Pritchett L. Social capital: Evidence and implications [J]. Social capital: A multifaceted perspective, 2000: 269 – 295.

[264] National Center for Health Statistics (US), US Department of Health, Human Services. Health, United States, 1999: With health and aging chartbook [M]. National Center for Health Statistics, 1999.

[265] Navajas S, Schreiner M, Meyer R L, et al. Microcredit and the Poorest of the Poor: Theory and Evidence from Bolivia [J]. World Development, 2000, 28 (2): 333 – 346.

[266] Nichols S. A case study analysis of the impacts of microfinance upon the lives of the poor in rural China [J]. Unpublished master's thesis, Royal Melbourne Institute of Technology University: 2004.

[267] Obisesan A A, Akinlade R J. Credit Constraints and Poverty among Nigerian Farming Households [J]. Agricultural Journal, 2013, 8 (2): 94 – 100.

[268] Odeniran S O, Udeaja E A. Financial sector development and economic growth: empirical evidence from Nigeria [J]. Economic and Financial Review, 2010, 48 (3): 91 – 124.

[269] Panigyrakis G G, Theodoridis P K, Veloutsou C A. All customers are not treated equally: Financial exclusion in isolated Greek

islands [J]. *Journal of Financial Services Marketing*, 2002, 7 (1): 54 -66.

[270] Park C Y, Mercado Jr R V. Financial inclusion, poverty, and income inequality in developing Asia [J]. 2015.

[271] Petrick M. A microeconometric analysis of credit rationing in the Polish farm sector [J]. *European Review of Agricultural Economics*, 2004, 31 (1): 77 -101.

[272] Pineyro C M Z. Financial inclusion index: proposal of a multidimensional measure for Mexico [J]. *Revista Mexicana de Economiay Finanzas*, 2013, 8 (2): 157 -180.

[273] Pitt M M, Khandker S R. The impact of group - based credit programs on poor households in Bangladesh: Does the gender of participants matter? [J]. *Journal of Political Economy*, 1998, 106 (5): 958 -996.

[274] Porta, R. L., Lopez - de - Silanes, F., Shleifer, A., and Vishny, R. W. Law and finance [J]. *Journal of Political Economy*, 1998, 106 (6), 1113 -1155.

[275] Rahman A. Micro - credit initiatives for equitable and sustainable development: Who pays? [J]. *World development*, 1999, 27 (1): 67 -82.

[276] Rahman M W, Luo J, Minjuan Z. Welfare Impacts of Microcredit Programmes: An Empirical Investigation in the State - Designated Poor Counties of Shanxi, China [J]. *Journal of International Development*, 2015, 27 (7): 1012 -1026.

[277] Rajan R G, Zingales L. Power in a Theory of the Firm [J]. *The Quarterly Journal of Economics*, 1998, 113 (2): 387 -432.

[278] Rajan, R. G., and Zingales, L. The great reversals: the politics of financial development in the twentieth century [J]. *Journal*

of *Financial Economics*, 2003, 69 (1), 5 –50.

[279] Rangarajan Committee. Report of the committee on financial inclusion [J]. *Government of India*, 2008: 1 –167.

[280] Ravallion M, Chen S. China's (uneven) progress against poverty [J]. *Journal of Development Economics*, 2007, 82 (1): 1 –42.

[281] Ravallion M, Chen S. What can new survey data tell us about recent changes in distribution and poverty? [J]. *The World Bank Economic Review*, 1997, 11 (2): 357 –382.

[282] Ravallion M. Growth, inequality and poverty: looking beyond averages [J]. *World Development*, 2001, 29 (11): 1803 –1815.

[283] RBI N. Report on trend and progress of banking in India, 2006 –07 [J]. *Reserve Bank Of India*, Mumbai, 2007.

[284] Rogaly B, Fisher T. Poverty, social exclusion and microfinance in Britain [M]. *Oxfam*, 1999.

[285] Salazar – Cantú J, Jaramillo – Garza J, Álvarez – De la Rosa B. Financial Inclusion and Income Inequality in Mexican Municipalities [J]. *Open Journal of Social Sciences*, 2015, 3 (12): 29.

[286] Sanusi L S. Banks in Nigeria and national economic development [J]. *A Critical Review*, 2011.

[287] Sarma M, Pais J. Financial inclusion and development [J]. *Journal of International Development*, 2011, 23 (5): 613 –628.

[288] Sarma M. Index of financial inclusion [M]. *New Delhi: Indian Council for Research on International Economics Relations*, 2008.

[289] Sarma M. Measuring Financial Inclusion using Multidimensional Data [J]. *World Economics*, 2016, 17 (1): 15 –40.

[290] Schumpeter J, Backhaus U. The theory of economic development [M]. *Joseph Alois Schumpeter*. Springer US, 2003: 61 –116.

[291] Setboonsarng S, Parpiev Z. Microfinance and the millenni-

um development goals in Pakistan: impact assessment using propensity score matching [R]. *ADB Institute Discussion Papers*, 2008.

[292] Sethy S K. Developing a financial inclusion index and inclusive growth in India [J]. *Theoretical and Applied Economics*, 2016, 22 [2 (607), Summer]: 187 - 206.

[293] Shaw E S. Financial deepening in economic development [J]. 1973.

[294] Shujie Y, Zhang Z, Hanmer L. Growing inequality and poverty in China [J]. *China Economic Review*, 2004, 15 (2): 145 - 163.

[295] Shum P, Faig M. What explains household stock holdings? [J]. *Journal of Banking and Finance*, 2006, 30 (9): 2579 - 2597.

[296] Simanowitz A, Walter A. Ensuring Impact: Reaching the Poorest While Building Financially Self - Sufficient Institutions, and Showing Improvement in the Lives of the Poorest Families: Summary of Article Appearing in Pathways Out of Poverty: Innovations in Microfinance for the Poor [R]. *University of Sussex, Imp - Act: Improving the Impact of Microfinance on Poverty: Action Research Program*, 2002.

[297] Simpson W, Buckland J. Examining evidence of financial and credit exclusion in Canada from 1999 to 2005 [J]. *The Journal of Socio - Economics*, 2009, 38 (6): 966 - 976.

[298] Smith J P, Shen Y, Strauss J, et al. The effects of childhood health on adult health and SES in China [J]. *Economic Development and Cultural Change*, 2012, 61 (1): 127 - 156.

[299] Stark O, Bloom D E. The new economics of labor migration [J]. *The American Economic Review*, 1985, 75 (2): 173 - 178.

[300] Stiglitz J E, Weiss A. Credit rationing in markets with imperfect information [J]. *The American Economic Review*, 1981, 71 (3): 393 - 410.

[301] Swain R B, Wallentin F Y. Does microfinance empower women? Evidence from self – help groups in India [J]. *International Review of Applied Economics*, 2009, 23 (5): 541 –556.

[302] Swamy V. Financial development and inclusive growth: impact of government intervention in prioritised credit [J]. *Zagreb International Review of Economics and Business*, 2010, 13 (2): 55 –72.

[303] Takahashi, K. , Higashikata, T. , and Tsukada, K. (2010). The short – term poverty impact of small – scale, collateral – free microcredit in indonesia: a matching estimator approach [J]. *The Developing Economies*, 48 (1), 128 –155.

[304] Taylor J E, Martin P L. Human capital: Migration and rural population change [J]. *Handbook of Agricultural Economics*, 2001, 1: 457 –511.

[305] Taylor J E, Rozelle S, De Brauw A. Migration and incomes in source communities: A new economics of migration perspective from China [J]. *Economic Development and Cultural Change*, 2003, 52 (1): 75 –101.

[306] Thorat U. Financial inclusion and millennium development goals [J]. *RBI Bulletin*, 2006, 50 (2): 239 –243.

[307] Tsai K S. Imperfect substitutes: The local political economy of informal finance and microfinance in rural China and India [J]. *World Development*, 2004, 32 (9): 1487 –1507.

[308] Turegano D M, Garcia – Herrero A. Financial inclusion, rather than size, is the key to tackling income inequality [R]. 2015.

[309] UNDP. Human Development Report [M]. Oxford: Oxford University Press, 1997.

[310] United Nations. Department of Economic, United Nations Capital Development Fund. Building inclusive financial sectors for devel-

opment [M]. *United Nations Publications*, 2006.

[311] Van Rooij M, Lusardi A, Alessie R. Financial literacy and stock market participation [J]. *Journal of Financial Economics*, 2011, 101 (2): 449 -472.

[312] Veblen T, Banta M. The theory of the leisure class [M]. Oxford University Press, 2009.

[313] Villaseñor J A, Arnold B C. Elliptical lorenz curves [J]. *Journal of Econometrics*, 1989, 40 (2): 327 -338.

[314] Wannamethee G, Shaper A G. Self - assessment of health status andmortality in middle - aged British men [J]. *International Journal of Epidemiology*, 1991, 20 (1): 239 -245.

[315] Wentzel J P, Diatha K S, Yadavalli V S S. An investigation into factors impacting financial exclusion at the bottom of the pyramid in South Africa [J]. *Development Southern Africa*, 2016, 33 (2): 203 -214.

[316] Wouterse F. Migration and technical efficiency in cereal production: evidence from Burkina Faso [J]. *Agricultural Economics*, 2010, 41 (5): 385 -395.

[317] Yang B, Jialali P, Wei X. Microfinance in China's Poor Area and Its Impact to Loan Type - Evidence from Xinjiang Uygur Autonomous Region [C]. *Business Intelligence and Financial Engineering (BIFE)*, 2011 Fourth International Conference on. IEEE, 2011: 486 -490.

[318] You J, Annim S. The impact of microcredit on child education: quasi - experimental evidence from rural China [J]. *Journal of Development Studies*, 2014, 50 (7): 926 -948.

[319] Zhao E Y, Fisher G, Lounsbury M, et al. Optimal distinctiveness: Broadening the interface between institutional theory and strategic management [J]. *Strategic Management Journal*, 2017, 38

(1): 93 – 113.

[320] Zhao Y. Leaving the countryside: rural – to – urban migration decisions in China [J]. *The American Economic Review*, 1999, 89 (2): 281 – 286.